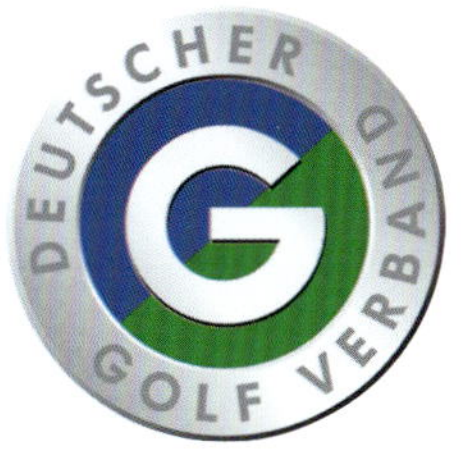

DGV-Ballschule Golf

Ein Leitfaden für erfolgreiches Kindertraining

K. Roth · W. Birkle · M. Müller-Dargusch · D. Müller-Lingelbach

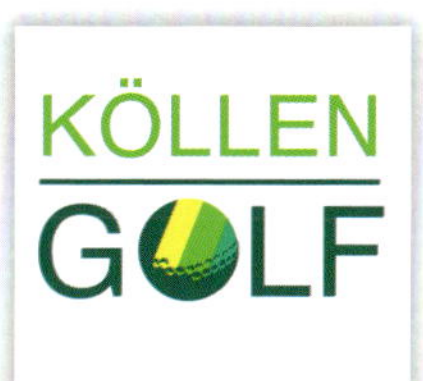

Herausgeber:
Deutscher Golf Verband e.V.
Kreuzberger Ring 64
65205 Wiesbaden
Tel. 0611/99020 – 0
Fax 0611/99020 – 40
info@dgv.golf.de; www.golf.de/dgv

Verlag:
Köllen Druck+Verlag GmbH
Ernst-Robert-Curtius-Straße 14
53117 Bonn
Tel. 0228/98984 – 80
Fax 0228/98982 – 99
golf@koellen.de; www.koellen.de;
www.koellen-golf.de

Verantwortlich für den Inhalt:
Deutscher Golf Verband e.V.

Autoren:
Prof. Dr. Klaus Roth (Kapitel 1 – 4)
Marc Müller-Dargusch (Kapitel 5)
Wolfgang Birkle (Kapitel 6)
Dominik Müller-Lingelbach (Kapitel 7)

Gesamtherstellung Grafik und Satz, Druck:
Köllen Druck+Verlag GmbH, Bonn

Herausgegeben:
2., überarbeitete Auflage, Februar 2024

Bildnachweise finden Sie auf Seite 174.

ISBN 978-3-88579-563-6

Vorwort

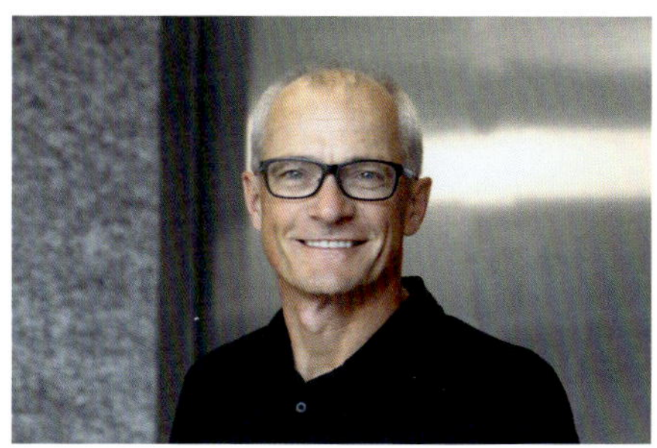

Es ist schon eine ziemlich beharrliche Tradition in der Lehre des Golfsports, das Lernen darin vorrangig als einen Prozess des Technikerwerbs zu betrachten. Zu verführerisch ist es aber auch für Golflehrende wie für Golfspielende, Fortschritte zunächst oder auch ausschließlich über die Verbesserung technischer Elemente in der Golfbewegung ansteuern zu wollen.

Dies geschieht üblicherweise durch einen Soll-Ist-Vergleich, entweder durch Nacheifern von Vorbildtechniken erfolgreicher Spieler, eher selten Spielerinnen, oder durch die mühevolle Annäherung an einen vermeintlich existierenden biomechanischen Optimalschwung.

Auch die Nutzung moderner, ausgefeilter Möglichkeiten apparategestützter Analyse und Techniksteuerung beseitigt im tagtäglichen Trainieren nicht die Ansätze der trainingswissenschaftlich und lerntheoretisch überkommenen Formen des expliziten und deduktiven Bewegungslernens. Sie manifestiert diese sogar.

Konfrontiert man Kinder und Jugendliche mit solchen Praktiken aus dem „klassischen Golfunterricht" für Erwachsene, wobei die Bedeutung des Begriffs „Unterrichten" schon ein Problem an sich darstellt, ist allzu oft Frust im Anmarsch; übrigens nicht nur bei den Kindern. Kinder mögen und vertragen diese unglücklichen Lehr- und Lernformen eigentlich überhaupt nicht.

Golf ist ein Spiel mit unzähligen, wechselnden und komplexen Aufgabenstellungen. Die Weltbesten besitzen eher selten zur Lösung dieser Aufgaben einen optisch oder biomechanisch besseren Golfschwung als vergleichsweise weniger erfolgreiche Spieler. Sie können aber wohl unter Wettkampfdruck aus einer großen Auswahl von variablen Handlungsalternativen, die sie in unzähligen, impliziten Lernprozessen angehäuft haben, meist unterbewusst die für sie persönlich beste Situationslösung offensichtlich öfter herbeiführen als ihre Verfolger.

Die Aufgaben im Golf sind so vielfältig und so herausfordernd, dass es großen Spaß machen kann, jeden Tag an diesen zu wachsen. Nur muss das Üben und das gesteuerte Trainieren sich auch an diesen Aufgaben des Spiels – und das von Beginn an – orientieren.

„Golf ist nichts für Kinder, es ist zu langweilig und wiederholt sich ständig!"

Wer die hier vorliegende Ballschule Golf aufmerksam studiert und sie als Trainer und Coach sinnvoll und gezielt einsetzt, kommt sehr schnell zu einer gänzlich anderen Sicht. Golf ist nämlich ein idealer Sport für die Jugend, nicht nur, weil er Spaß vermitteln kann – insbesondere wenn in der Gruppe gelernt und gespielt wird – sondern weil Golf für die psycho-motorische Entwicklung bestens geeignet ist.

Golf stellt eine herrliche Möglichkeit dar, nicht nur die Faszination einer zunehmend gelingenden Bewegungskoordination spielerisch zu erleben, sondern durch die Lust am Ausprobieren in komplexen Aufgabenstellungen eine große Zahl vielseitiger kognitiver Fähigkeiten und spezifischer motorischer Fertigkeiten zu erlernen.

„Bewegung macht schlau", heißt es. Richtig, aber koordinativ anspruchsvolle, zum individuellen Entwicklungsstand passende Bewegungsaufgaben mit unendlich vielen taktischen Lösungsmöglichkeiten, können die Gehirnentwicklung nachweislich und vor allem nachhaltiger als motorisch und kognitiv einfachere Bewegungsformen fördern. Golf bietet sich hierfür förmlich an. Dies sortiert und anwenderfreundlich aufzubereiten, ist Zielsetzung dieses Handbuchs.

Der Deutsche Golf Verband möchte mit dieser Ballschule Golf einen wertvollen, notwendigen, aber bislang fehlenden Baustein des Golflernens und -lehrens für die jüngeren Jahrgänge liefern. Die Prinzipien der Ballschule – Entwicklungsgemäßheit, Vielseitigkeit, spielerisch-unangeleitetes Lernen und Freudbetontheit – und die hier beschriebenen Grundlagen mögen zukünftig die Übungsstunden im Kinder- und Jugendgolf prägen.

Denn im auf diese Weise förderlich durchgeführten Kinder- und Jugendgolf werden die Grundsteine gelegt, sowohl für ein spannendes Sportleben als Freizeitgolfer aber auch für den herausfordernden Schritt ins erfolgreiche Leistungsgolf ... „was Hänschen nicht lernt, lernt Hans nimmermehr!"

Diejenigen, die aus diesem freudvollen Anfängerprozess später in das leistungsorientierte Training einsteigen, sollen in der hier beschriebenen vielseitig-spielerischen Art und Weise an den Golfsport herangeführt worden sein. Sie sollen damit eine profunde Fähigkeit zum Lernen und Weiterentwickeln erhalten haben, um sich später selbstbestimmt, effektiv und vor allem motiviert bis in den Hochleistungsbereich an die eigenen Leistungsgrenzen heranführen zu können, letztlich alle funktionellen Reserven ausnutzend. Bis wohin das im Einzelfalle im nationalen und internationalen Leistungsvergleich führt, ist nicht vorherseh- oder planbar, ... vielleicht bis zur Verwirklichung eines olympischen Traums?!

Mithilfe dieser methodisch strukturierten Ideensammlung möge jeder interessierte und experimentierfreudige Trainer, Teaching Professional und Lehrer, seine eigene Ballschule ausformen. Wieviel mehr Spaß macht die pädagogische Aufgabe, wenn solch ein schlüssiges und praktisches Konzept vorliegt und dabei hilft?

Wen es interessiert, der möge auch in die Rahmentrainingskonzeption des DGV schauen. Man wird alle wesentlichen Elemente der Ballschule auch dort wiedererkennen. Somit stellt sich die Ballschule Golf nicht nur als tolles Konzept für das Kinder- und Jugendtraining im Club dar, sondern ist gleichsam ein im wahrsten Sinne fundamentaler Teil der Leistungssportkonzeption des DGV.

Der Deutsche Golf Verband dankt dem überaus motivierten und hochkompetenten Autorenteam Wolfgang Birkle, Dominik Müller, Mark Müller-Dargusch – allesamt erfahrene und stets neugierige Experten im Thema Kinder- und Jugendtraining – für das Erstellen der ideenreichen Übungen und Trainingsformen, die den Ansatz und die Prinzipien der Ballschule so anschaulich und einfach anwendbar machen.

Besonderer Dank gilt Prof. Klaus Roth für den unermüdlichen Einsatz, seine deutlich spürbare Lust am Projekt und auch seinen Mut, das erfolgreiche und wertvolle Konzept seiner Ballschule, die seit vielen Jahren in großartiger Weise von der Dietmar Hopp Stiftung gefördert wird, auf den Golfsport übertragen zu haben.

Und nicht zuletzt Dank den Kindern und Jugendlichen des GC St. Leon-Rot, die sie sich als wirkliche VorBILDER in diesem Buch wiederfinden können.

DEUTSCHER GOLF VERBAND e.V.
Marcus Neumann
- Vorstand Sport -

Einführung

„Kinder sind durch und durch „Bewegungswesen" (Kretschmer, 2003, S. 45). „Bewegung gilt als unverzichtbar für ihre Entwicklung. Sie ist Ausdruck von Vitalität, kindlicher Neugier und Lebensfreude" (Club of Cologne, 2003, S. 7).

Die Ballschule hat sich seit der Gründung im Jahr 1998 in ihrer methodischen Umsetzung und sportwissenschaftlichen Fundierung ständig weiterentwickelt. Das betrifft auch die Ausdifferenzierung ihrer Programmangebote. Aus der Ballschule ist quasi ein „Kindersportangebot für Alle" geworden. Die Bandbreite reicht von der Ausbildung kleiner talentierter Ballkünstler bis hin zur Frühförderung von Heranwachsenden mit erkennbaren Defiziten in der motorischen Entwicklung.

DAS ORIGINAL
seit 1998

Das „Gesamtpaket" der Ballschule wendet sich an Kinder im Alter von 18 Monaten bis zum Ende des Grundschulalters. In der Kindheit werden entscheidende Weichen dafür gestellt, inwieweit die Heranwachsenden ihre Anlagen nutzen, ob und wie sie mit Neugier und Bewegungsdrang ihre Umwelt erobern und ihr Leben meistern. Die Kinder gestalten dabei von Anfang an ihre eigenen Lernprozesse aktiv mit. Dafür steht die Ballschule, die unter dem Namen *Ballschule Heidelberg* in vielen Grundschulen und Vereinen und seit 2011 auch in Baby-/Kleinkindergruppen und Kindergärten durchgeführt wird. Sie trägt das Gütesiegel der Plattform für Ernährung und Bewegung (peb) und wurde im Jahr 2009 als ausgewählter Ort im Innovationswettbewerb „Deutschland – Land der Ideen" ausgezeichnet.

„Das Kind ist Baumeister seiner selbst" (Maria Montessori, 1870-1952)

Mit der beträchtlichen Altersspanne der Ballschulkinder geht einher, dass die Spiel- und Übungsaufgaben und die mit ihnen zu vermittelnden Kompetenzen den verschiedenen Entwicklungs- und Niveaustufen anzupassen sind. Babys und Kleinkinder sind anders als Grundschulkinder. Deshalb müssen die Ballschulprogramme auch anders sein. Wenn man die Übergänge in die verschiedenen Sportspiele am Ende der Ballschulzeit miteinschließt, ergeben sich insgesamt *vier Stufen* von den allerersten Anfängen bis hin zum gut „vorgebildeten", ambitionierten Tennis-, Fußball-, Basketball-, Handball-, Volleyball- oder eben auch *Golfkind*.

Vier Stufen vom Anfänger zum Spezialisten

Mit dem vorliegenden Band übernimmt die Sportart Golf so etwas wie eine Vorreiterfunktion. Die *Ballschule Golf* beinhaltet das erste Programm mit dem die sportspielübergreifenden und sportspielgerichteten Ausbildungen der Stufen 1 bis 3 sportartspezifisch (Stufe 4) fortgeschrieben werden. Sie fühlt sich – wie alle Ballschulkonzepte – den vier zentralen, unverzicht-

Vier Prinzipien = Grundphilosophie der Ballschule

baren Gütesiegeln für Kindersportangebote verpflichtet: den Prinzipien der *Vielseitigkeit*, der *Entwicklungsgemäßheit*, der *Freudbetontheit* und des *spielerisch-impliziten Lernens*.

Einem Missverständnis muss von Anfang an vorgebeugt werden. Für die Allgemeinmotorik und die Entwicklung der Gesamtpersönlichkeit wäre es zwar wünschenswert, dass möglichst viele Golfkinder alle Ballschulstufen durchlaufen und dass die Vereine zukünftig vermehrt Programme dieser Art anbieten. Aber neben diesem Weg der Nachwuchsförderung erscheinen mindestens zwei weitere *Ballschul-Einstiege* in die Golfkarriere sinnvoll:

Drei Ausbildungswege „führen nach Rom"

- eine Kombination der allgemeinen mit der golfspezifischen Ballschule oder
- ein direkter Beginn mit der Ballschule Golf

Im *Kapitel 1* wird ein Kurzüberblick über die verschiedenen Ballschulstufen vermittelt. Daran anschließend werden die vier genannten Leitlinien für Kindersportprogramme mit der Beantwortung der drei großen *W-Fragen* in Verbindung gebracht:

- *Wozu* brauchen wir die Ballschule? (Ziele)
- *Was* wird in der Ballschule gemacht? (Inhalte)
- *Wie* wird in der Ballschule gespielt und geübt? (Methoden)

Das *Kapitel 2* ist einer Vorstellung der Ziele, Inhalte und Methoden der *Mini-Ballschule*, der *sportspielübergreifenden* und der *sportspielgerichteten Ballschulen* gewidmet. Aus der Anwendung der vier Prinzipien ergeben sich hier charakteristische Gemeinsamkeiten und Unterschiede.

Ballschule + Golf = Ballschule Golf

Mit diesem Grundwissen kann im *Kapitel 3* die Konzeption der neuen *Ballschule Golf* in den Blick genommen werden. Es wird erkennbar, dass sie ihrem Namen entsprechend als so etwas wie ein Bindeglied zwischen der Ballschule und den traditionellen, bewährten Konzepten des Golf-Anfängertrainings anzusehen ist. Man könnte es auch so formulieren: die Ballschule Golf ist die letzte Stufe der „Ballschultreppe" und die erste Vorstufe der „Leistungstreppe zum Erfolg in der Sportart Golf". Die Kennzeichnungen der Leitlinien, Ziele, Inhalte und Methoden der Ballschule Golf bilden die konkrete Basis für die Spiel- und Übungsformen des ABCs für Golfanfänger. Ganz generell lässt sich sagen, dass im Bereich A zum Teil noch sportspielübergreifend, in B sportspielgerichtet und in C golfspezifisch unterrichtet wird.

Die *Kapitel 4* bis *7* beinhalten die Praxisteile dieses Buches. Nach einführenden Erläuterungen, z. B. zur einheitlichen Darstellungsform der Spiele und Übungen für die Ballschule Golf *(Kapitel 4)*, wird den drei Säulen A, B und C jeweils ein eigener Hauptabschnitt gewidmet. Das *Kapitel 5* beinhaltet eine Beispielsammlung für die Schulung golfbezogen gewichteter, aber von der Idee her *allgemeiner* koordinativer Fähigkeiten. Das *Kapitel 6* umfasst Spiele und Übungen für *sportspielgerichtete*, technikorientierte Kompetenzen und das *Kapitel 7* zielt auf eine erste Ausbildung von Schlagtechniken aus der Sportart Golf.

Kapitel 4 bis 7: Praxis der Ballschule Golf

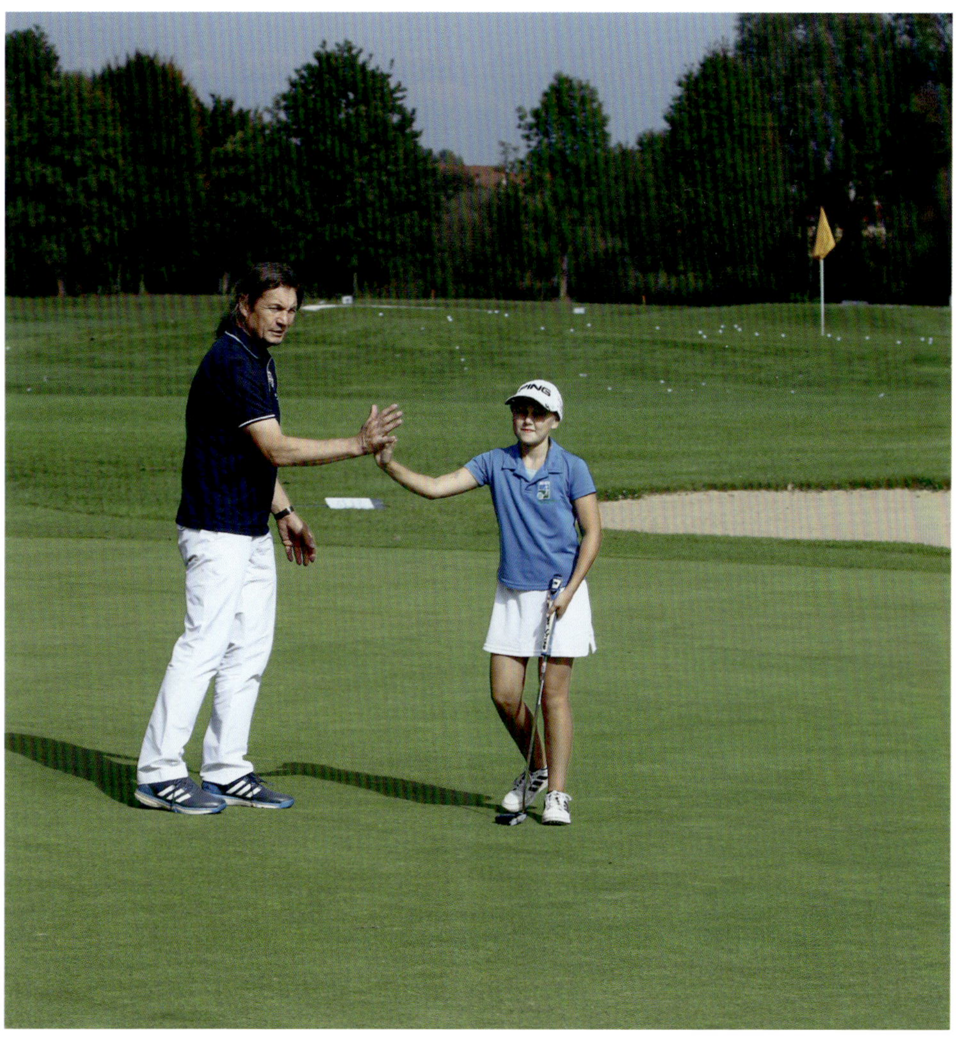

Klaus Roth

Kapitel 1
Ballschule: Grundphilosophie

Struktur und Abfolge der Ballschulstufen

Ballschul-Leitlinien (Stufen 1 bis 3)

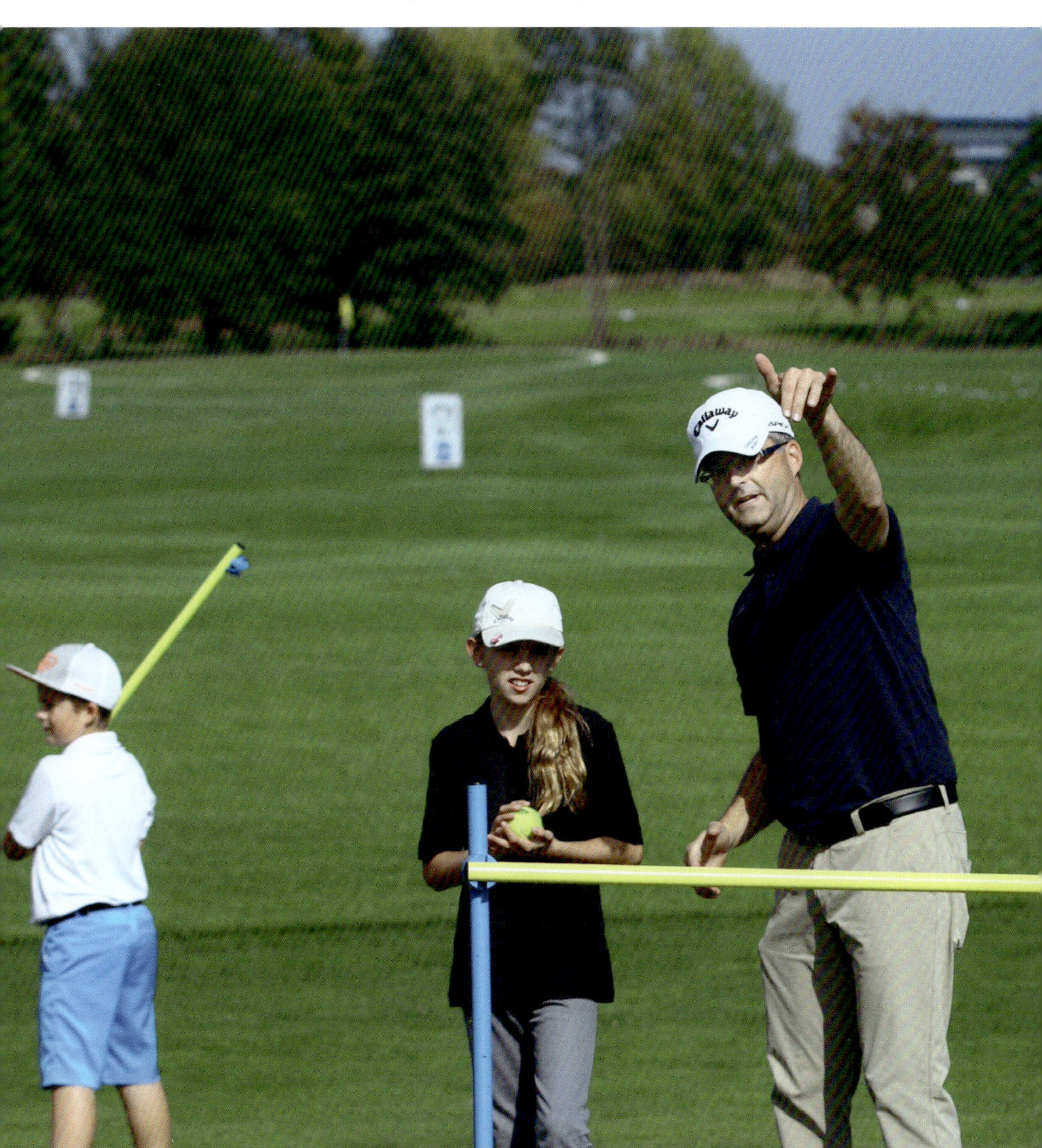

Struktur und Abfolge der Ballschulstufen

Stufen 1a und 1b

Der Start in das Ballspiel-Leben beginnt mit Kindern, die gerade das Laufen erlernt haben. An die *Baby-Ballschule* schließt sich die *Mini-Ballschule* für Kindergartenkinder im Alter zwischen 3 und 6 Jahren an. Diese wird sowohl in Kitas als auch in Sportvereinen durchgeführt.

Stufe 2

Die allgemeine *sportspielübergreifende Ballschule* für Grundschulkinder eignet sich dann vor allem für die Klassen 1 und 2. Auch im Verein hat sich dieses Angebot für 6- bis 8-jährige Kinder bewährt. Die Ballschule der zweiten Stufe hat aktuell den mit Abstand größten Verbreitungsgrad. Alleine in Deutschland kooperieren insgesamt mehr als 500 Sportvereine und Schulen mit der Ballschule.

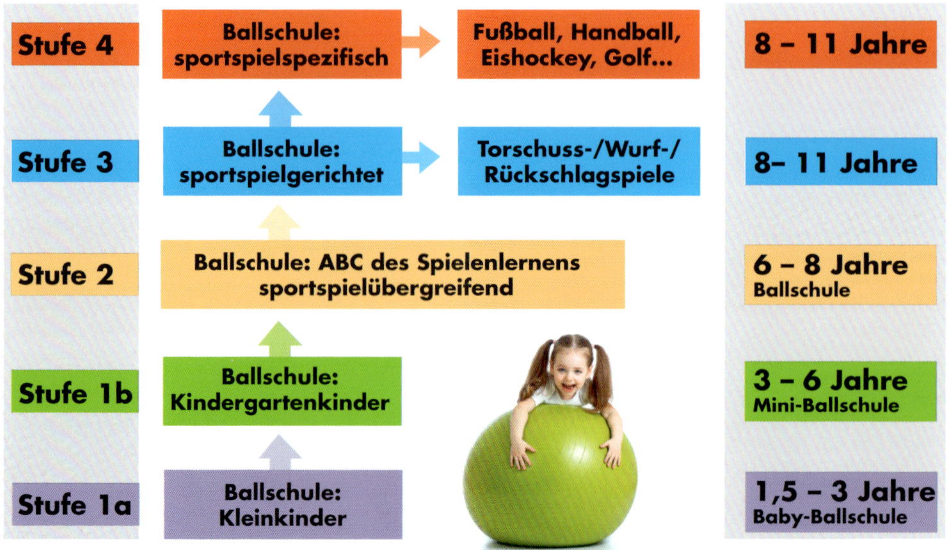

Stufe 3

Die „Big Four" der Sportspielkategorien: RE, RM + TS, WS

Auf der dritten Stufe folgen die ersten Teilspezialisierungen für Kinder der Klassen 3/4 und dementsprechend für 8- bis 11-jährige Vereinskinder. In der *sportspielgerichteten Ballschule* wird dabei – einer einheitlichen Auffassung in der Sportspielliteratur folgend – von zwei großen Gruppierungen ausgegangen, die als Rückschlagspiele und Zielschussspiele bezeichnet werden. Innerhalb der beiden Kategorien werden die *Rückschlagspiele-Einzel* (RE) und die *Rückschlagspiele-Mannschaft* (RM) sowie die *Torschussspiele* (TS) und die *Wurfspiele* (WS) voneinander abgegrenzt.

Stufe 4

Die vierte und letzte Stufe zielt auf das Erlernen einzelner Sportspiele. Es geht um einen „sanften" Übergang zu einer disziplinspezifischen Grundausbildung. Genau an dieser Stelle ordnet sich die *Ballschule Golf* ein. Die Altersangabe „8 bis 11"-Jahre ist dabei nur als eine grobe Orientierungsgröße anzusehen. Selbstverständlich können – gegebenenfalls mit kleineren Modifikationen der Spiel- und Übungsformen – auch jüngere oder ältere Kinder/Jugendliche von einer Teilnahme profitieren.

Wichtig: Die Ballschule Golf ist ein neues Konzept, das in erster Linie für Vereine gedacht ist. Sie stellt ein wertvolles Angebot für kindliche Golfeinsteiger dar – vor allem auch für Kinder, die über das Programm „Abschlag Schule" Interesse und Lust gefunden haben, in die Sportart Golf „hinein zu schnuppern"!

Ballschul-Leitlinien (Stufen 1 bis 3)

Die Ballschulprogramme sind nicht am „Reißbrett" oder „grünen Tisch" entstanden. Sie wurden über viele Jahre in Vereinen, Kindergärten, Grundschulen und Sportvereinen erprobt. Das Konzept hat sich bewährt, auch wenn – wie immer und überall – die Übungsleiter genauso wichtig sind wie die Lehrpläne.

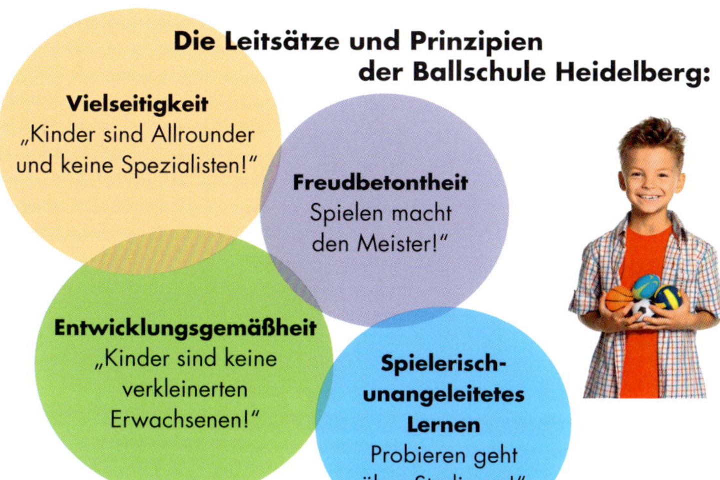

Es gibt kein „Anything Goes-Motto: „Hauptsache Sport"

Der gelebte Praxisbezug der Ballschule hat nichts mit Theorieferne zu tun. Das Gegenteil ist der Fall. Wissenschaftliche Erkenntnisse bilden eine wichtige Basis für moderne Kindersportangebote. Diese sind alle – ohne Ausnahme – an den trainingswissenschaftlichen Gütesiegeln der *Vielseitigkeit*, der *Entwicklungsgemäßheit*, der *Freudbetontheit* und des *spielerisch-impliziten Lernens* zu messen. Die Ballschule beruht – wie kein anderes Kindersportprojekt – konsequent auf diesen Prinzipien.

Die Tabelle 1 zeigt, wie sich die vier Ballschul-Leitlinien mit der Beantwortung der drei klassischen *W-Fragen* der Sportspielvermittlung Verbindung bringen lassen.

Tab. 1: Die Gütesiegel der Ballschule

Ballschul-Leitlinien	**W-Fragen**
Prinzip der Vielseitigkeit	*Wozu?:* Ziele
Prinzip der Entwicklungsgemäßheit	
Prinzip der Freudbetontheit	*Was?:* Inhalte
Prinzip des spielerisch-impliziten Lernens	*Wie?:* Methoden

Ziele: Prinzipien der Vielseitigkeit und Entwicklungsgemäßheit

Kinder sind Allrounder und keine Spezialisten

Ballschule ≠ additive Vermittlung verschiedener Spiele

Die Ballschule ist *keine* Multisportschule, in der abwechselnd Fußball, Basketball, Handball, Tennis, Golf usw. gespielt wird. Die Zielstellungen aller Ballschulprogramme der Stufen 1 bis 3 sind vielmehr auf eine *breite* und *vielseitige* Ausbildung *spielerischer Basiskompetenzen* gerichtet, die in mehr oder weniger allen Sportspielen von Bedeutung sind. In die Baby-Ballschule/Mini-Ballschule (Stufe 1) und die sportspielübergreifende Ballschule (Stufe 2) werden dabei bevorzugt Spiele und Übungen einbezogen, bei denen sowohl mit der Hand, dem Fuß als auch mit Schlägern agiert werden kann! Auf der sportspielgerichteten Ebene, also ab der Stufe 3, gilt dann allmählich das Motto *„Vom Allgemeinen zum Spezifischen"*. In der Ballschule Rückschlagspiele wird vorrangig mit der Hand und mit Schlägern und in der Ballschule Zielschussspiele mit der Hand und dem Fuß gespielt bzw. geübt.

Dass die Ziele von Kindersportprogrammen – gleich welcher Art – nicht nur vielseitig, sondern auch *entwicklungsgemäß* auszuwählen sind, ist eigentlich eine Selbstverständlichkeit. Wie sagt man so schön: „Die

Kinder müssen dort abgeholt werden, wo sie sind". Für die Ballschule bedeutet das zweierlei. Erstens ist zu berücksichtigen, welche spielerischen Basiskompetenzen Klein-, Vorschul- und Grundschulkinder gewöhnlich mitbringen. Zweitens – und mindestens genauso wichtig – muss beachtet werden, welche „Talente" die Kinder haben. Man weiß schon lange, dass wir Menschen lebenslang trainierbar sind, aber manche Kompetenzen lassen sich besonders gut in der Kindheit, andere in der Jugend und wiederum andere im Erwachsenenalter ausbilden. Entwicklungsforscher haben hierfür einen komplizierten Ausdruck. Sie sprechen von der *Zone der nächsten Entwicklung*. Damit ist der Raum der Verbesserungsmöglichkeiten eines Kindes zwischen seinem derzeitigen und dem von ihm erreichbaren Leistungsstand gemeint, also zwischen dem, was ein Kind aktuell leistet, und dem, was es abrufen könnte, wenn es in optimaler Weise gefördert würde.

Kinder sind keine verkleinerten Erwachsenen

Inhalte: Prinzip der Freudbetontheit

Kinder fassen die Natur spielerisch an! Jedes Kind „muss" spielen. Spielen – so sagt man – ist Kinderrecht. Daraus ergibt sich eine klare Vorgabe für die Ballschulprogramme. Ihre Inhalte bestehen zum größten Teil aus *Spielformen*.

Spielen macht den Meister

Warum Spielen die elementare Lernform für Kinder ist, hat nach heutigen Erkenntnissen mit einem Botenstoff in unserem Gehirn zu tun: er heißt *Dopamin*. Welcher Zusammenhang zwischen Dopamin und Spielen bzw. Lernen besteht, bedarf einer Erklärung, die hier nur vereinfacht wiedergegeben werden kann.

Dopaminausschüttungen im Mittelhirn verursachen Glücksgefühle und unterstützen (motorische) Lernprozesse. Sie werden beobachtet, wenn nach einer Handlung das Ergebnis besser ausfällt als es das Kind erwartet hat. Gute Ausführungen erhöhen den Dopaminspiegel und werden gelernt; misslungene, die zu keinem Anstieg führen, sinnvoller Weise nicht. So schnappt sich unser Gehirn über Dopamin nur die richtigen Bewegungsmuster – getreu nach dem Motto: „die Guten ins Töpfchen ...!" (Beck, 2013, S. 12-13).

Spielen mit Erfolgserlebnissen = „Baden im Dopamin!" (Beck, 2013a, b)

Die Spiele (und Übungen) der Ballschule müssen demzufolge vor allem eins mit sich bringen: *unerwartete Erfolgserlebnisse*. Das clevere Belohnungssystem Dopamin schafft dann Motivation und macht den Kindern Lust auf mehr. Die entscheidende Zauberformel lautet: *Spielen mit erlebten Lernerfolgen → Dopamin → Freude → Motivation zum Weiterlernen!* Und das klappt besonders gut bei Kindern, weil sie über mehr Dopaminrezeptoren verfügen als Erwachsene.

Methoden: Prinzip des spielerisch-impliziten Lernens

Probieren geht vor Studieren

Mit der Methodik des Spielens (und Übens) in der Ballschule wird die Logik der meisten anderen Vermittlungsmodelle im Bereich der Sportspiele geradezu umgedreht. Es gilt: die kindliche Form des Spielens ist *frei* und *aktiv-entdeckend*. Die Kinder dürfen nicht dauernd instruiert und korrigiert werden. Reden ist Silber; herausfordernde Impulse oder motivierende Aufgaben stellen ist Gold.

Was spricht für diese methodische Sichtweise? Die Antwort gliedert sich in zwei Teile: Wir Menschen können sehr gut „implizit lernen" (1) und Instruktionen/Korrekturen führen zu „Inattentional Blindness" (2).

„Wesentlich ist, dass das Kind möglichst viele Dinge selbst entdeckt. Wenn wir ihm bei der Lösung aller Aufgaben behilflich sind, berauben wir es gerade dessen, was für seine Entwicklung das Wichtigste ist" (Emmi Pikler, 1902-1984)

Zunächst zum Thema *„implizites Lernen"* (1). Klar ist: Lernen kann man, indem man übt, etwa Vokabeln oder Bruchrechnen. Das kennen wir alle aus der Schule. Psychologen bezeichnen das als *explizites Lernen*. Wir können uns aber auch nebenbei Wissen oder Können aneignen, ohne uns anzustrengen. Dann spricht man von implizitem Lernen. Z. B. erwerben wir die Grammatiken von Sprachen vorwiegend implizit. Durch ständiges Sprechen beherrschen Kinder/Jugendliche irgendwann die wesentlichen Regeln, ohne dass ihnen das klar sein muss und ohne dass es ihnen möglich wäre, diese vollständig zu benennen.

Auch in der Ballschule lernen die Kinder nicht bewusst, sondern handeln zunehmend situationsgerechter, weil sie vielseitige spielerische Erfahrungen sammeln. Heute gilt es als unstrittig, dass das Meiste von dem, was wir uns im Laufe des Lebens aneignen, implizit erworben worden ist. Einen Erklärungsansatz hierfür liefert das klassische Modell der antizipativen Verhaltenskontrolle von Hoffmann (1993).

Die zweite Frage lautet: Warum ist freies Spielen besser als ein Spielen mit bewusster Reflexion bzw. ein Spielen mit Instruktionen und Korrekturen? Mack und Rock (1998) beantworten diese Frage mit dem Verweis auf ein Phänomen, das sie als *Inattentional Blindness* (2) bezeichnen. Dieser Begriff lässt sich nur schwer übersetzen, aber gut erklären.

So gelangt der Hase in den Hut oder die Kugel unter den Becher

Wenn ein Kind beim Spielen gesagt bekommt, worauf es zu achten hat, dann wird seine Aufmerksamkeit eingeengt. Es schaut dann – je nach Anweisung – nur noch auf einen kleineren Situationsausschnitt und wird blind für das restliche Geschehen. Diesen Effekt machen sich auch Zauberer zu Nutze. Viele ihrer Tricks beruhen darauf, dass der Magier durch Hinweise oder Gesten die Aufmerksamkeit seines Publikums auf einen anderen Gegenstand oder eine andere Handlung lenkt. Wie gut das funktioniert haben Simons und Chabris (1999) mit ihrem berühmten

Gorilla-Film veranschaulicht. In dem 23 Sekunden langen Video sind sechs Personen zu sehen: drei in dunkler und drei in heller Kleidung. Die Spieler der beiden Dreiergruppen haben jeweils einen Basketball, den sie prellen und/oder sich untereinander zuspielen. Wenn die Versuchspersonen z. B. die Instruktion erhalten, die Anzahl der Bodenberührungen des Balles und die Pässe der weißen Spieler zu zählen, dann übersehen sie mit hoher Wahrscheinlichkeit eine Person in einem schwarzen Gorilla-Kostüm, die in der Mitte des Films das Bild durchquert. Ohne diese Anweisung ist der Gorilla dagegen nicht zu übersehen. Anweisungen und Vorgaben verringern die Aufmerksamkeitsbreite und engen die Handlungsmöglichkeiten der Kinder ein. Das ist das, was Forscher mit Inattentional Blindness umschreiben.

Wer mehr sieht hat mehr Ideen

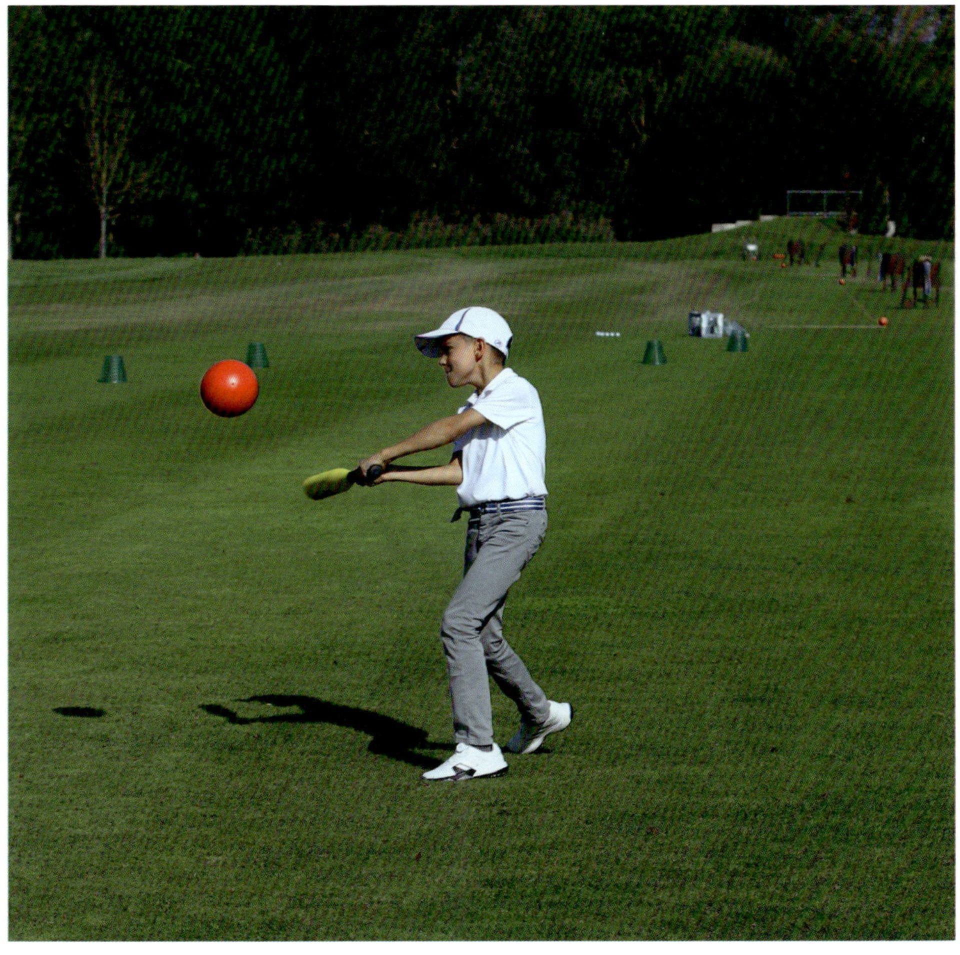

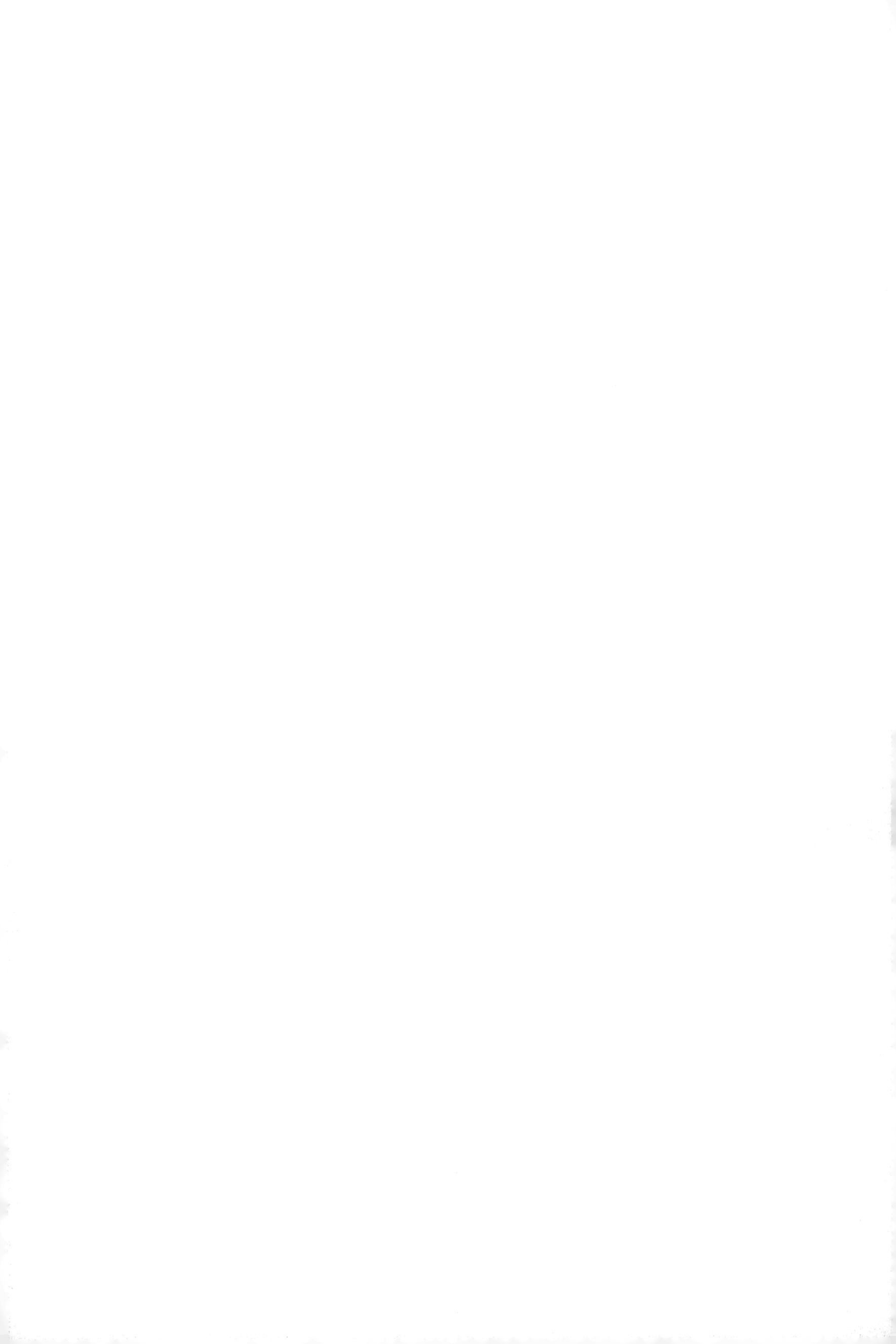

Klaus Roth

Kapitel 2: Ballschule (Stufen 1 bis 3) Ziele, Inhalte & Methoden

Ziele der Ballschulprogramme

Das ABC der Mini-Ballschule

Das ABC der sportspielübergreifenden Ballschule

Das ABC der sportspielgerichteten Ballschulen

Zielschussspiele: Torschuss & Wurf

Rückschlagspiele: Einzel & Mannschaft

Inhalte & Methoden der Ballschulprogramme

Zusammenfassung

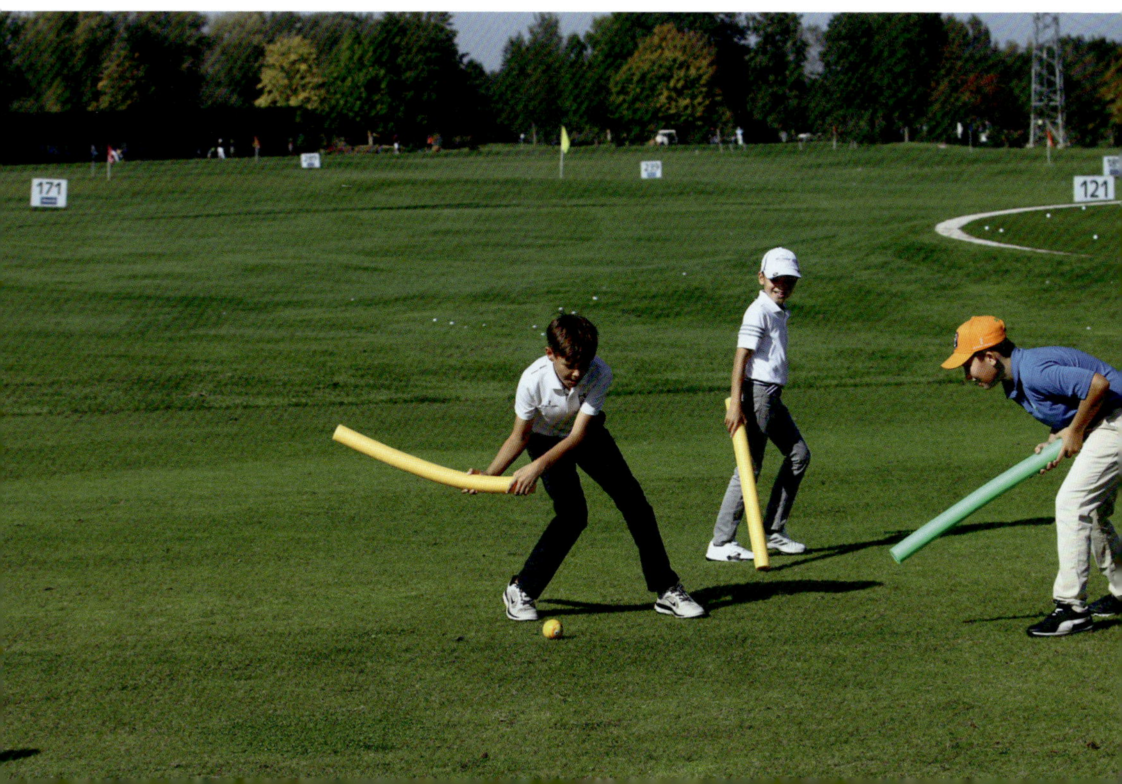

Ziele der Ballschulprogramme

Die Ballschule folgt der Idee einer allgemeinen oder – wie man auch sagt – *Integrativen Sportspielvermittlung*. Vereinfacht ausgedrückt, werden die Spiele als Mitglieder einer Familie angesehen, die einander ähnlich sind. Genau diese allgemeinen Verwandtschaftsmerkmale werden herausgegriffen und in der „Kinderstube" der Spielanfänger übergreifend geschult. Angestrebt wird ein breites Fundament an *generalisierbaren Kompetenzen*, die später ein schnelles und effektives Lernen zum Beispiel in der Sportart Golf garantieren sollen. Der Begriff Kompetenzen ist dabei nicht zufällig gewählt. Mit ihm soll verdeutlicht werden, dass die Kinder in der Ballschule ressourcenorientiert-stärkend (nicht defizitorientiert) und mit einem engen Bezug zur Bewältigung von Aufgaben im Alltag, im Sport und im Spiel trainiert werden.

Für alle Ballschulprogramme gilt: die Basiskompetenzen werden in drei Zielbereiche A, B, C eingeordnet. Aus dem A, B, C wird dann zwanglos für jede Altersstufe das passende *ABC des Spielenlernens*. Es soll den Kindern genauso vertraut werden wie das ABC unserer Sprache oder das „1 x 1" der Grundrechenarten.

Das ABC der Mini-Ballschule

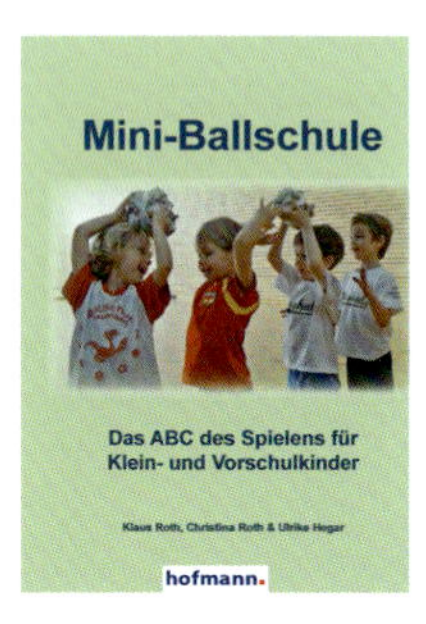

Was beherrschen Kindergartenkinder? Welche motorischen Kompetenzen liegen in der „Zone ihrer nächsten Entwicklung"? Das Resultat der theoretischen Überlegungen und Studien zur Mini-Ballschule kann kurz zusammengefasst werden. Der Zielbereich A bezieht sich auf *elementare motorische Basiskompetenzen*, deren Bewältigung Grundlage für alle weiteren Lernfortschritte ist. In der Säule B geht es um erste *technische Basiskompetenzen*, die für eine große Bandbreite von Spielen wichtig sind. Mit dem Buchstaben C wird schließlich auf Kompetenzen eingegangen, die in der Sportwissenschaft und in der Praxis zumeist als *koordinative Basisfähigkeiten* bezeichnet werden.

Drei allgemeine, altersgerechte Kompetenzbereiche ABC: der Buchstabe A

Zu A: Im Kleinkindalter kann davon ausgegangen werden, dass die Heranwachsenden motorische Elementarformen wie Gehen, Laufen, Ziehen, Schieben, Schwingen, Stützen, Federn usw. zumindest in der Grobform erworben haben. Das ist das, was die meisten Kinder mitbringen. Auf dieser Grundlage können nun weitere grundlegende motorische Basiskompetenzen geschult werden, z. B. Rollen, Springen, Werfen, Schlagen und Kicken. Im Vorschulalter befinden sich die Spielanfänger in einer Phase, in der sie beste Voraussetzungen dafür besitzen, diese Fertigkeiten zu optimieren, zu differenzieren und miteinander zu verkoppeln.

Zu B: Die *technischen Basiskompetenzen* bauen auf dem Repertoire aus dem Bereich A auf und werden nicht mehr von allen Menschen erlernt. Im Alter von drei bis sechs Jahren geht es dabei noch nicht darum, sich komplette Sportspiel-Techniken anzueignen. Vielmehr werden allgemeine Bestandteile von einfachen Sportfertigkeiten vermittelt (Hossner, 1995).

Der Buchstabe B

Zu C: Mit der dritten Ballschul-Säule werden technikübergreifende *koordinative Basiskompetenzen (koordinative Fähigkeiten)* in den Blick genommen, die mit dem Vermögen korrespondieren, motorische Fertigkeiten

Der Buchstabe C

- schnell und gut zu erlernen
- zielgerichtet und präzise zu kontrollieren sowie
- vielfältig und situationsangemessen zu variieren

Wer ein hohes Koordinationsniveau besitzt, dem soll bewegungsmäßig alles leichtfallen, so wie im kognitiven Bereich Menschen mit einer hohen Intelligenz generell lern- und leistungsfähiger sind.

Koordinative Basiskompetenzen = motorische Intelligenz

In Tabelle 2 sind die Basiskompetenzen des ABCs der Mini-Ballschule im Überblick dargestellt.

Tab. 2: Das ABC der Mini-Ballschule

Motorische Elementarformen A	**Technik B**	**Koordination C**
Rollen & Drehen	Flugbahn erkennen	Ballgefühl
Hüpfen & Springen	Laufwege erkennen	Zeitdruck
Werfen & Fangen	Laufwege bestimmen	Präzisionsdruck
Kicken & Stoppen	Spielpunkt bestimmen	Komplexitätsdruck
Schlagen & Stoppen	Ballbesitz kontrollieren	Organisationsdruck
Prellen & Dribbeln	Ballabgabe kontrollieren	Variabilitätsdruck

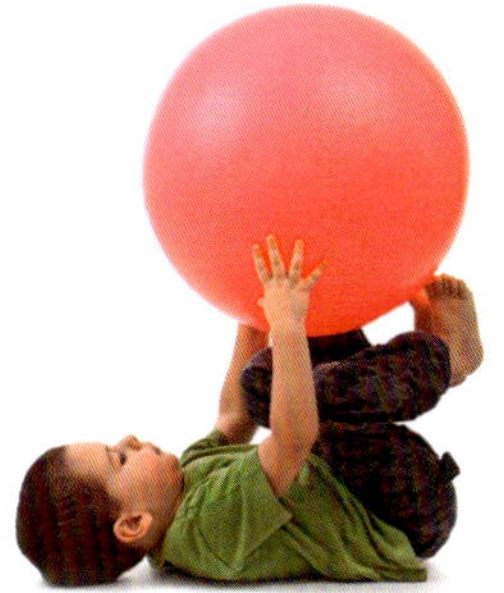

Das ABC der sportspielübergreifenden Ballschule

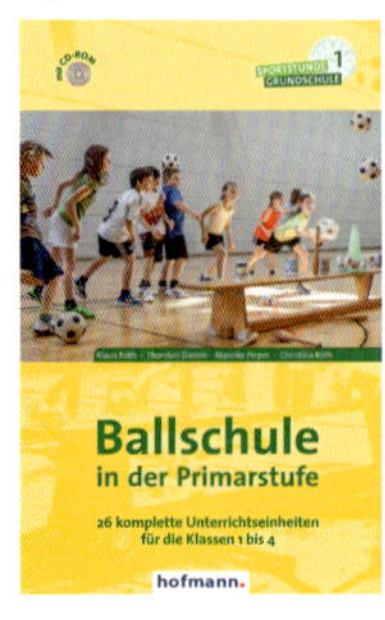

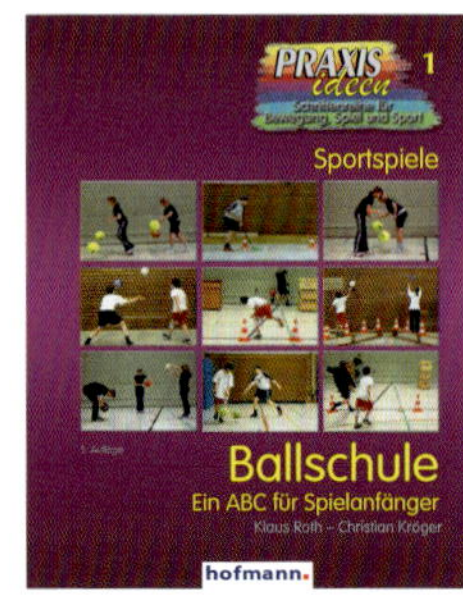

Die Ermittlung der wichtigsten sportspielübergreifenden Basiskompetenzen für das Alter zwischen 6 und 8 Jahren gründet auf zwei Gruppen von Untersuchungen: auf Entwicklungs- und Befragungsstudien. Die genauen Vorgehensweisen und Resultate sind bei Roth und Kröger (2015) beschrieben. Für das weitere Verständnis ist hier eine knappe Darstellung der wichtigsten Ergebnisaspekte ausreichend. Aus der Entwicklungsforschung folgt, dass das frühe Grundschulalter eine trainingsgünstige Phase für drei Kategorien von Basiskompetenzen darstellt. Die Kinder verfügen über ein hohes Maß an Trainierbarkeit bzw. Lernfähigkeit für die Bewältigung taktischer (A), koordinativer (B) und technischer Aufgabenstellungen (C).

Tab. 3: Das sportspielübergreifende ABC für Grundschulkinder

Taktik A	**Koordination B**	**Technik C**
Anbieten & Orientieren	Ballgefühl	Flugbahn erkennen
Ballbesitz sichern (individuell)	Zeitdruck	Laufwege erkennen
Ballbesitz sichern (kooperativ)	Präzisionsdruck	Laufwege bestimmen
Überzahl herausspielen	Komplexitätsdruck	Spielpunkt bestimmen
Lücke erkennen	Organisationsdruck	Ballbesitz kontrollieren
Abschlussmöglichkeit nutzen	Variabilitätsdruck	Ballabgabe kontrollieren

Vor diesem Hintergrund haben Haverkamp und Roth (2006) mehrere Expertenbefragungen durchgeführt, mit dem Ziel, die übergreifenden Verwandtschaftsmerkmale innerhalb der drei Säulen der zweiten Ballschulstufe genauer zu bestimmen. Aus ursprünglich 235 von den erfahrenen Sportlehrern und Trainern benannten allgemeinen Leistungsvoraussetzungen ergaben sich durch Kategorisierungen und Zusammenfassungen die in Tabelle 3 dargestellten 6 x 6 x 6 = 18 Basiskompetenzen. Aus A, B und C wird wiederum das ABC für Spielanfänger – in diesem Fall für Kinder der Klassen 1 und 2.

Das ABC der sportspielgerichteten Ballschulen

> „Schach und Boxen haben viel Ähnlichkeit, denn bei beiden Sportarten kommt es auf die richtige Strategie an" (Vitali Klitschko, geb. 1971).

Wenn man Menschen, Quartettkarten oder Sportarten nach ihrer Ähnlichkeit ordnen möchte, muss man festlegen nach welchen Kriterien das geschehen soll. Personen mit vergleichbaren Charaktereigenschaften können z. B. ganz verschieden aussehen und bei Klassifizierungen nach ihrer Leistungsfähigkeit würde es eine Rolle spielen, ob motorische oder kognitive Gruppierungsmerkmale zugrunde gelegt werden. Auch beim Schach und Boxen lassen sich wohl allenfalls strategisch-taktische Verwandtschaften ausmachen. Die beiden Sportarten wären kaum miteinander in Verbindung zu bringen, wenn man die koordinativen oder konditionellen Anforderungen als Ähnlichkeitskriterien heranziehen würde.

Das ist bei der Bildung von *Teilfamilien* der Sportspiele auf der dritten Stufe der Ballschulausbildung genauso. Wie beim Schach- und Boxbeispiel muss die Suche nach Gruppen, deren Spiele untereinander besonders ähnlich sind, nicht automatisch zu gleichen Endergebnissen führen. Ausschlaggebend erscheint vielmehr auch hier, welche Verwandtschaftsmerkmale bei der Zusammenstellung der Unterkategorien berücksichtigt werden.

Teilfamilien der Sportspiele: Spiele, die sich besonders ähnlich sind

An dieser Stelle hilft wieder ein Blick auf die Untersuchungsreihe von Haverkamp und Roth (2006). Sie haben die bekannte – bereits erwähnte – Einteilung der Sportspiele in die „Teilfamilien" der *Rückschlagspiele* (Rückschlagspiele-Einzeln – RE + Rückschlagspiele-Mannschaft – RM) und der *Zielschussspiele* (Torschussspiele – TS + Wurfspiele – WS) aus Ballschulsicht noch einmal auf den Prüfstand gestellt und im Ergebnis ohne jede Einschränkung bestätigen können. Anders ausgedrückt: Die Rückschlagspiele und die Zielschussspiele „sind jeweils untereinander durch besonders enge Verwandtschaften in den *taktischen, koordinativen* und *technischen Basiskompetenzen* aus Tabelle 3 gekennzeichnet. Daher erscheint es sinnvoll auf der dritten Stufe von sportspielgerichteten Ballschulen für diese beiden Teilfamilien auszugehen.

Ballschul-Studie zu den Sportspielkategorien auf der Stufe 3

Ballschule Rückschlagspiele (Einzel & Mannschaft)

Definition der Rückschlagspiele Net-/Wall-Games

Die Gemeinsamkeiten der Rückschlagspiele werden durch die beiden Wortsilben „Rück" und „Schlag" zum Ausdruck gebracht. Die erste Silbe verweist darauf, dass ein bestimmtes Spielobjekt (Ball, Federball, Indiaca ...) zwischen zwei Spielern/Parteien hin und her gespielt wird. Die zweite Silbe verdeutlicht, dass es zu keinem eigentlichen „Besitz" des Spielobjektes kommt. Charakteristisch ist vielmehr eine nur kurzzeitige Berührung mit der Hand oder einem Schlaggerät. Das Ziel besteht darin, das Spielobjekt so in das gegnerische Feld oder über eine Wand wieder in das eigene Feld zu schlagen, dass kein regelgerechter Rückschlag mehr möglich ist.

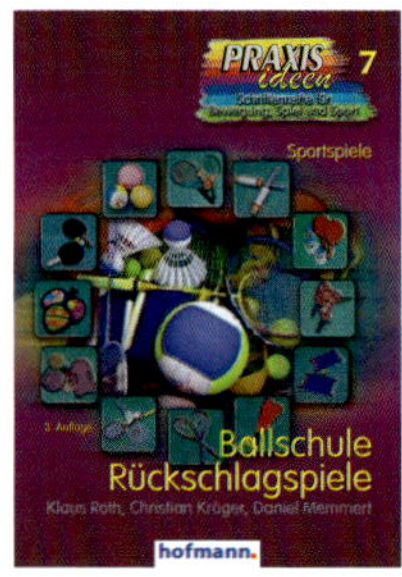

Für die Auswahl der Ziele des ABCs der Rückschlagspiele ist die Liste der taktischen, koordinativen und technischen Basiskompetenzen der sportspielübergreifenden Ballschule (Tabelle 3) zu „durchforsten". Welche Bedeutung haben diese für die Rückschlagspiele? Ist die Liste durch weitere Kompetenzen zu ergänzen?

Memmert und Roth (2001) haben zur Beantwortung dieser Fragen Experten (National-/Bundesligatrainer, Trainer mit A- oder B-Lizenzen, Universitätsdozenten) aus den Sportarten Volleyball, Beachvolleyball, Badminton, Squash, Tennis und Tischtennis befragt. Die Tabelle 4 zeigt die Ergebnisse der Studie. Aus dem 6 x 6 x 6-ABC der sportspielübergreifenden Ballschule wird ein Pool von 5 x 6 x 9 = 20 Basiskompetenzen. In den Bereichen A und B fehlen das BALLBESITZ SICHERN (INDIVIDUELL & KOOPERATIV) und das BALLGEFÜHL, dafür kommen die Kompetenzen ABSCHLUSSMÖGLICHKEIT VORBEREITEN und BELASTUNGSDRUCK hinzu. Die größten Veränderungen ergeben sich in der Säule C. Als neue Kompetenzen für die Ballschule Rückschlagspiele wurden benannt: SICH VERFÜGBAR MACHEN, ABWEHRPOSITIONEN VORWEGNEHMEN sowie BALLABGABE WINKEL STEUERN & BALLABGABE KRAFTEINSATZ STEUERN (anstelle von BALLABGABE KONTROLLIEREN).

Die Rückschlagspiele sind eher koordinations- und technikbestimmt

Ein Gesamtvergleich der gemittelten Bedeutungskennwerte für die Kompetenzen aus den Bereichen ABC verdeutlicht, dass die Rückschlagspiel-Experten den Stellenwert der motorischen Basiskompetenzen mit 45 % (Koordination) bzw. 38 % (Technik) deutlich höher bewerten als den der Taktik mit (nur) 17 %.

Tab. 4: Das sportspielgerichtete ABC der Rückschlagspiele

Taktik A	**Koordination B**	**Technik C**
Orientieren & Zusammenspiel	Zeitdruck	Flugbahn des Balles erkennen
Überzahl herausspielen	Präzisionsdruck	Ball im Blick behalten
Lücke erkennen	Komplexitätsdruck	Laufwege erkennen
Abschlussmöglichkeit vorbereiten	Organisationsdruck	Laufweg und -tempo bestimmen
Abschlussmöglichkeit nutzen	Variabilitätsdruck	Sich verfügbar machen
	Belastungsdruck	Spielpunkt des Balles bestimmen
		Abwehrpositionen vorwegnehmen
		Ballabgabe Winkel steuern
		Ballabgabe Krafteinsatz steuern

Zielschussspiele (Torschuss & Wurf)

Nicht wenige sehen in den Zielschussspielen die natürlichste Form des Spielens mit dem Ball. Schießen, Schlagen und Werfen gehören – wie Laufen, Klettern oder Springen – zu den motorischen Elementartätigkeiten. Volkstümliche Spiele sind dementsprechend zumeist Zielschussspiele (Behrends, 1984, S. 56).

Definition der Zielschussspiele

Die zentrale Gemeinsamkeit aller Zielschussspiele wird durch die beiden ersten Wortsilben zum Ausdruck gebracht. Sie verweisen darauf, dass der Spielgedanke darin besteht, das Spielgerät (in der Regel einen Ball) mit dem Fuß, mit der Hand oder einem Schläger in ein Ziel zu schießen, zu schlagen oder zu werfen. Weitere typische – aber nicht zwingend notwendige – Merkmale von Torschussspielen sind:

- das Bemühen um Trefferoptimierung. Sieg und Niederlage werden durch die erfolgreich ausgeführten Torschüsse bestimmt
- das ständige Pendeln des Spielgeschehens zwischen zwei Zielen nach dem Prinzip der Simultanität und Korrespondenz
- die spielenden Parteien sind räumlich nicht voneinander getrennt
- das Spielen mit individueller und kollektiver Ballsicherung
- das Spielen in zwei gleichgroßen Gruppen. Dabei geben die Spielformen insofern maximale Gelegenheit zum Schießen, Schlagen oder Werfen als auch das Zusammenspiel innerhalb oder zwischen den Gruppen anhand dieser Basisfertigkeiten erfolgt

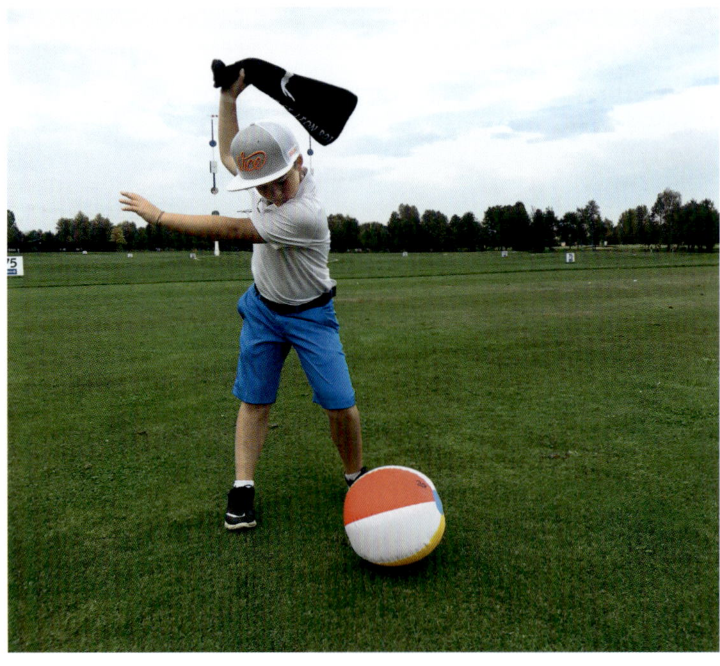

Tab. 5: Das sportspielgerichtete ABC der Zielschussspiele

Taktik **A**	**Koordination** **B**	**Technik** **C**
Anbieten & Orientieren	Zeitdruck	Flugbahn des Balles erkennen
Ballbesitz individuell sichern	Variabilitätsdruck	Laufwege erkennen
Ballbesitz kooperativ sichern		Laufweg bestimmen
Überzahl individuell herausspielen		Ballbesitz kontrollieren
Überzahl kooperativ herausspielen		Ballabgabe kontrollieren
Lücke erkennen		
Abschlussmöglichkeit nutzen		

Als Grundlage für die Einschätzungen und Gewichtungen der Ziele aus Tabelle 3 dienen erneut Expertenbefragungen. Ihre Auswertungen legen eine *Verkleinerung* des Kompetenz-Pools für die Zielschussspiele auf 7 x 2 x 5 = 14 Basiskompetenzen nahe. Nicht mehr berücksichtigt werden vier Kompetenzen aus dem Bereich der Koordination und eine aus dem Bereich der Technik. Von der Reduktion betroffen sind: Ballgefühl, Präzisionsdruck, Komplexitätsdruck, Organisationsdruck und Spielpunkt des Balles bestimmen.

Fünf Basiskompetenzen bleiben in der Ballschule Zielschussspiele unberücksichtigt

Die Zielschussspiele können – im Unterschied zu den Rückschlagspielen – damit offenkundig als *taktisch* geprägt gekennzeichnet werden. In der „Top-Ten" der höchsten Bedeutungseinschätzungen finden sich *alle* sechs taktischen Basiskompetenzen, wobei beim Überzahl herausspielen zusätzlich zwischen individual- und mannschaftstaktischen Handlungen unterschieden wird. Bemerkenswert ist, dass sich bei einer

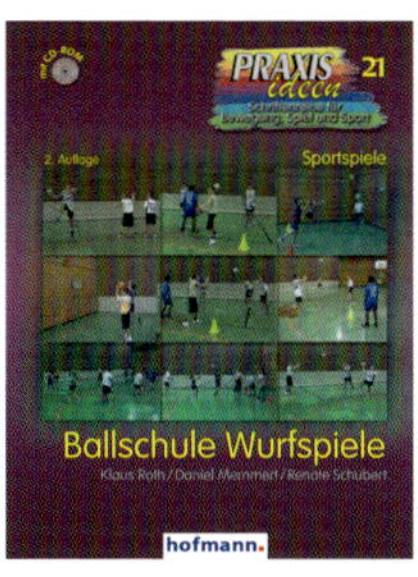

Bei den Zielschussspielen stehen die taktischen Kompetenzen im Vordergrund

getrennten Betrachtung der Torschuss- und Wurfspiele die prozentualen Gewichtungen der drei Bereiche fast komplett decken: Taktik ≈ 50 %; Koordination ≈ 20 %; Technik ≈ 30 %.

Inhalte & Methoden der Ballschulprogramme

Inhalte

Die Inhalte der Ballschulprogramme bestehen zum größten Teil aus Spielformen. Gespielt wird in drei Varianten:

- Freies Spielen (Ballschul-Stufe 1)
- Impulsgesteuertes Spielen (Stufen 1 und 2)
- Aufgabenbezogenes Spielen (Stufen 1 bis 3)

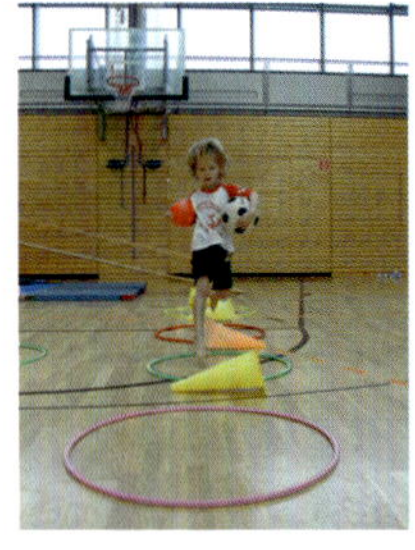

Das *freie Spielen* findet in Ball-/Bewegungslandschaften statt. Die vorhandenen Sportgeräte werden so aufgebaut, dass die Kinder gänzlich ohne Anleitung spielen können. Die Lernumgebung sollte anregend gestaltet sein, damit die Kinder motiviert sind, sich intensiv mit den Bewegungsmaterialien zu beschäftigen. Bereits Vorschulkinder können dabei „ihre Bewegungsanlässe schon selbst bauen. Sie nutzen die Bälle und sonstigen Geräte je nach ihren Fähigkeiten und steigern, zum Teil rasch, die Schwierigkeitsgrade ihrer Konstruktionen" (Ministerium für Schule, Jugend und Kinder Nordrhein-Westfalen, 2003, S. 14).

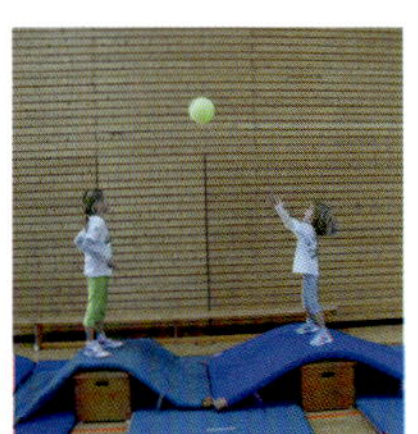

Beim *impulsgesteuerten Spielen* wird die Phantasie der Kinder durch Fragen (z. B. Kannst du auch …? Willst du mal … probieren?) angeregt. Zum Teil werden allgemeine Rahmenthemen eingeführt, wie „Essen bewachen", „Bei der Feuerwehr" oder „Auto fahren". Die Ballschulspiele lassen sich zudem in Bewegungs- oder Phantasiegeschichten einbetten, in denen die Kinder bestimmte Rollen übernehmen. Sie sind Piraten, Zauberer oder Feen, Prinzen oder Königinnen, Katzen oder Hunde usw. Die Geschichten beginnen mit einer Erzählung des Übungsleiters. Die Kinder spielen das Abenteuer nach und entwickeln eigene Ideen. Wenn ihre Kreativität oder Konzentration nachlässt, wird die Erzählung fortgesetzt. Es erfolgt somit ein ständiger Wechsel zwischen vorgegebenen Episoden und Aktivitäten der Kinder. Gute Ideen der Piraten, Prinzen oder Hunde können aufgegriffen und für Veränderungen des Drehbuchs genutzt werden.

Was hat man sich schließlich unter *aufgabenbezogenem Spielen* vorzustellen? Bei ihnen erhalten die Kinder – der Namensgebung entsprechend – präzisere Anleitungen zum Ablauf der Spiele. Es gibt eine klare Spielidee, definierte Regeln und die Rollen der Kinder werden festgelegt. Ein wichtiges Merkmal aller Spiele in der Ballschule besteht darin, dass einzelne oder mehrere der stufenspezifischen Basiskompetenzen immer wieder, in hoher zeitlicher Dichte gefordert und damit auch verbessert werden.

Mit ihren Spielformen grenzt sich die Ballschule der Stufen 1 bis 3 *methodisch* von den weit verbreiteten Spielreihenkonzepten ab. Spielreihen sind in der Regel auf die Einführung eines bestimmten Zielspiels gerichtet. Für sie wird im Allgemeinen gefordert, dass sie die Lernanfänger nach der Logik vom „Einfachen zum Schweren" allmählich an Lösungen für komplexere Aufgabenstellungen heranführen und dass die Spielidee im Kern unverändert bleibt (vgl. Kuhlmann, 1998, S. 117). Bei den Spielen in der Ballschule ist das zunächst anders. Innerhalb von Trainingseinheiten und auch über mehrere Ballschulstunden hinweg müssen diese nicht notwendigerweise aufeinander aufbauen. Allerdings ist über die drei Stufen hinweg darauf zu achten, dass jeweils alle Basiskompetenzen aus den Tabellen 2, 3, 4 und 5 in ausgewogener Form bzw. in ähnlichem Umfang Berücksichtigung finden.

Keine Spielreihen

Dass in der Ballschule auch geübt wird, versteht sich von selbst. Die *Übungsformen* gewinnen nach und nach an Bedeutung. Ihr Hauptschwerpunkt ist auf eine Verbesserung der motorischen Basiskompetenzen, also auf die Säulen A, C der Mini-Ballschule und die Bereiche B, C der sportspielübergreifenden und sportspielgerichteten Ballschulen gerichtet. Dabei gilt das Gleiche wie bei den Spielen. Die Übungsformen stehen auf den Stufen 1 bis 3 mehr oder weniger „für sich selbst". Sie markieren keine methodischen Teilschritte, die systematisch von nachfolgenden Übungen abgelöst werden müssen. Die Konzeption der Übungsreihe spielt praktisch keine Rolle.

Mit fortschreitendem Alter macht immer mehr auch „Üben den Meister!"

Keine Übungsreihen

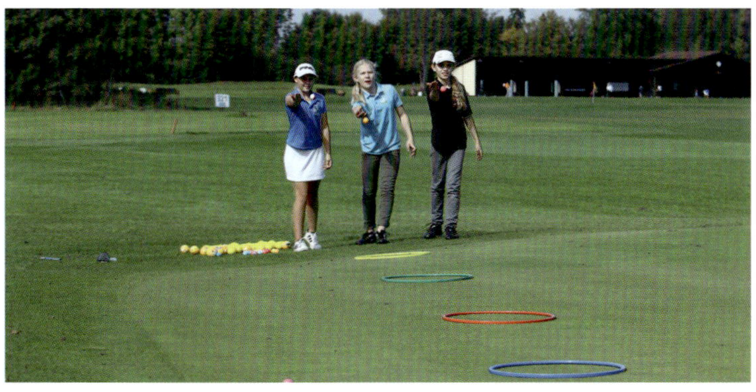

Zusammenfassung

- Unsere Kinder brauchen mehr Bewegung und sie wünschen sich das auch (vgl. Schmidt, Hartmann-Tews & Brettschneider, 2003, S. 404). Dem Sport kommt zwar kein Sonderstatus unter den positiven Wirkfaktoren zu, aber mit Bewegungsaktivitäten können wertvolle Effekte auf die *gesamte Persönlichkeitsentwicklung* erzielt werden.

Leitlinien aller Ballschulprogramme

- Moderne Kindersportangebote sind an den *trainingswissenschaftlichen Gütesiegeln* der *Vielseitigkeit, der Entwicklungsgemäßheit,* der *Freudbetontheit* und des *spielerisch-impliziten Lernens* zu messen. Die Ballschule beruht auf diesen Prinzipien.

- Die Ballschulausbildung verläuft über vier Stufen. Das zugrundeliegende Motto lautet: *„Vom Allgemeinen zum Spezifischen!"* Auf die Mini-Ballschule folgen die sportspielübergreifende, die sportspielgerichteten und die sportspielspezifischen Ballschulen.

- Das *Ballschul-ABC* soll den Kindern so vertraut werden wie das normale ABC. Ähnlich wie Buchstaben das Baumaterial für Wörter und Sätze bilden, besteht das ABC der Ballschule auf den Stufen 1 bis 3 aus allgemeinen *Basiskompetenzen,* die in vielen Sportspielen vorkommen.

Ziele: Mini-Ballschule

- Die *Mini-Ballschule* umfasst das Erlernen und Optimieren von motorischen Elementarformen (A), technischen Basiskompetenzen (B) und die Verbesserung der koordinativen Basiskompetenzen (C). Den drei Bereichen werden *7 x 6 x 5*-allgemeine Kompetenzen zugeordnet.

Ziele: sportspielübergreifende Ballschule

- Mit dem *sportspielübergreifenden Ballschul-ABC* werden die zu vermittelnden Kompetenzen für die zweite Stufe benannt. Es unterscheidet sich – dem Entwicklungsstand der Grundschulkinder entsprechend – vom ABC der Mini-Ballschule (A = Taktik; B = Koordination; C = Technik). Etwas genauer betrachtet lernen die Kinder *6 x 6 x 6*-Basiskompetenzen, die für die Familie der Sportspiele typisch sind.

Ziele: sportspielgerichtete Ballschulen

- Geeignete Nachfolgemodelle für die sportspielübergreifende Ballschule sind auf einer dritten Stufe sportspielgerichtete Konzepte: die Ballschule Rückschlagspiele und die Ballschule Zielschussspiele. Sie bilden das Bindeglied zu einer sportspielspezifischen Orientierung auf der vierten Stufe der Anfängerausbildung.

- Die sportspielgerichteten Ballschulen gründen auf den gleichen Säulen (A = Taktik; B = Koordination; C = Technik) wie das sportspielübergreifende Konzept. Die Rückschlagspiele haben ihren Schwerpunkt im motorischen Bereich (B, C), die Zielschussspiele sind eher taktisch (A) determiniert

Stufenübergreifende Inhalte

- Die Inhalte der Ballschulprogramme folgen dem Motto „Spielen lernt man vor allem durch Spielen!" Die veröffentlichten Lehrpläne enthalten viele Beispiele für freie, impulsgesteuerte und aufgabenbezogene *Spielformen.*

- „Spielen lernt man aber auch durch Üben!" Je älter und besser die Kinder werden, umso sinnvoller wird es, die einzelnen Basiskompetenzen gezielt über Übungsformen zu schulen.

- Wichtig für das Lernen sind unerwartete Erfolgserlebnisse sowie die Freude am und die Motivation zum Spielen/Üben.

Stufenübergreifende Methodik

- Die Methodik der (Mini-)Ballschule gründet auf Erkenntnissen zum impliziten Lernen, zum Phänomen Inattentional Blindness sowie zur Wirkung von Erfolgserlebnissen auf Prozesse im Gehirn. Auch hier gibt es Verschiebungen. Das bewusste (= explizite) Lernen tritt allmählich aus seinem anfänglichen „Schattendasein" heraus.

- Die Ballschule wendet sich an *alle* Spielneulinge und kann mit unterschiedlichen Perspektiven verknüpft werden. Niveaubezogen differenziert und modifiziert reicht ihr Wirkungsfeld vom Abbau festgestellter Motorikdefizite bis hin zur Grundsteinlegung für spätere Ballkünstler. Auch diese müssen – und zwar noch mehr als alle anderen – zunächst einmal das ABC des Spielens gründlich erlernen. Es gilt schließlich wie überall, dass Kunst von Können kommt und nicht von Wollen (sonst würde es vermutlich „Wunst" heißen!).

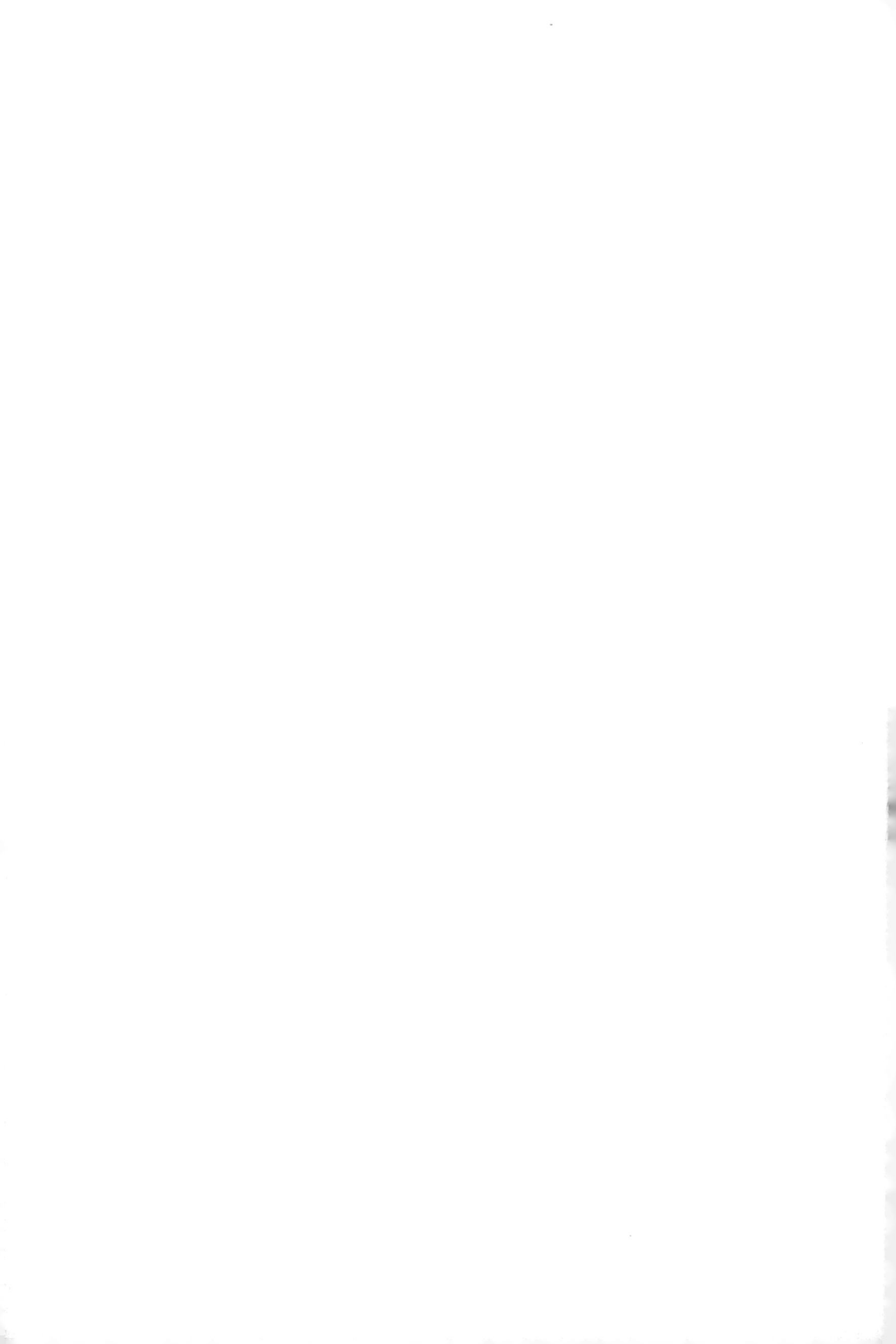

Klaus Roth

Kapitel 3: Ballschule Golf (Stufe 4) Ziele, Inhalte & Methoden

Einführung: Ballschule & Golf?
Einordnung der Ballschule Golf
Ballschul-Leitlinien (Stufe 4)
Ziele: das ABC für Golfanfänger

A: Golfspezifisch gewichtete koordinative Basiskompetenzen
B: Sportspielgerichtete technische Basiskompetenzen
C: Golfspezifische technische Basiskompetenzen

Inhalte & Methoden
Zusammenfassung

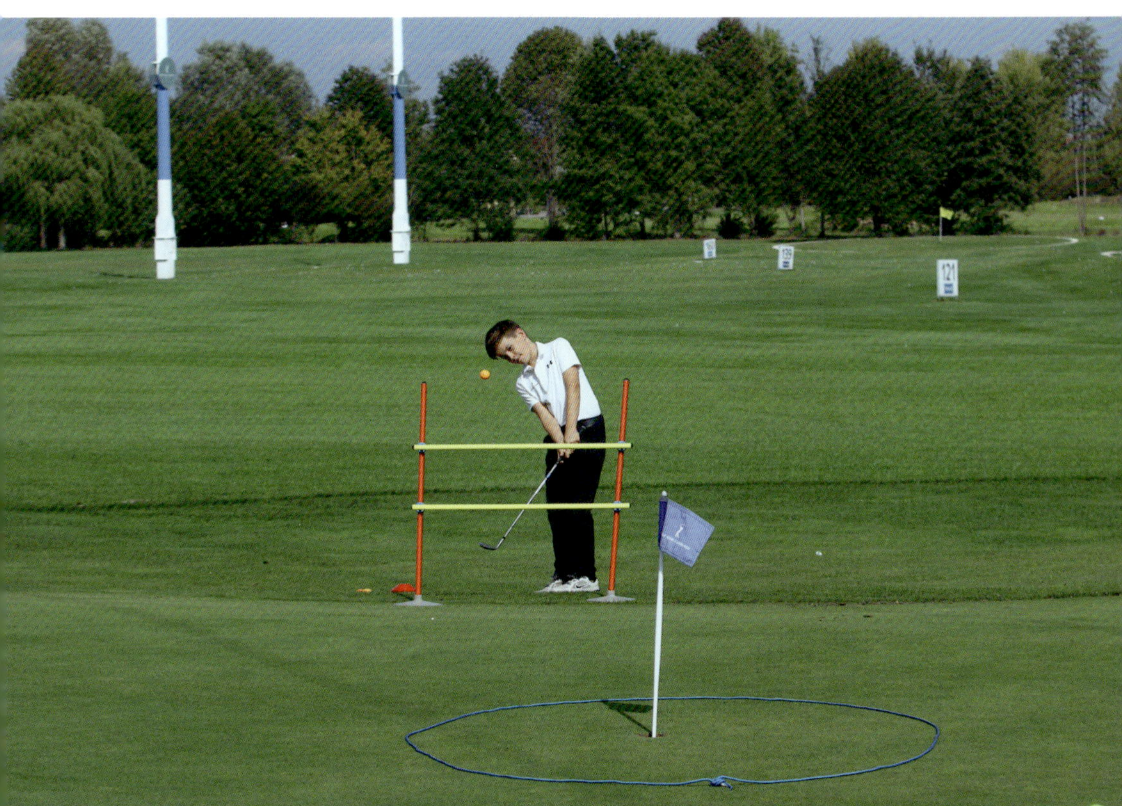

Einführung: Ballschule & Golf?

Das Internationale Olympische Komitee hat 2009 beschlossen, die Sportart Golf nach 102 Jahren wieder in das olympische Programm aufzunehmen. Die Reaktion des Deutschen Golf Verbands erfolgte quasi postwendend. Er hat sich das hohe Ziel *„Vision Gold"* (DGV, 2014a) auf die Fahnen geschrieben. Mit ihm steht der Golfsport vor großen Herausforderungen bzw. er befindet sich bereits „mittendrin". Wenn die Vision keine Utopie bleiben und aus ihr ein Erfolgsmodell werden soll, muss es gelingen, eine deutlich größere Zahl von Kindern und Jugendlichen zu begeistern, begabte und motivierte Nachwuchsathleten zu sichten, sie systematisch auszubilden und an die Sportart zu binden. Die derzeit zu beobachtende Praxis des Anfängertrainings ist hierfür nur zum Teil zielführend. Nicht selten schlagen die Novizen serienweise Bälle von Drivingrange-Matten und werden von ihren Golflehrern ausgiebig instruiert und korrigiert. Das Erlernen des Golfspielens wird – zumindest auf den ersten Blick – vorrangig mit der Aneignung und Optimierung von *genormten Schlagtechniken* gleichgesetzt.

Neue Ziele sind nur über neue Wege erreichbar

Vor diesem Hintergrund könnte der Eindruck entstehen, dass Golf von seiner Trainingsphilosophie her eher den geschlossenen Individualsportarten als den offenen Sportspielen mit ihren rasch wechselnden, taktisch zu bewältigenden Situationen zuzuordnen ist. Macht es also Sinn, dass sich der Trainingsalltag im Golf an den Förderkonzeptionen der anderen Spielsportarten orientiert, in denen sich – wie bei der Ballschule – durchgängig Plädoyers für eine breite, allgemeine Grundlagenausbildung finden?

Golf = Turnen mit Schlägern?

Die Antwort lautet aus Sicht der Ballschule Golf – kaum überraschend: *„Ja!"* Das lässt sich in dreifacher Hinsicht begründen:

- *Erstens* ist der Gleichung *„Golf = Sportspiel"* wohl doch zuzustimmen!
- *Zweitens* ist es unabhängig von der Richtigkeit der Gleichung mittlerweile unstrittig, dass *vielseitige* sportliche Erfahrungssammlungen ganz generell einen idealen Nährboden für die Talententwicklung bereitstellen. Das stimmt für Integrative Vermittlungskonzepte, aber auch für das (additive) Betreiben verschiedener Sportarten in der Kindheit und Jugend. Dabei scheint es nicht unbedingt darauf anzukommen, ob diese Disziplinen der späteren Zielsportart sehr nahe stehen oder nicht.
- *Drittens* ist pragmatisch und praktisch festzustellen, dass es der Entwicklung der Sportart Golf guttun würde, wenn sie neben der Initiative *„Abschlag Schule"* auf weitere flankierende oder unterstützende Programme beim „Werben" um die Kinder und Jugendlichen zurückgreifen könnte.

Zunächst zur Gleichung „Golf = Sportspiel". Kaum ein Sport ist von so vielen Vorurteilen geprägt wie der Golfsport. Viele denken an ältere, reiche Männer, die sich möglichst ohne Anstrengung über den Platz fahren lassen. Die Frage, ob Golf ein Sportspiel ist, scheint aus einer solchen Betrachtungsperpektive überflüssig zu sein, weil Golf nicht einmal als Sport bzw. richtige Sportart angesehen wird. Diese Einschätzung ist heute allerdings kaum mehr mehrheitsfähig. „Der grüne Sport aktiviert nicht nur unzählige Muskeln, sondern erweist sich als wahrer Kalorienkiller … Einleuchtend also, dass Golf gesundheitsfördernd wirken kann. Insbesondere wenn man berücksichtigt, dass der Aufenthalt an der frischen Luft stressreduzierend und blutdrucksenkend wirkt" (http://trendguide.info/de; Zugriff am 01. Dezember, 2015). *„Golf ist trotz gegenläufiger Meinungen von Spöttern eindeutig ein Sport"* (http://www.wissen.de/lexikon/ sportspiele; Zugriff am 01. Dezember, 2015).

Erstens a):
Golf = Sport

Golf bringt Menschen in Schwung … hält Körper und Seele fit

Golf ist zudem auch ein Spiel und damit ein Sportspiel. Es enthält alle wesentliche Merkmale, die in der Literatur angegeben werden: Konkurrenz-/Wettkampforientierung mit vorab nicht vorhersehbarem Verlauf/Ergebnis, eine definierte Spielidee, national und international verbindlich festgelegte Regeln, Bedingungsvariationen, komplexe Leistungsvoraussetzungen, Offenheit hinsichtlich der motorischen Lösungsformen usw. Mit Blick auf die Systematik der Sportspiele besitzt Golf den höchsten Verwandtschaftsgrad zu den *Zielschussspielen ohne direkte Partnerunterstützung/Gegnerbehinderung* (z. B. Kegeln/Bowling, Billard, Dartwerfen, Petanque, Eisstockschießen) bzw. zu den *Zielschussspielen mit Schlägern* (z. B. Hockey, Eishockey, Baseball), wobei es durch besonders hohe Anforderungen an die Bewegungs- und Ergebnispräzision charakterisiert ist.

Erstens b):
Golf = Sportspiel

Viel bedeutender als begriffliche „Spitzfindigkeiten" und „Beweisführungen" ist, dass mit der Ballschule Golf ein breiter Einstieg in die Sportart garantiert wird, mit dem allgemeine spielerische und motorische Basiskompetenzen geschult und optimiert werden. Dass dies wichtig ist, belegen internationale Studien, die ganze Bibliotheken füllen. Sie zeigen, dass erfolgreiche Athleten zu Beginn ihrer Laufbahn mehr Sportarten ausprobiert haben, als weniger erfolgreiche Athleten. Dirk Nowitzki z. B. hat erst im Alter von 14 Jahren mit dem Basketballspielen begonnen. Zuvor hat er geturnt, war Schwimmer und Handballspieler. Und auch Martin Kaymer ist ein gutes Beispiel. Er hat über einen langen Zeitraum auch auf hohem Niveau Fußball gespielt. Aus der Expertiseforschung kommt zusätzlich der Befund, dass Menschen in unterschiedlichsten Bereichen, also nicht nur im Sport, etwa 10.000 Übungsstunden benötigen, um ihren individuellen Höchstleistungsstand zu erreichen. Vor diesem Hintergrund ist es nicht unbedingt erforderlich, dass in Sportarten

Zweitens

Vielseitigkeit = Wunderdünger für Talente

wie Golf schon vor dem 10. Lebensjahr ein ausschließlich spezifisches Training angeboten wird.

Frühes Karriereende

Umgekehrt bringt eine *zu frühe Spezialisierung* eine Reihe von Nachteilen mit sich. Dazu gehört in erster Linie, dass mit ihr eine erhöhte Gefahr des so genannten *Drop-Outs* verbunden ist. Mehr als 80 % der Kinder und Jugendlichen in Deutschland waren im Laufe ihrer Kindergarten- und Grundschulzeit Mitglied in einem Sportverein. Mit 17 Jahren sind allerdings mehr wieder ausgetreten als noch im Wettkampfsport aktiv. Die langfristige Ausübung einer einzelnen Sportart geht offenkundig häufig mit Interessens- und Motivationsverlusten einher.

Wegfall der Straßenspielkultur

Eine Anmerkung ist in diesem Zusammenhang wichtig. Die vielseitige sportspielübergreifende Ausbildung ist notwendiger als je zuvor. Denn: die Kinder in Deutschland spielen anders als ihre Eltern oder Großeltern. *Früher* waren die Straßen, Parks, Schulhöfe und Bolzplätze die Kinderstuben der Spielanfänger. Fertigkeiten wie Prellen, Fangen, Werfen, Stoppen, Passen oder Schießen gehörten zur Alltagsmotorik und waren auf eine selbstverständliche Weise in die Lebenswelt eingebunden (Digel, 1993, S.18). „Gespielt wurde wirklich jeden Tag" (Daniel Stephan – ehemaliger Handballnationalspieler), „die Mädchen und Jungen sind mit dem Ball groß geworden, egal mit welchem" (Horst Bredemeier – ehemaliger Handballbundestrainer).

Statt durch einen Fallrückzieher, wird der Ball mit einem „Klick" ins Tor befördert

Heute spielen die Kinder vorwiegend mit der Computermaus und der Fernbedienung. Die Straßenspielkultur, das Spielen an der frischen Luft, ist aus dem Tagesablauf so gut wie verschwunden. Mit dem Ball wird – wenn überhaupt – vor allem in Sportvereinen gespielt. In ihnen werden die Mädchen und Jungen zumeist von Beginn an sportartspezifisch ausgebildet oder wie Schmidt (1994, S.13) es ausgedrückt hat: „Sie werden trainiert, bevor sie selbst spielen können".

Drittens

Der dritte, *pragmatisch-praktische* Grund für die Einführung einer Ballschule Golf ist schnell benannt. Die Sportart steht in einer schwierigen Konkurrenzsituation mit allen anderen Spielen um die immer weniger werdenden Kinder und Jugendlichen. Über die hervorgehobene Stellung des Fußballs braucht nicht weiter diskutiert zu werden. Der „Kampf" geht quasi um den verbleibenden Rest. Hier sind – und das zeigen langjährige Erfahrungen des Ballschulteams – die „Sportarten-Verlierer" leicht ausgemacht. Es sind jene Verbände und Vereine, in denen es noch keine entwicklungsgerechten Angebote für Kinder ab dem Vor-/Grundschulalter gibt. *Die Ballschule Golf hat hier das Potenzial zu einem wirksamen Gegengewicht zu den Minivarianten der Sportspiele Basketball, Handball usw. zu werden.*

Es gibt also viele und gute Gründe, das Fragezeichen bei der Verknüpfung von „Ballschule & Golf" in Klammern zu setzen oder zu streichen. Natürlich ist die Ballschule Golf nur ein Baustein zur Erweiterung bzw. Ergänzung des Kinder-/Jugendgolfs und keine Allzweckwaffe. „Wenn man sich aber neue, hohe Ziele steckt, erreicht man vielleicht kleine, an die man vorher gar nicht gedacht hat" (Volkmar Frank, *1962).

Einordnung der Ballschule Golf

Die Ballschule Golf ist die *letzte* Treppenstufe der Ballschule (Stufe 4) und die *erste* kleine Vorstufe der Leistungstreppe zum Erfolg in der Sportart Golf (vgl. Abbildung 1). Sie ist ein klassisches konzeptionelles Bindeglied, mit dem die Ballschulphilosophie und die Philosophie des Anfängertrainings Golf verbunden werden. Damit liefert die Ballschule Golf einen systematisch und strukturierten Unterbau zur „Vision Gold" des DGV.

Ballschule Golf = Ballschule (letzte Stufe) + Golf (erste Stufe)

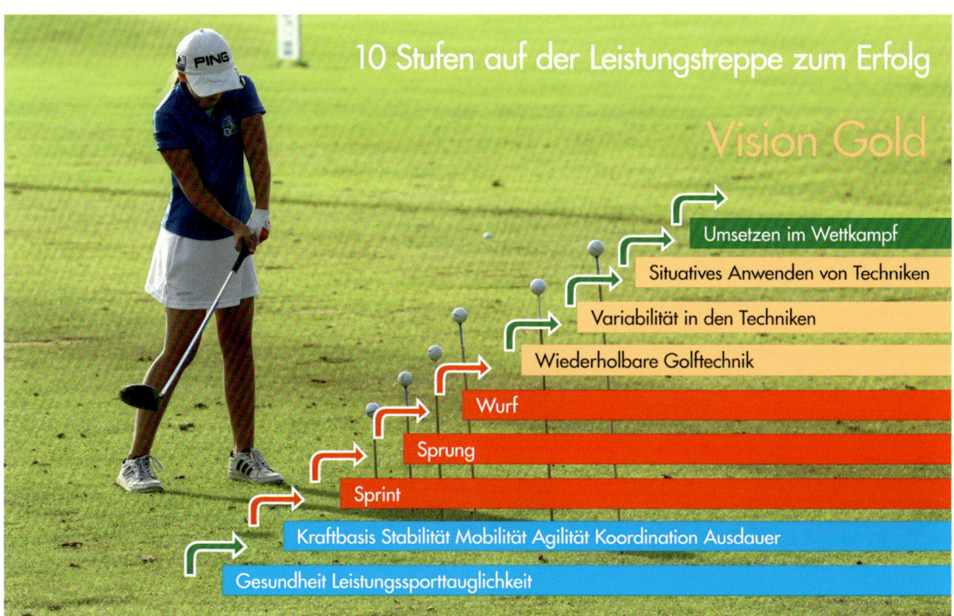

Abb. 1: Leistungstreppe zum Erfolg (vgl. DGV, 2014)

Leitlinien der Ballschule Golf

Veränderungen der Leitlinien 1 bis 4

Die Ballschulprinzipien der Vielseitigkeit, der Entwicklungsgemäßheit, der Freudbetontheit und des spielerisch-impliziten Lernens gelten „wie selbstverständlich" auch für die Ballschule Golf. Allerdings sind sie bei ihren Erläuterungen im Kapitel 1 zunächst nur auf die Stufen 1 bis 3 bezogen worden. Das hat einen „guten" Grund. Die Leitsätze verlieren im Laufe der Ballschulzeit allmählich etwas an „Gewicht" und „Exklusivkraft". Für die Stufe 4 lassen sich die Prinzipien zutreffender über „Von (Vom)...zu (zum)...!"-Regeln kennzeichnen:

Tab. 6: Die Gütesiegel der Ballschule Golf

Ballschul-Leitlinien (Golf)	**W-Fragen**
Vielseitigkeit (Regeln 1 und 2): „Von einer gleichgewichteten Schulung der Basiskompetenzen zu sportspielgerichteten und golfspezifischen Schwerpunktsetzungen!" „Vom Spielen/Üben mit Fuß, Hand und Schlägern zum Spielen/Üben mit Schlägern!"	*Wozu?*: Ziele
Entwicklungsgemäßheit (Regel 3): „Von einer allgemeinen altersgerechten Grundausbildung zur altersgerechten Schulung der sportlichen Interessen!"	
Freudbetontheit (Regel 4): „Vom Spielen zum Spielen und Üben!"	*Was?*: Inhalte
Spielerisch-implizites Lernen (Regeln 5 und 6): „Vom unangeleiteten Spielen (Üben) zum instruierten Spielen und Üben!" „Von eigenständigen Spielen (Übungen) zu Spiel- und Übungsreihen!"	*Wie?*: Methoden

Was mit diesen Regeln genau gemeint ist, wird in den nachfolgenden Abschnitten zu den *Zielen* (Vielseitigkeit & Entwicklungsgemäßheit), *Inhalten* (Freudbetontheit) und *Methoden* (spielerisch-implizites Lernen) der Ballschule Golf kurz erläutert werden.

Ziele: das ABC für Golfanfänger

Die generellen Ziele der Ballschule Golf ergeben sich direkt aus einer Berücksichtigung der beiden erstgenannten Regeln aus Tabelle 6:

Die *Regel 1* wird in allen sportspielspezifischen Ballschulen einheitlich interpretiert. Die Säule A umfasst *übergreifende koordinative* Basiskompetenzen, die vor dem Hintergrund des Anforderungsprofils der jeweiligen Sportart gewichtet werden. In der Säule B werden *sportspielgerichtete, technisch-taktische* Basiskompetenzen in den Blick genommen, die ebenfalls vor dem Hintergrund der Aufgabenstellungen der Disziplin ausgewählt werden. Für Säule C bleibt schließlich eine klare *sportspielspezifische* Ausrichtung. Hier geht es wiederum um *technisch-taktische* Kompetenzen, die aber bereits gezielt zu den Grundtechniken und (vor-)taktischen Handlungsmustern der einzelnen Spiele hinführen.

Regel 1

Nach der *Regel 2* gibt es hinsichtlich der Art und Charakteristik der vorgegebenen Bewegungsaufgaben in den Ballschulen der Stufe 4 gewisse Fokussierungen. Das ursprüngliche Motto „(Maximale) Vielseitigkeit ist Trumpf!" trifft nicht mehr in dieser allgemeinen Form zu. Es wird dadurch abgelöst, dass in den Zielbereichen A, B zunehmend und in C ausschließlich – je nach Sportart – entweder mit dem Fuß oder der Hand oder mit Schlägern agiert wird.

Regel 2

Auf die Ballschule Golf übertragen richten sich die Zielbereiche demnach auf:

- *Säule A:* koordinative Basiskompetenzen, die für das Lernen und Optimieren von Golftechniken von besonderer Bedeutung sind
- *Säule B:* sportspielgerichtete technische Basiskompetenzen, die für das Lernen und Optimieren von Golftechniken von besonderer Bedeutung sind
- *Säule C:* golfspezifische technische Basiskompetenzen

Golf ist ein *technikorientiertes* Spiel, sodass in den Bereichen B und C eine Konzentration auf diese Basiskompetenzen erfolgt, bei einem gleichzeitigen Verzicht auf strategisch-taktische Zielstellungen im Anfängertraining. Von A über B nach C wird dabei immer weniger mit der Hand bzw. dem Fuß und vermehrt mit golfähnlichen Schlägern oder altersgerechten Golfschlägern gespielt bzw. geübt.

Schritt 1: Befragungen von Golfexperten

Die konkrete Auswahl der Basiskompetenzen für die Ballschule Golf orientiert sich an den methodischen Vorgehensweisen der Studien von Haverkamp und Roth (2006) (vgl. Kapitel 2). In einem ersten Schritt wurden Befragungen von *Experten des (Jugend-)Golfsports* durchgeführt (Müller, 2015). Teilnehmer waren (ehemalige) Golf-Nationaltrainer, der Sportdirektor des DGV, der Ausbildungskoordinator der PGA (Germany), ein Mitglied des PGA-Golfteams, der Leiter der Leadbetter Golf Academy, die Landestrainerin des Hamburger Golf Verbands (Mädchen) sowie der Sportkoordinator eines großen Golfclubs. Die Interviews dauerten zwischen 30 und 65 Minuten. Vom Charakter her handelte es sich um eine Mischung von halb standardisierten Befragungen mit einer Art von Brainstorming. Hierzu hat Müller (2015) einen Interviewleitfaden entworfen. Die Experten wurden zunächst mit dem Begriff „Basiskompetenzen" vertraut gemacht und sollten frei die aus ihrer Sicht wichtigsten Kompetenzen für das Golfanfängertraining assoziieren.

Freie Assoziationen: der Kopf ist rund, damit man in alle Richtungen denken kann

Schritt 2: Einschätzungen von Ballschulexperten

Nach diesen „kreativen" Leistungen der sieben hochrangigen Golfkenner wurden ihre verschrifteten Interviewaussagen von erfahrenen *Ballschulexperten* gesichtet und kategorisiert. Hier fanden die Leitlinien der Ballschule Golf ebenso Berücksichtigung wie die bereits in Teilen erarbeiteten Strukturen des Nachwuchstrainings des DGV. Der Gesamtprozess führte im Ergebnis zur Ableitung von *8 x 8 x 8-Basiskompetenzen*, die in den nachfolgenden Abschnitten beschrieben und definiert werden.

Achtung: Der Pool von 24 Basiskompetenzen ist in der Praxis ständig auf den Prüfstand zu stellen und zu hinterfragen. Es handelt sich quasi um einen ersten „Abschlag". Endgültig „eingeputtet" wird bei der Frage nach den Zielen der Ballschule Golf nie!

Säule A: Golfspezifisch gewichtete koordinative Basiskompetenzen
Menschliche Leistungen oder Handlungen werden häufig nach zwei Hauptkriterien (oder einem der beiden) bewertet. Gemeint sind je nach Aufgabe die Genauigkeit (die Richtigkeit, das Niveau, die Angemessenheit) und/oder die Schnelligkeit (Zeitdauer) der Antworten bzw. Problemlösungen. Das ist bei sportlichen Bewegungen nicht anders. Im Zusammenhang mit den koordinativen Basiskompetenzen spricht man von *Präzisions-* und *Zeitdruckanforderungen*, die bei vielen, verschiedenen Situationen im Sport zu bewältigen sind (vgl. Kröger & Roth, 2014).

Aus den Befragungen der Experten resultiert erwartungsgemäß das Bild einer dominierenden Bedeutung der Genauigkeitsanforderungen in der Sportart Golf. Die fünf in Tabelle 7 zuerst genannten *koordinativen Druckbedingungen* beziehen sich auf Präzisionsleistungen: Ziel-, Ablaufpräzision, Präzision der sukzessiven und simultanen Kopplung von Bewegungsteilen und Präzision bei der Bewältigung unterschiedlicher situativer Bedingungen. Genannt wurde zudem die Aktionsschnelligkeit (GESCHWINDIGKEITS-/ZEITDRUCK) sowie das Vermögen die Bewegungskoordination gegenüber golftypischen Beanspruchungen abzuschirmen (BELASTUNGSDRUCK – PHYSISCH, BELASTUNGSDRUCK – PSYCHISCH).

Golf, Chirurgie und Kunst vereint etwas sehr Wichtiges: Präzision

Die Schulungen der acht koordinativen Basiskompetenzen erfolgen in der Ballschule Golf vielseitig in Spielen und Übungen vor allem mit Schlägern (zum Teil auch noch mit der Hand/dem Fuß) und mit verschiedenen Bällen (Golf, Hockey, Gymnastikbälle, Softbälle usw.).

Tab. 7: Koordinative Basiskompetenzen (Roth, 2015; Müller, 2015)

	Koordinative Basisanforderungen	Definition: Basiskompetenzen
Säule A	Präzisionsdruck – Ergebnis (Ziel)	Koordinative Basiskompetenz, die die Fähigkeit beschreibt, Ziele (Löcher, Tore, Körbe usw.) mit hoher Präzision zu treffen
	Präzisionsdruck – Ausführung (Ablauf)	Koordinative Basiskompetenz, die die Fähigkeit beschreibt, Bewegungsabläufe mit hoher Präzision auszuführen
	Präzisionsdruck – Komplexität (sukzessiv)	Koordinative Basiskompetenz, die die Fähigkeit beschreibt, viele hintereinander geschaltete (sukzessive) Bewegungsteile präzise aneinander zu koppeln
	Präzisionsdruck – Organisation (simultan)	Koordinative Basiskompetenz, die die Fähigkeit beschreibt, viele gleichzeitig (simultan) auszuführende Bewegungsteile präzise miteinander zu verkoppeln
	Präzisionsdruck – Situation (Variabilität)	Koordinative Basiskompetenz, die die Fähigkeit beschreibt, Bewegungen unter wechselnden Situations-/Umgebungsbedingungen mit hoher Präzision auszuführen (zu variieren)
	Geschwindigkeits-/Zeitdruck (Ablauf)	Koordinative Basiskompetenz, die die Fähigkeit beschreibt,Bewegungsabläufe mit hoher Geschwindigkeit/in minimaler Zeitdauer auszuführen
	Belastungsdruck – physisch	Koordinative Basiskompetenz, die die Fähigkeit beschreibt, Bewegungsabläufe unter physisch-konditionellen Beanspruchungsbedingungen mit hoher Präzision und/oder Geschwindigkeit auszuführen
	Belastungsdruck – psychisch	Koordinative Basiskompetenz, die die Fähigkeit beschreibt, Bewegungsabläufe unter psychischen Beanspruchungs-/Stressbedingungen mit hoher Präzision und/oder Geschwindigkeit auszuführen

Die Basiskompetenzen stehen hinsichtlich ihres Effekts auf die Ausführungsqualität von Golfschlägen nicht unverbunden nebeneinander. Sie interagieren und bedingen sich zum Teil gegenseitig. Das kann an zwei Beispielen verdeutlicht werden:

- Präzisionsdruck – Ausführung (Ablauf) und Präzisionsdruck – Ergebnis (Ziel): Die Schlagfläche des Golfschlägers besitzt mit etwa 85 % den größten Einfluss auf die Richtung des Ballflugs. Für die Schwungbahn verbleiben lediglich 15 % (Trackman News, 2009, S. 1). Wenn ein Golfspieler die Schlagfläche während der Hauptfunktionsphase (Treffen und Schlagen des Balles) präzise kontrollieren kann (Richtungsstellung, Höhe), erhöht sich die Zielgenauigkeit.

Mathematisch betrachtet: die koordinativen Kompetenzen wirken nicht additiv, sondern interagieren miteinander

- Präzisionsdruck – Komplexität (sukzessiv) und Geschwindigkeitsdruck: Die flüssige Kopplung aufeinander folgender Teilimpulse verbessert den Rhythmus, erhöht die Schlägerkopfgeschwindigkeit und damit auch die Zielgenauigkeit.

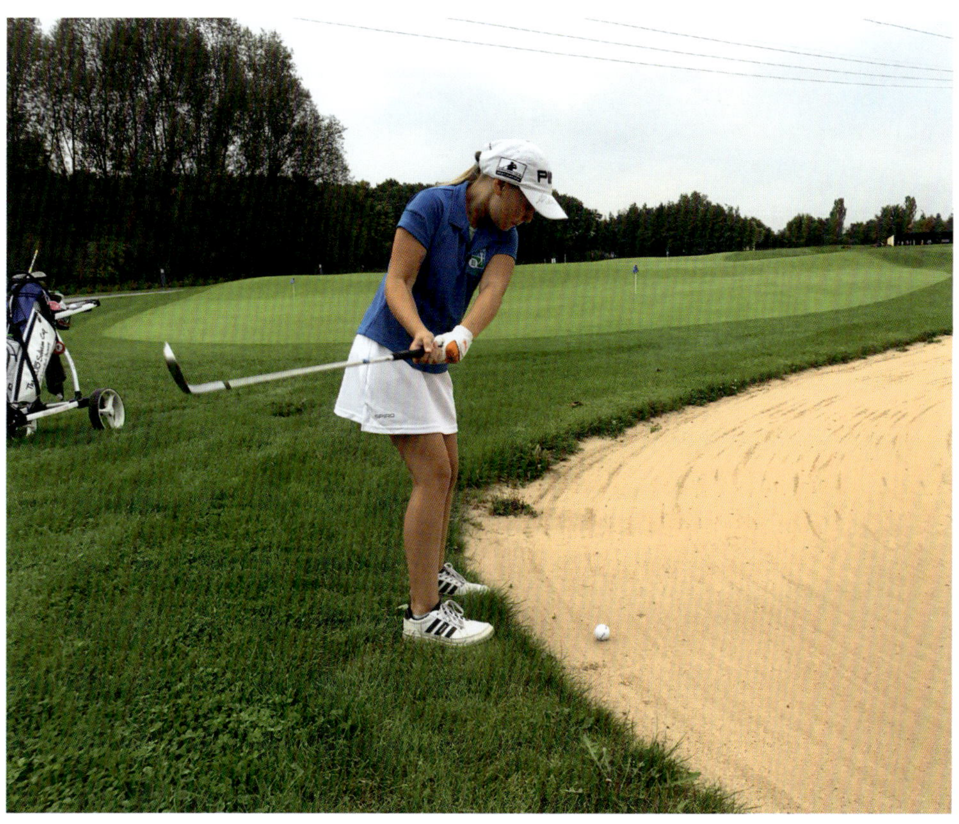

„Baumaterial" für verschiedene „Technikgebäude"

Säule B: Sportspielgerichtete technische Basiskompetenzen

Mit der Säule B werden technische Basiskompetenzen in die Ballschule Golf einbezogen. Der Zusatz sportspielgerichtet (Stufe 3) bedeutet, dass es noch *nicht* um das Erlernen spezifischer Golftechniken geht. Der entscheidende Grundgedanke, der von Hossner (1995) in die bewegungswissenschaftliche Diskussion eingebracht wurde, ist vielmehr darin zu sehen, dass von einer „Box" mit *sensomotorischen Puzzleteilen* ausgegangen wird, aus denen sich viele, vielleicht sogar mehr oder weniger alle (Golf-)Spieltechniken zusammenfügen lassen. Kortmann und Hossner (1995, S. 53) sprechen von einem Fertigkeitsbaukasten. Theoretisch betrachtet werden die Puzzleteile als *Module* der Motorik bezeichnet (Fodor, 1983).

Aus dem Blickwinkel der *Zielschussspiele ohne direkte Partnerunterstützung/Gegnerbehinderung* haben die befragten Experten die acht in Tabelle 8 dargestellten sportspielgerichteten technischen Basiskompetenzen für die Ballschule Golf ausgewählt. Bei den vier erstgenannten handelt es sich um akzentuiert *perzeptive (sensorische;* farblich unterlegt), bei den vier letztgenannten um akzentuiert *motorische* Kompetenzen.

Auch im Bereich B der Ballschule Golf gibt es Wechselwirkungen zwischen den Basiskompetenzen. Hierzu zwei Beispiele:

- TREFFQUALITÄT HERSTELLEN und SCHLAGDISTANZEN ANSTEUERN: Die „Mittigkeit des Treffens" kennzeichnet den Punkt der optimalen Kraftübertragung vom Schlaggerät auf den Ball. Sie hängt offenkundig mit dem Niveau der Längenregulierung zusammen. Das Ansteuern von Schlagdistanzen wird beeinträchtigt, wenn der Ball nicht „mittig" getroffen wird.

- SITUATIONSINFORMATIONEN AUFNEHMEN und VERARBEITEN UND SCHLAGTECHNIK ANPASSEN: Der Sportler muss alle Informationen präzise aufnehmen und verarbeiten, die dafür relevant sind, mit welchem Schläger, mit welcher Flugbahn, mit welcher Intensität oder mit welchem Spin er den Ball spielt. Entscheidend sind beim Golfschlag u. a. die Lage des Balles, die Grashöhe, die Witterungseinflüsse, die Bodenbeschaffenheit in der Landezone sowie die Stimmungslage oder Angespanntheit vor dem Schlagprozess. Die Angemessenheit der Situationswahrnehmung bestimmt also, wie gut es gelingt, den optimalen Flug-/Rollweg des Balles festzulegen.

Tab. 8: Sportspielgerichtete technische Basiskompetenzen (Roth, 2015; Müller, 2015)

Technische Basisanforderungen	Definition: Basikompetenzen (sportspielgerichtet)
Situationsinformationen aufnehmen und verarbeiten (externaler Fokus)	Technische Basiskompetenz, die das Vermögen beschreibt, relevante Informationen zu den situativen Bedingungen zu sammeln und in die Entscheidungsprozesse einfließen zu lassen
Abstände einschätzen (externaler Fokus)	Technische Basiskompetenz, die das Vermögen beschreibt, Distanzen und andere räumliche Parameter präzise einzuschätzen
Bewegungsinformationen aufnehmen und verarbeiten (internaler Fokus)	Technische Basiskompetenz, die das Vermögen beschreibt, die Aufmerksamkeit bewusst auf Knotenpunkte der eigenen Bewegungsausführung zu lenken
Körperwinkel einschätzen und ansteuern (internaler Fokus)	Technische Basiskompetenz, die das Vermögen beschreibt, verschiedene Köperstellungen/Amplituden präzise fühlen, halten und einstellen zu können
Schlagdistanzen ansteuern	Technische Basiskompetenz, die das Vermögen beschreibt, Ballflug- und Ballrolllängen präzise festzulegen bzw. zu regulieren
Schlagwinkel ansteuern	Technische Basiskompetenz, die das Vermögen beschreibt, die Schwungbahn, Schlagrichtung und Flugbahn des Balles präzise festzulegen bzw. zu regulieren
Treffqualität herstellen	Technische Basiskompetenz, die das Vermögen beschreibt, den Ball optimal (mittig) und präzise zu treffen
Schlagtechnik anpassen	Technische Basiskompetenz, die das Vermögen beschreibt, die Schlagausführungen präzise an die situativen Bedingungen anzupassen

Säule B

Säule C: Golfspezifische technische Basiskompetenzen

„Heimspielgelände" der Golftrainer

Das C im ABC unterscheidet sich grundlegend von den beiden anderen Bereichen und „buchstabiert" sich geradezu von selbst. Die dritte Säule beinhaltet die wichtigsten *Schlagtechniken* des Golfspielens. In der Tabelle 9 finden sich knappe Definitionen der acht golfspezifischen Basistechniken. Sie werden in der Ballschule in enger Verbindung mit den sportspielgerichteten Anforderungen aus B eingeführt, erlernt und im weiteren Verlauf des Anfängertrainings gefestigt (überlernt), automatisiert und stabilisiert.

Tab. 9: Golfspezifische technische Basiskompetenzen (Müller, 2015; Roth, 2015)

Säule C

Technische Basisanforderungen	**Definition: Basikompetenzen (golfspezifisch)**
Putt	Der Putt ist ein Golfschlag, bei dem der Ball rollt und möglichst nahe an der Fahne oder im Loch zur Ruhe kommt
Chip	Der Chip ist ein Golfschlag, bei dem der Ball nach der Landung ausrollt und möglichst nahe an der Fahne oder im Loch zur Ruhe kommt
Pitch/Wedge	Der Pitch/Wedge-Schlag ist ein Golfschlag, bei dem der Ball nach der Landung schnell stoppt und möglichst nahe an der Fahne oder im Loch zur Ruhe kommt
Bunker	Der Bunkerschlag ist ein Golfschlag, bei dem der Ball aus dem Sand gespielt wird
Lob	Der Lob ist ein Golfschlag bei dem der Ball mit einer sehr hohen und kurzen Flugbahn fliegt
Eisen/Hybrid	Der Eisen- oder Hybridschlag ist ein Golfschlag, bei dem der Ball mit den Eisen oder Hybriden gespielt wird
Fairwayholz	Der Fairwayholzschlag ist ein Schlag, bei dem der Ball mit Fairwayhölzern gespielt wird, zumeist vom Boden oder vom Tee
Drive	Der Drive ist ein Golfschlag, bei dem der Ball mit dem Driver vom Tee gespielt wird

Die Ballschule ist (spätestens) jetzt im Kern der klassischen Nachwuchsförderung der Sportart Golf angekommen. Sie wird – wie bereits beschrieben – zum „Türöffner" für den Weg zur Leistungstreppe in Abbildung 1.

Die 8 x 8 x 8-Ziele der Ballschule Golf sind damit vollständig benannt. Aus dem A, B, C wird das Anfänger-ABC des Golfspielens.

Tab. 10: Das ABC der Ballschule Golf

Koordinative Basisanforderungen	Technische Basisanforderungen (sportspielgerichtet)	Technische Basisanforderungen (golfspezifisch)
Präzisionsdruck – Ergebnis (Ziel)	Situationsinformationen aufnehmen und verarbeiten	Putt
Präzisionsdruck – Ausführung (Ablauf)	Abstände einschätzen	Chip
Präzisionsdruck – Komplexität (sukzessiv)	Bewegungsinformationen aufnehmen und verarbeiten	Pitch/Wedge
Präzisionsdruck – Organisation (simultan)	Körperwinkel einschätzen und ansteuern	Bunker
Präzisionsdruck – Situation (Variabilität)	Schlagdistanzen ansteuern	Lob
Geschwindigkeits-/Zeitdruck (Ablauf)	Schlagwinkel ansteuern	Eisen/Hybrid
Belastungsdruck – physisch	Treffqualität herstellen	Fairwayholz
Belastungsdruck – psychisch	Schlagtechnik anpassen	Drive

Die Säulen A, B, C

Inhalte & Methoden

In der Ballschule Golf wird – im Vergleich zu den Stufen 1 bis 3 – mehr geübt *(Tabelle 6; Regel 4)*, mehr instruiert/korrigiert *(Tabelle 6; Regel 5)* und die Spiele/Übungen bauen systematischer aufeinander auf *(Tabelle 6; Regel 6)*.

Inhalte: Üben wird von der Nebenstraße zunehmend zur Hauptstraße

Zu der *Regel 4* „Vom Spielen zum Spielen *und* Üben!" scheint es einen weithin akzeptierten internationalen Konsens zu geben. Er reicht von der Ballschule bis hin zu den beiden im englischsprachigen Raum bekanntesten Konzepten: dem „Teaching Games for Understanding" (Bunker & Thorpe, 1982) und dem „Tactical Awareness Approach" (Griffin, Mitchell & Oslin, 1997). In allen einflussreichen Modellen wird *einerseits* dem Spielen zu Beginn der Ausbildung das höchste Gewicht zugeschrieben. *Andererseits* wird auch kaum mehr kontrovers diskutiert, dass in der Anfängerausbildung gespielt *und* geübt werden muss. Das Üben – vor allem von Techniken – ist dann vermehrt und systematisch einzusetzen, wenn seine Notwendigkeit für die Anfänger aus den eigenen Erfahrungen mit der (Nicht-)Bewältigung von Spielaufgaben einsichtig wird.

Methoden 1: Auch Anweisungen & Korrekturen

Die methodische Fokussierung auf unangeleitete, implizite Lernprozesse ist die wichtigste Seite der Ballschul-Medaille. Diese Medaille hat aber – wie jede andere – zwei Seiten. Aus der Tatsache, dass implizit gelernt werden kann, ist nicht ableitbar, dass auf angeleitete Vermittlungsprozesse gänzlich verzichtet werden sollte. Das wäre wenig plausibel, ja sogar kontraintuitiv. Nach der *Regel 5* „Vom unangeleiteten Spielen/Üben zum instruierten Spielen *und* Üben!" gewinnen in der Ballschule Golf die Korrekturen und Instruktionen durch den Übungsleiter und die Reflexionen der Kinder selbst an Bedeutung. Wie bei allen Prinzipien kommt es auf den Zeitpunkt und die richtige Mixtur an.

Methoden 2: Reihungen

Eine zweite Veränderung auf der Methodenebene bezieht sich gemäß der *Regel 6* auf den wachsenden Stellenwert einer systematischen *Abfolge* und *Schwierigkeitsreihung* von Spielen und Übungen. Die letzte Phase der Ballschulausbildung zielt auf die Aneignung und Anwendung von zumeist *komplexen golfspezifischen* Techniken. Dies legt es nahe bzw. macht es fast unumgänglich, dass die Kinder über methodisch durchdachte Teilschritte an die Lösung der Spielaufgaben herangeführt werden.

In der Ballschule Golf spielen daher auch die so genannten *Methodischen Übungsreihen* (MÜR) eine Rolle. In den klassischen MÜR wird der überforderte Lernanfänger dadurch unterstützt, dass der Schwierigkeitsgrad der zu erlernenden Technik – z. B. eines bestimmten Golfschlags – in sinnvoller und wirksamer Weise reduziert wird. Er übt zunächst vereinfachte (Teil-)Bewegungen, die nach einer angemessenen Zeit Schritt für Schritt zur Gesamttechnik aufgeschaltet bzw. erweitert werden. Nicht viel anders, von der Idee vergleichbar, lernen Kinder grammatikalische Regeln, Fremdsprachen, die Grundrechenarten, Klavierspielen usw. Zur Ballschule Golf gehört also – neben den Spielen und Übungen, die je für sich stehen – auch das Motto: *„Erst das Leichte (Einfache), dann das Schwere (Komplexe), stufenweise richtig lehren!"*

Methoden 2: Methodische *Übungs*reihen

Zusammenfassung

- *„Golf ist eine teure Variante des Murmelspiels"* (Gilbert Keith Chesterton, 1874-1936). „Ja!", es ist ein Zielschuss- und Einlochspiel. „Nein!", es ist nach allen üblichen Kriterien ein äußerst anspruchsvolles *Sportspiel*. Die Ballschul-Idee und das Golfanfängertraining schließen sich in keinem Fall aus.

- Das erfolgreiche Programm *Abschlag Golf* braucht dringend Geschwister. Die Zahl der Kinder und Jugendliche, die in Vereinen Golf spielen, ist kontinuierlich rückläufig. Die Ballschule Golf kann zu einem neuen Angebot in Golfvereinen und in Ganztagesschulen werden, das den Intentionen des Schulsports in besonderer Weise entspricht.

- Das ABC für Golfanfänger trägt Vorbildcharakter für alle zukünftigen sportspielspezifischen Ballschulen. Die Säule A enthält disziplinbezogen gewichtete, *allgemeine* koordinative, B *sportspielgerichtete* technische und C *golfspezifische* technische Basiskompetenzen.

Ziele

- Unser „normales" Sprach-ABC umfasst 26 Buchstaben. Beim Golf-ABC sind es zwei Basiskompetenzen weniger = 8 x 8 x 8!

- In der Ballschule Golf macht auch „Üben den Meister!". Es wird vor allem mit Schlägern agiert, Instruktionen und Korrekturen werden – ebenso wie Methodische Reihen – allmählich unverzichtbar.

Inhalte & Methoden

- *„Mein Handicap beim Golf?: Der Schläger!"* Für Ballschulkinder sollte das im Regelfall schon schnell nicht mehr zutreffen.

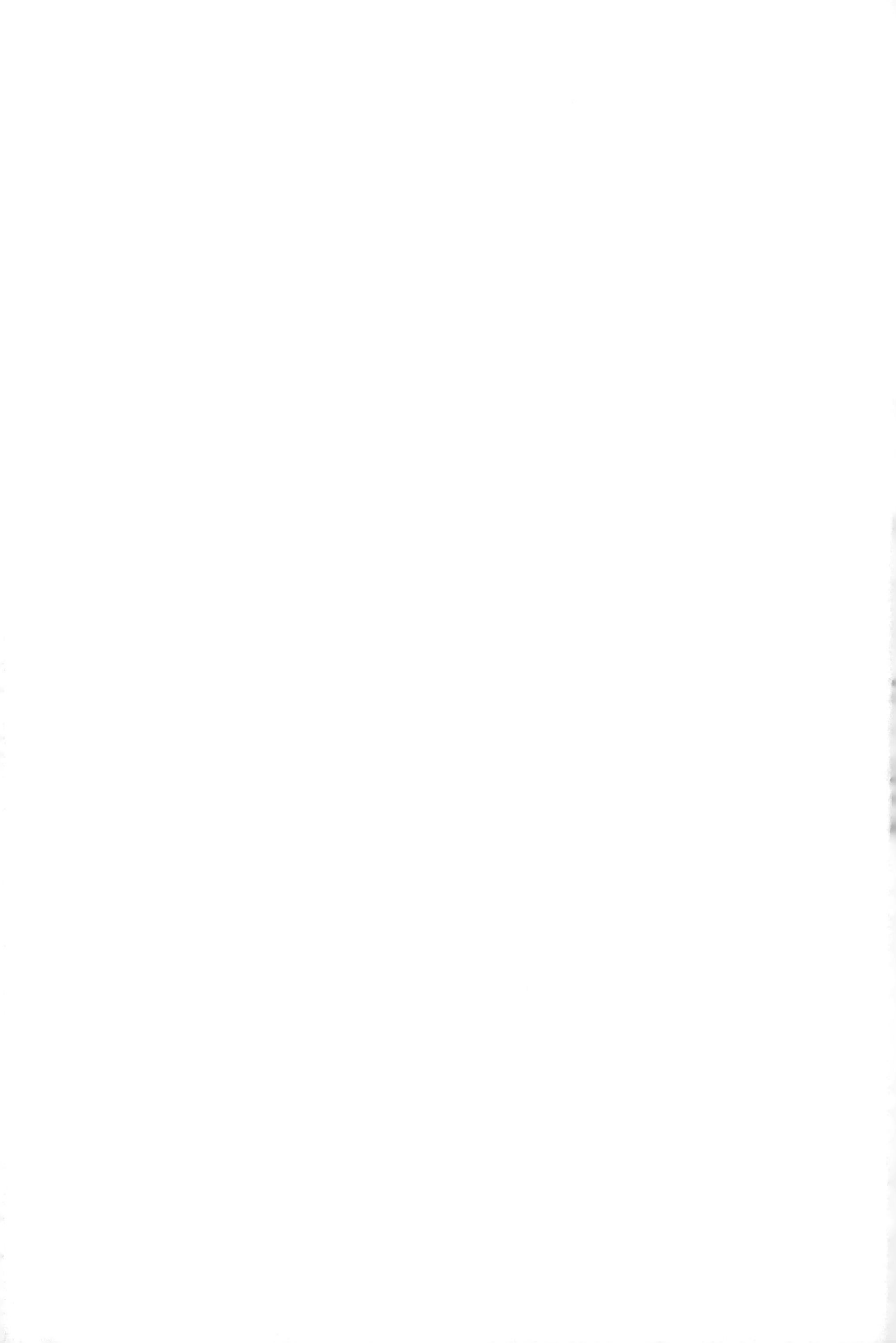

Klaus Roth

Kapitel 4: Einführung in den Praxisteil

Aufbau und Register
Golfequipment und Spielmaterialien/Sportgeräte
Darstellungsform

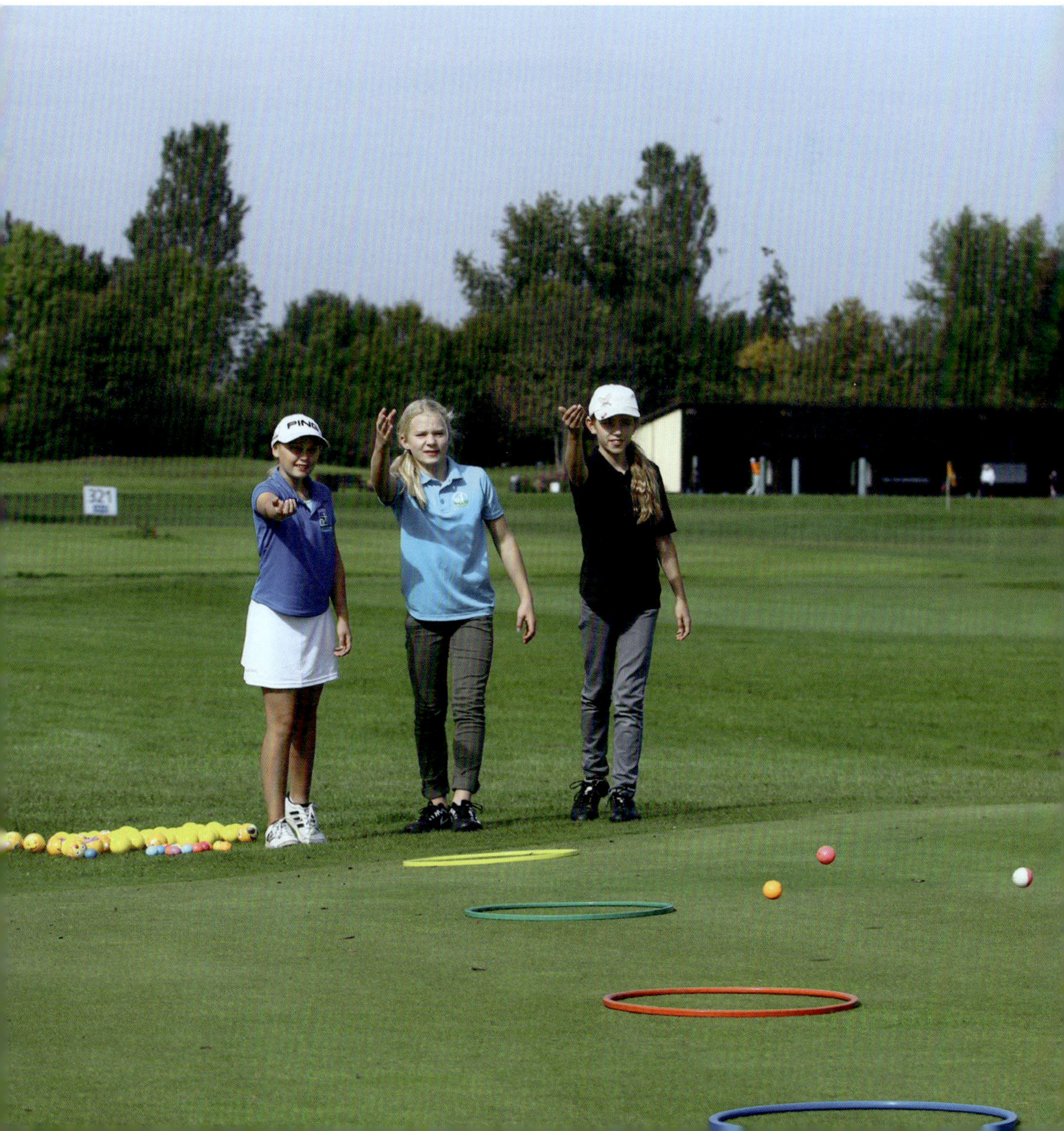

Aufbau und Register

Die Ziele, Inhalte und Methoden der Ballschule Golf sind im Kapitel 3 (theoretisch) beschrieben und begründet worden. Im Folgenden geht es um eine Beispielsammlung für die Praxis des Anfängertrainings in Golfvereinen. Die Abfolge der Kapitel 5 bis 7 orientiert sich dabei an den Säulen A, B und C aus Tabelle 10 *(Ordnungskriterium 1)*. Jedes dieser Kapitel beinhaltet *32 Spiel- und Übungsformen* zu den jeweils acht sportspielübergreifenden, sportspielgerichteten oder golfspezifischen Basiskompetenzen. Innerhalb der Kapitel sind die Inhalte nach zwei weiteren Kriterien geordnet (vgl. Tabelle 11):

Drei hierarchische Ordnungskriterien für die Spiele und Übungen

- *Ordnungskriterium 2: Reihung der Kompetenzen* gemäß ihrer Nennung in den drei Hauptspalten von Tabelle 10 (von oben nach unten). Das Kapitel 5 beginnt z. B. mit vier Spielen und Übungen zum PRÄZISIONSDRUCK – ERGEBNIS (ZIEL) und endet mit den Beispielen für den BELASTUNGSDRUCK – PSYCHISCH. Zu Beginn des Kapitels 6 stehen die Praxisideen für SITUATIONSINFORMATIONEN AUFNEHMEN UND VERARBEITEN, gefolgt von Vorschlägen zum ABSTÄNDE EINSCHÄTZEN usw.

- *Ordnungskriterium 3: Komplexitäten* der Spiele und Übungen (von I nach III). Innerhalb jeder der 8 x 8 x 8-Einzelkompetenzen richtet sich die Abfolge nach den Schwierigkeitseinschätzungen für die Aufgaben. Für jede der drei Stufen gibt es mindestens ein Praxisbeispiel.

Die Tabelle 11 vermittelt einen Überblick über alle in den Kapiteln 5 bis 7 dargestellten Inhalte der Ballschule Golf.

Tab. 11: Register der Praxisbeispiele

Kapitel 5: Golfspezifisch gewichtete koordinative Basiskompetenzen

Kennzeichnung / Name	Komplexität	Seitenzahl
Säule A: PRÄZISIONSDRUCK – ERGEBNIS (ZIEL)		
Ab in die Mitte	I	S. 68
Würfel-Stapel	II	S. 69
Das Runde ins Runde	II-III	S. 70
Mitten ins Weiße	III	S. 71

Säule A: Präzisionsdruck – Ausführung (Ablauf)		
Triff ihn überall	I-II	S. 72
Die Statue	II	S. 73
Ebenen-Wirrwarr	II	S. 74
Chip-Weltmeister	III	S. 75
Säule A: Präzisionsdruck – Komplexität (sukzessiv)		
Strand-Golfen	I	S. 76
Frisbee-Golf	II	S. 77
1-2-3-Hit	III	S. 78
Happy Gilmore	III	S. 79
Säule A: Präzisionsdruck – Organisation (simultan)		
Hockey-König(in	I	S. 80
Flag Football	II	S. 81
Aquastick-Hockey	II	S. 82
Schmuggler und Zöllner	III	S. 83
Säule A: Präzisionsdruck – Situation (Variabilität)		
Ich kann Alles!	I	S. 84
Grün-König/-in	II	S. 85
Drunter und drüber	II	S. 86
Das ist echt schräg!	III	S. 87
Säule A: Geschwindigkeits-/Zeitdruck (Ablauf)		
Nimm ihn direkt!	I	S. 88
Wohin Du willst	II	S. 89
Ohne Pause	II	S. 90
Wo kommt er geflogen?	III	S. 91

Kapitel 6: Sportspiel-gerichtete technische Basiskompetenzen

Säule A: Belastungsdruck – physisch		
Voll schwer	I	S. 92
Speed Golf light	II	S. 93
Seilsprung-Golfer	II	S. 94
Mir wird übel	III	S. 95
Säule A: Belastungsdruck – psychisch		
Schätz' mal	I	S. 96
Die Nervensägen	II	S. 97
Handicap	II	S. 98
Ende gut, alles gut	III	S. 99
Säule B: Situationsinformationen aufnehmen und verarbeiten		
Golf-Biathlon	I	S. 104
Golf-Athletik-Spiel	II	S. 105
Golf-Reaktionsschlag	II	S. 106
Golf-Wicki(nger)-Spiel	III	S. 107
Säule B: Abstände einschätzen		
Golf-Doppelpass	I	S. 108
Golf-Dart-Spiel	I	S. 109
Golf-Rhythmus-Pendel-Reihe	II	S. 110
Das rollende Golfloch	III	S. 111
Säule B: Bewegungsinformationen aufnehmen und verarbeiten		
Golf-Ampelspiel	I	S. 112
Golf-Zweischlag-Spiel	II	S. 113
Golf-Achterschwünge „weiss-blau"	II	S. 114
Short Backswing ➔ Long Distance	III	S. 115

Säule B: Körperwinkel einschätzen und ansteuern		
Lang-Kurz-Griff-Schlag	I	S. 116
Schiefe Ebene-Golfspiel	II	S. 117
Einbein-Golfschwung	II	S. 118
Golf Rola-Bola	III	S. 119
Säule B: Schlagdistanzen ansteuern		
Paracelsus Golf-Putt	I	S. 120
Golf-Fourball-Starliner	II	S. 121
Golf-Dosierungs-Spiel	II	S. 122
Golf-Punktlandungs-Spiel	III	S. 123
Säule B: Schlagwinkel ansteuern		
Sandwedge versus Putter-Spiel	I	S. 124
Golf-Tunnel-Spiel	II	S. 125
Der rollende Golfspieler	II	S. 126
Gegengleich-Golf	III	S. 127
Säule B: Treffqualität herstellen		
Lip & Looping-Putts	I	S. 128
Golforgel-Spiel	II	S. 129
Golf-Spitzenschlag	II	S. 130
Golf-Maulwurf-Spiel	III	S. 131
Säule B: Schlagtechnik anpassen		
Golf-Bowling-Spiel	I	S. 132
Golf-Chip-Spiegelbild-Spiel	II	S. 133
Der Golfwürfel ist gefallen	II	S. 134
Golf-Kurven und -Höhen-Spiel	III	S. 135

Kapitel 7:
Golfspezifische technische Basiskompetenzen

Säule C: Eisen/Hybrid		
Wackelpudding	I	S. 160
Maschinengewehr	II	S. 161
Rhythmus King/Queen	II	S. 162
4 Shot Drill	III	S. 163
Säule C: Fairwayholz		
Schnecke – Rennauto	I	S. 164
Driver vom Boden	II	S. 165
Blumenstrauß	II	S. 166
Hoch und runter	III	S. 167
Säule C: Drive		
Formel 1	I	S. 168
Baseball-Drive	II	S. 169
Kreuz und Quer	II	S. 170
Mitte Bahn	III	S. 171

Golfequipment und Spielmaterialien/Sportgeräte

Die Ballschule Golf ist grundsätzlich ein *Outdoor-Programm*, dass vorrangig auf Golfanlagen durchgeführt wird. Diese bieten viele und abwechslungsreiche, situative Lerngelegenheiten. Die Spiel- und Übungsräume sind z. B. (Vor-)Greens, Bunker, Roughs, Driving Ranges, Schräg-/Hanglagen usw. Einige Inhalte der Ballschule Golf können – z. T. in modifizierter Form – auch *Indoor* angeboten werden. Neben Sporthallen eignen sich hierfür Bewegungsräume ab ca. 80 bis 100 m², in denen mehr als vier Kinder gleichzeitig spielen und üben können.

Die zwei wichtigsten Voraussetzungen für die praktische Durchführung der Ballschule Golf betreffen die Ausstattung mit kindgerechtem Golfequipment sowie mit Spiel- und Sportgeräten. Nimmt man alle Praxisbeispiele aus den Kapiteln 5 bis 7 zusammen, dann wären für eine 1:1-Umsetzung der Spiele/Übungen die in den Tabellen 12 und 13 aufgelisteten bzw. bildlich dargestellten Materialien erforderlich. In der Regel werden diese in (Golf-)Vereinen nicht komplett vorhanden sein. Dann sind einerseits die Kreativität und Improvisationsfähigkeit der Übungsleiter gefragt. Die

Vorschläge:
· phantasiereiche Lösungen
· Investition in Spiel- und Sportgeräte

Ausstattung kann z. B. durch *Alltagsgegenstände* ersetzt bzw. ergänzt werden. Als Bälle lassen sich Sandsäckchen oder Tücher, als Hockeyschläger Papierrollen, Schuhe usw. verwenden. Andererseits sollte die Einführung des neuen Programms die Clubs motivieren, zusätzliche *Ballschulpackages* anzuschaffen. Diese können rabattiert – kostenfrei vermittelt über die Vision BewegungsKinder gGmbH – erworben werden. Schließlich ist darauf hinzuweisen, dass einige der Materialien nur für einzelne Spiele/Übungen benötigt werden. Im Falle ihrer Nicht-Verfügbarkeit bzw. Nicht-Ersetzbarkeit ist es kein Problem, wenn auf diese Inhalte (vorläufig) verzichtet wird.

Tab. 12: Entwicklungsgemäßes Golfequipment

Driver	Hölzer	Hybride
Eisen 5 bis 9	Wedges (LW, SW, GW, PW)	Putter
SNAG-Golfschläger	Golftasche	Abschlagsmatte
Flaggenstock	Schlägerhauben	Scorekarte
Golfbälle (ggf. unterschiedliche Farben)	Rangebälle	Kindergolfbälle
SNAG-Bälle	Ballmarker	Tees (ggf. unterschiedliche Längen und Farben)

In den Praxisbeispielen sind Linkshandschläger mit LH gekennzeichnet

Tab. 13: Fotos der Spielmaterialien und Sportgeräte

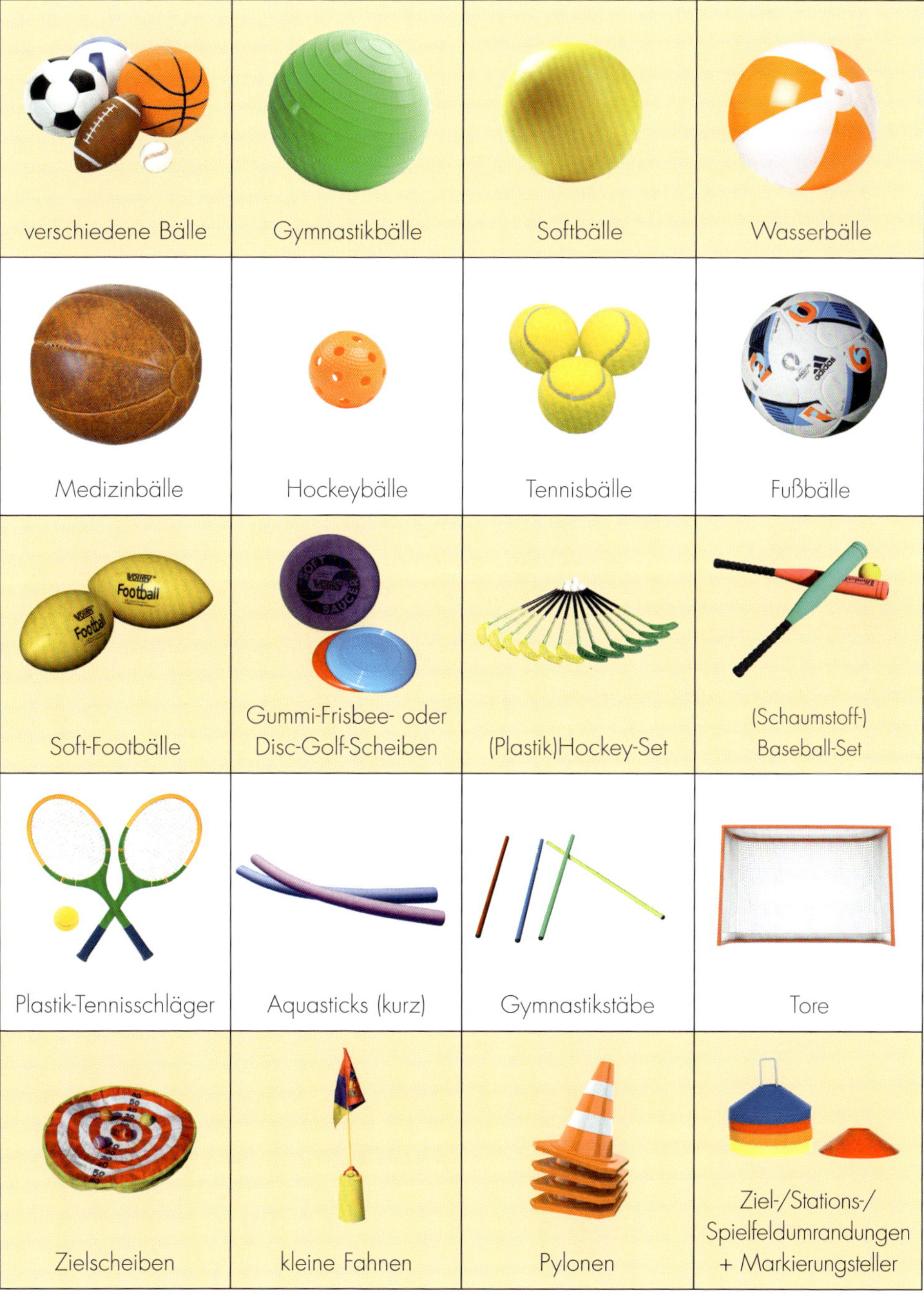

verschiedene Bälle	Gymnastikbälle	Softbälle	Wasserbälle
Medizinbälle	Hockeybälle	Tennisbälle	Fußbälle
Soft-Footbälle	Gummi-Frisbee- oder Disc-Golf-Scheiben	(Plastik)Hockey-Set	(Schaumstoff-) Baseball-Set
Plastik-Tennisschläger	Aquasticks (kurz)	Gymnastikstäbe	Tore
Zielscheiben	kleine Fahnen	Pylonen	Ziel-/Stations-/ Spielfeldumrandungen + Markierungsteller

Tab. 13 (Forts.): Fotos der Spielmaterialien und Sportgeräte

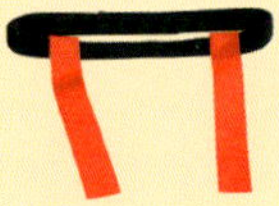 Flag-Football-Klettbänder	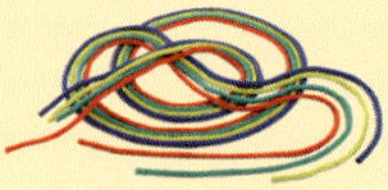 (Sprung-) Seile	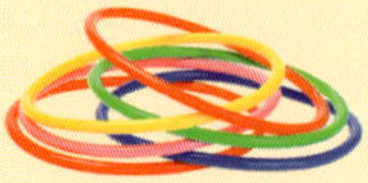 Gymnastikreifen, Zielkreise	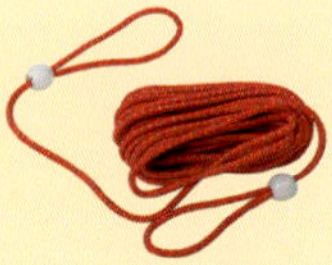 Zauberschnur
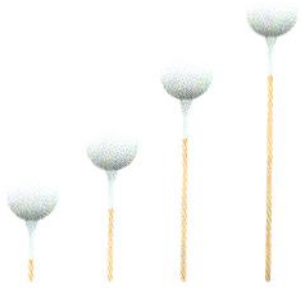 Holzruten/-stäbe	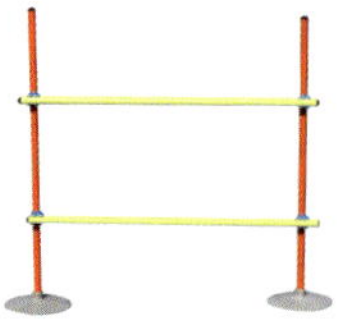 (Plastik-) Hürdenstangen	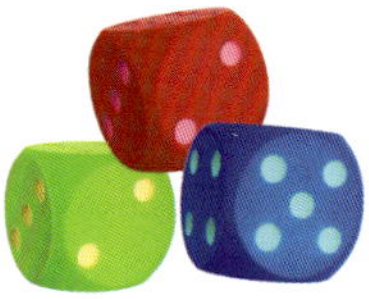 Schaumstoff-Würfel	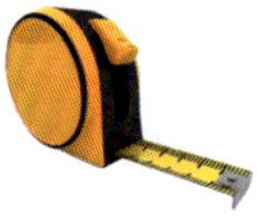 Maßband
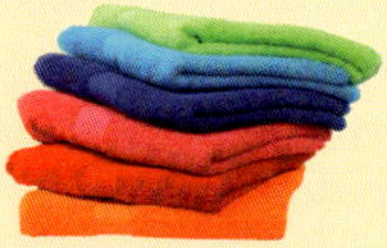 Handtücher	Plastikflaschen	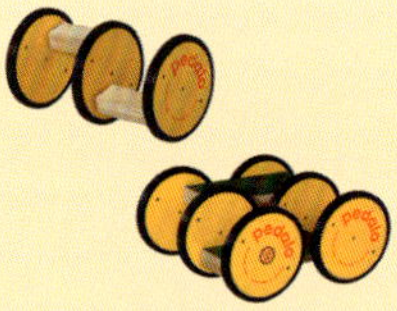 Pedalo Classic, Pedalo Sport	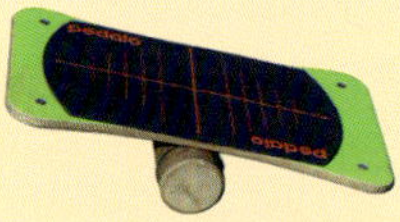 Rola-Bola
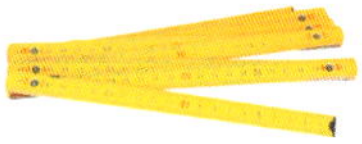 Zollstock	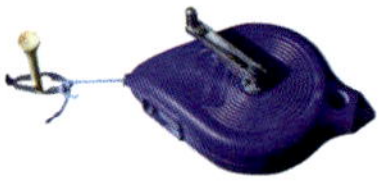 Schlagschnur	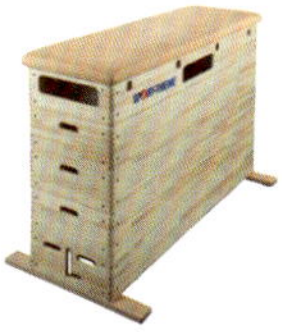 Sprungkasten	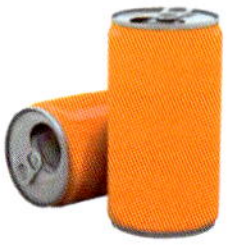 Getränkedose
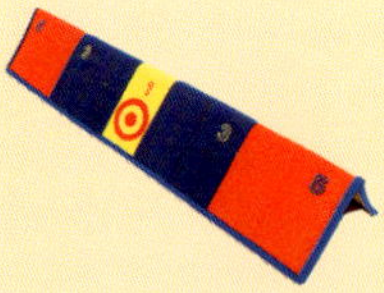 SNAG-Rollerama	Karton	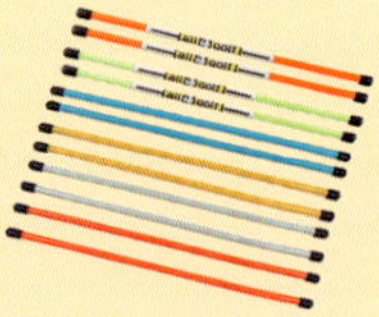 Toursticks	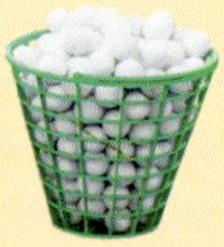 Ballkörbe

Tab. 13 (Forts.): Fotos der Spielmaterialien und Sportgeräte

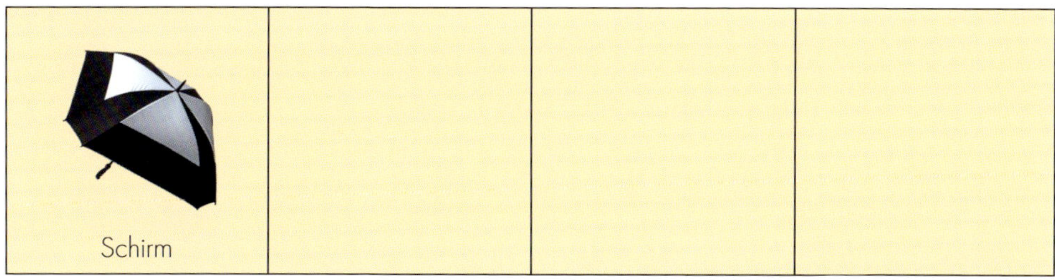

Schirm			

Darstellungsform

Die Präsentationen der Spiele und Übungen erfolgen jeweils auf genau einer Seite und in einheitlicher Form. Die Systematik der Darstellungen wird in Abbildung 2 anhand eines Beispiels veranschaulicht.

Ganz oben auf der Seite befinden sich zwei *Kopfzeilen*. In den Spalten 1 und 2 der *ersten* Zeile werden das *Golfequipment* (verbal) und die *Spielmaterialien/Sportgeräte* (visuell) gekennzeichnet (vgl. Tabellen 12 und 13). Die Spalte 3 enthält eine Einschätzung der *Komplexitätsstufe*: I = gering, II = mittel, III = hoch. Aufgaben der Stufe I sind für Kinder im Anfängerstadium und mit wenig motorischen Vorerfahrungen geeignet. Die Stufe II richtet sich an Kinder, die bereits über erste Grundkompetenzen im Umgang mit einfachen Golftechniken verfügen und die Stufe III empfiehlt sich für etwas weiter fortgeschrittene Golfkinder bzw. als Ergänzung/Bereicherung des „normalen" Anfängertrainings. Diese Zuordnungen stellen allerdings nur grobe Orientierungshilfen dar. Es wird immer (talentierte) Kinder geben, die relativ schnell die Komplexitätsstufe III erreichen, und umgekehrt solche, die sich langsamer entwickeln.

Die *zweite* Zeile zeigt in den Spalten 1 bis (maximal) 4 die vorrangig benötigten Kompetenzen aus dem Pool der „8 x 8 x 8"-motorischen Kernziele der Ballschule Golf (vgl. Tabelle 10). Die von links nach rechts abnehmenden Intensitäten der farblichen Unterlegungen illustrieren, wie wichtig die zugeordneten Basiskompetenzen sind („Je dunkler der Grundton, umso bedeutsamer!).

Unter den Kopfzeilen werden die Aufgabenstellungen über *Fotos* bzw. *Bildserien* sowie über eine textliche Beschreibung der *Spielidee* und des *Spielablaufs* illustriert. Den Abschluss bilden organisatorische *Hinweise* und Anregungen für mögliche *Variationen* (mit Klammerangaben zu den jeweils zugehörigen Komplexitätsstufen).

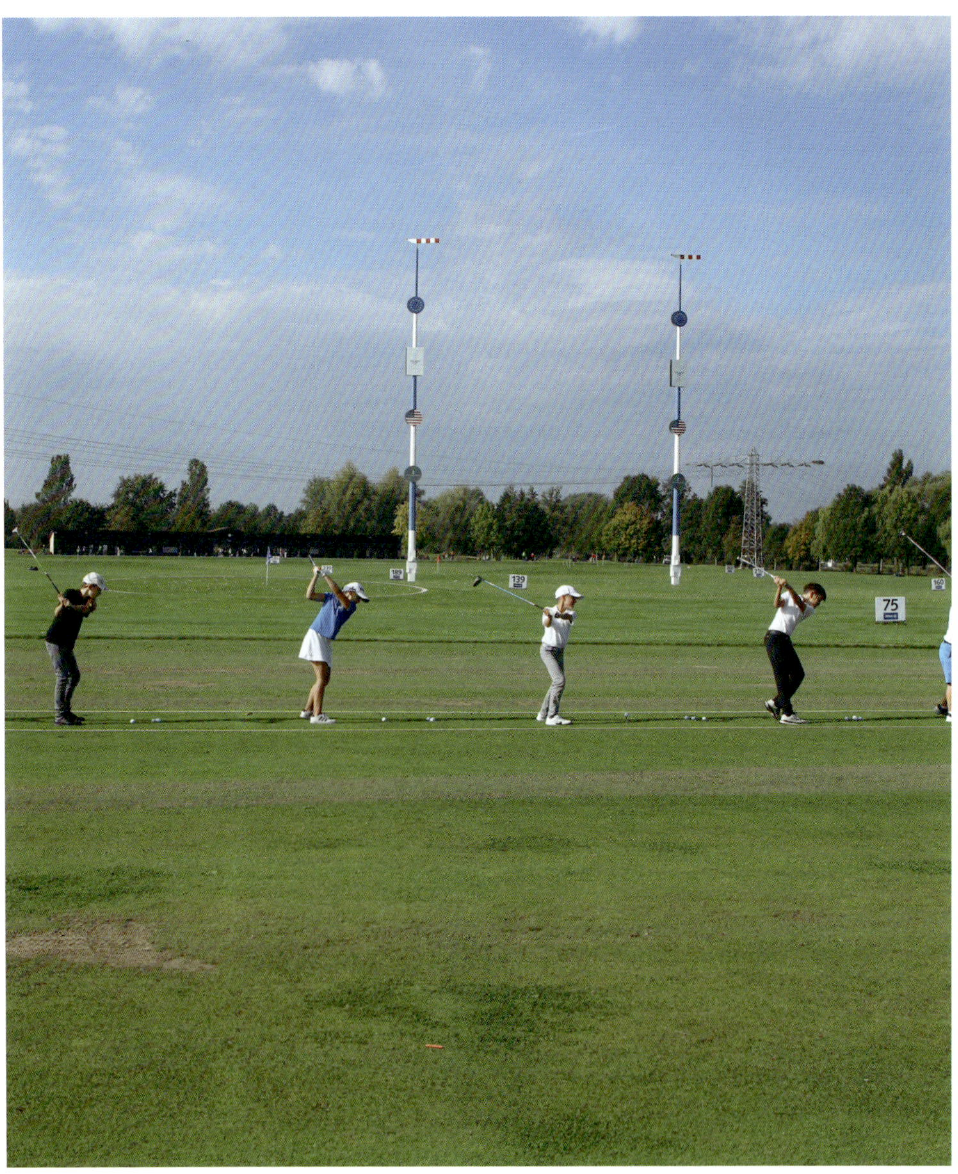

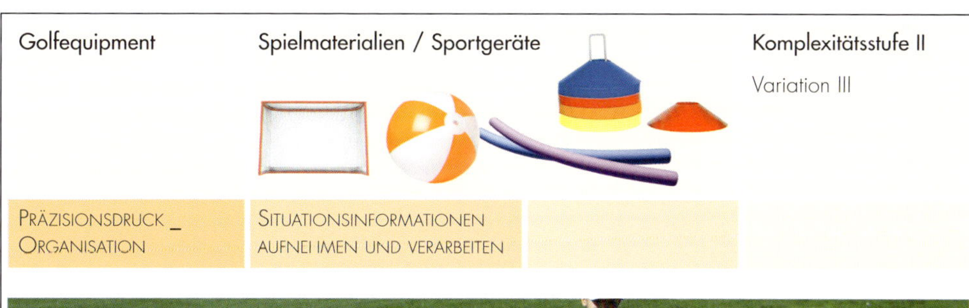

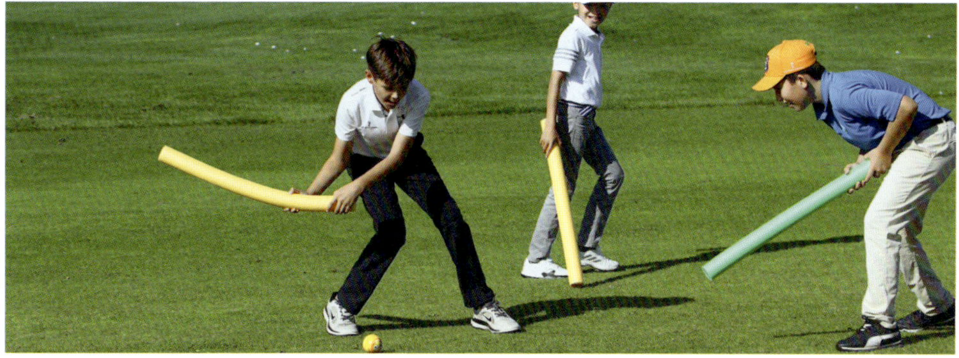

SPIELIDEE

Zwei Mannschaften spielen gegeneinander Hockey. Als Schläger werden Aquasticks verwendet. Die Sticks können ein- oder beidhändig genutzt werden. Es entstehen ähnliche Schlagmuster wie beim Golf.

HINWEISE

- Mannschaften durch Farben der Aquasticks kennzeichnen
- Torraum markieren, der nicht von der Verteidigung betreten werden darf
- Überlegung, ob Spielfeld begrenzt werden soll
- Regeln für Körpereinsatz festlegen
- Bei vielen Teilnehmern mehrere Teams bilden und nach jeweils einer Minute Spielzeit wechseln

VARIATIONEN

- Unterschiedlich lange Aquasticks nutzen (III)
- Verwenden eines Wasserballs (II)
- Spielen mit zwei Bällen gleichzeitig (III)

Abb. 2: Darstellungsform der Spiele und Übungen

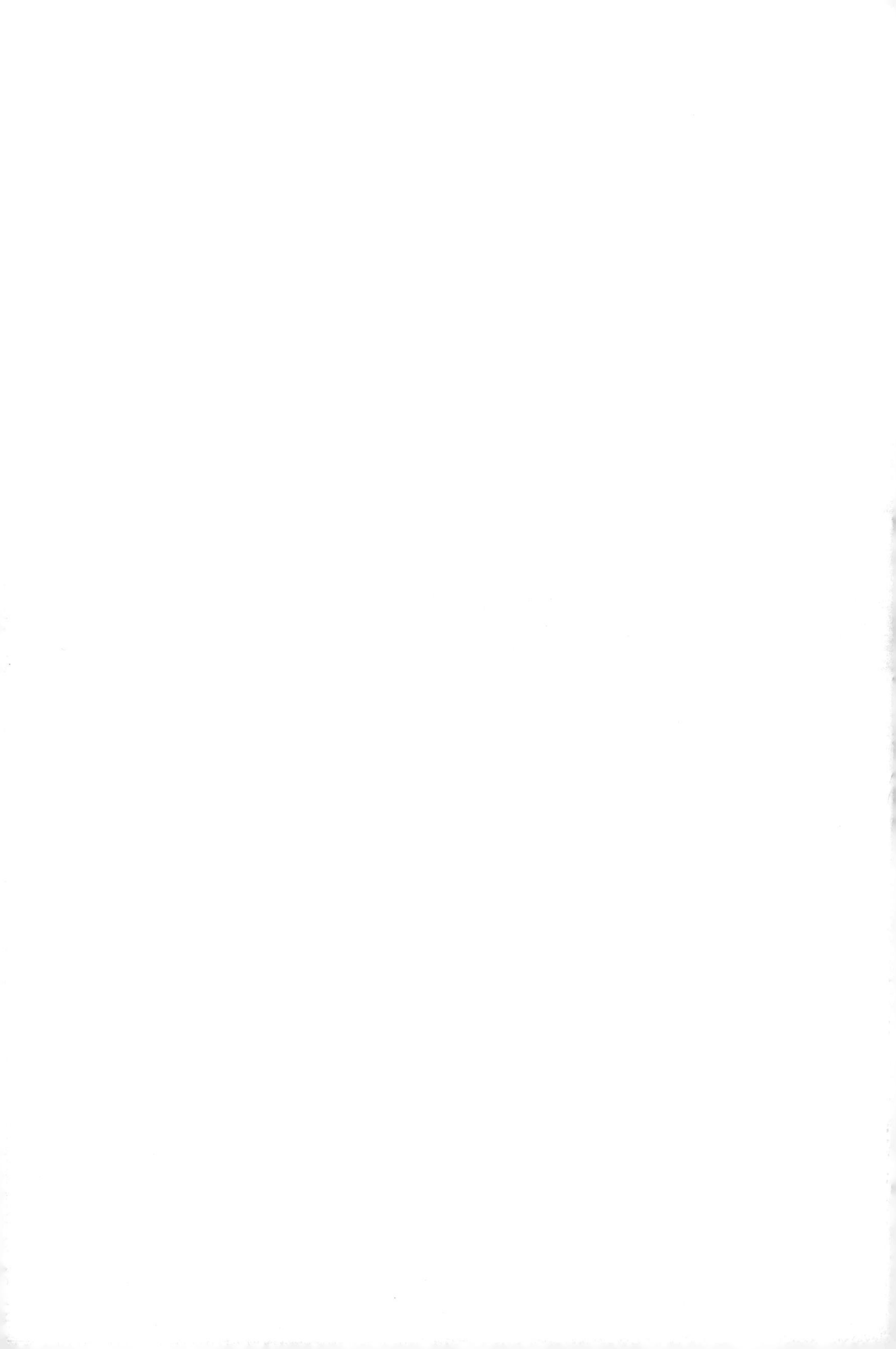

Marc Müller-Dargusch

Kapitel 5
Säule A: Golfspezifisch gewichtete koordinative Basiskompetenzen

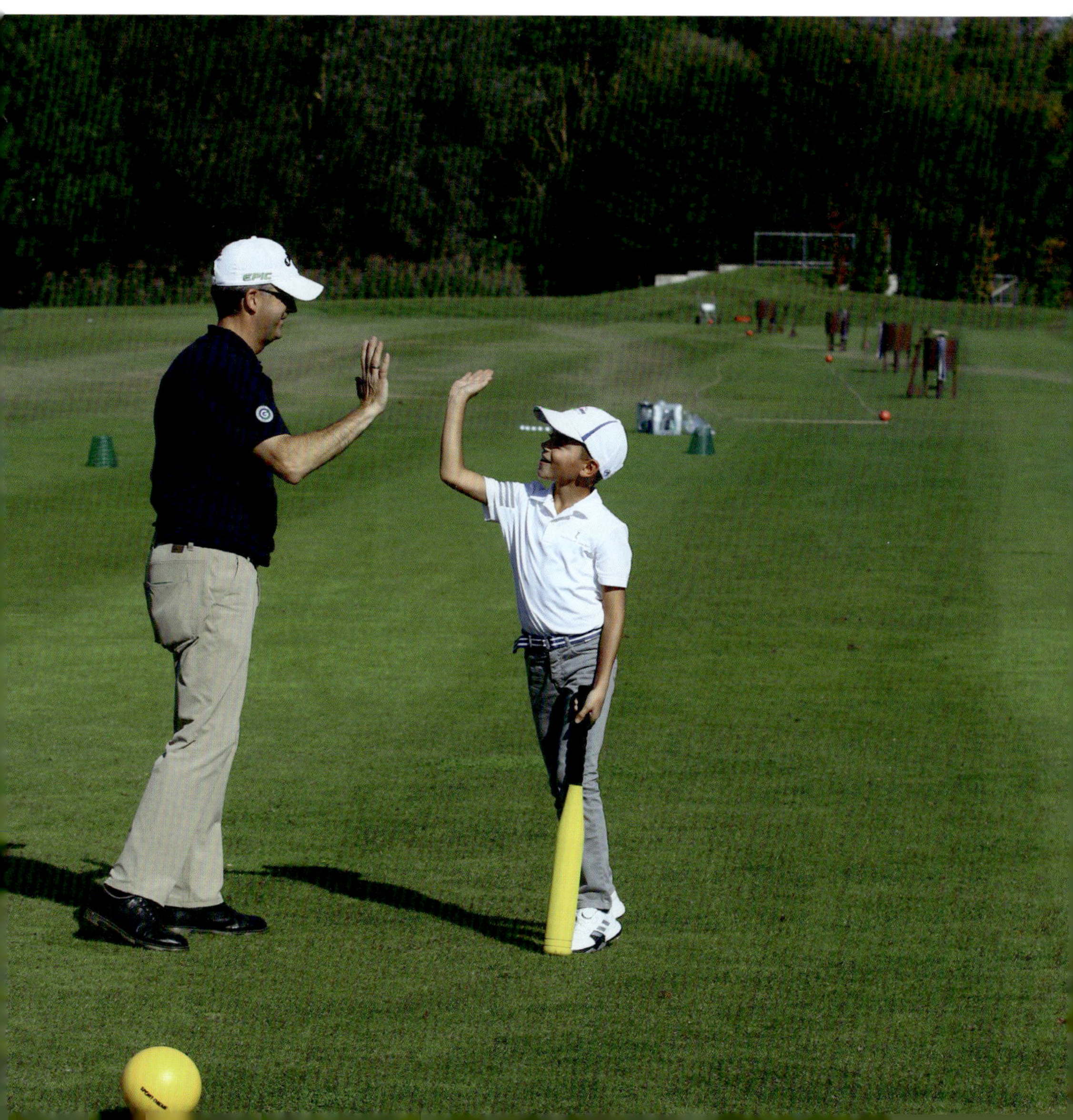

Säule A: Golfspezifisch gewichtete koordinative Basiskompetenzen

Einführung

Logik der Schulung von allgemeinen motorischen Leistungsvoraussetzungen

Beim Training der allgemeinen koordinativen Basiskompetenzen müssen die spezifischen Technikanforderungen gering gehalten werden. Wie im Konditionstraining (Ausdauer- oder Krafttraining) ist auf *einfache, sicher beherrschte Bewegungsformen* zurückzugreifen. Kein Übungsleiter oder Sportlehrer käme in der Praxis ernsthaft auf die Idee, anders vorzugehen. Die aerobe Ausdauer z. B. kann man nur dann mit Rudern oder Delphinschwimmen trainieren, wenn man diese Sporttechniken hochgradig überlernt hat. Hohe Koordinations-/Konditionsanforderungen *und* zugleich hohe Technikschwierigkeiten führen zwangsläufig zu Überforderungen der Anfänger.

Im Rahmen der sportspielübergreifenden und sportspielgerichteten Koordinationsschulung (Stufen 1 bis 3) kommen daher in erster Linie Elementarformen wie Werfen, Fangen, Prellen, Schlagen, Schießen, Köpfen oder Rollen zum Einsatz. Auf der Stufe 4 der Ballschule Golf sind vor allem Schlagbewegungen einzubeziehen. Diese werden mit den in Tabelle 7 definierten golfspezifisch gewichteten koordinativen Druckbedingungen verknüpft.

Methodische Grundformel

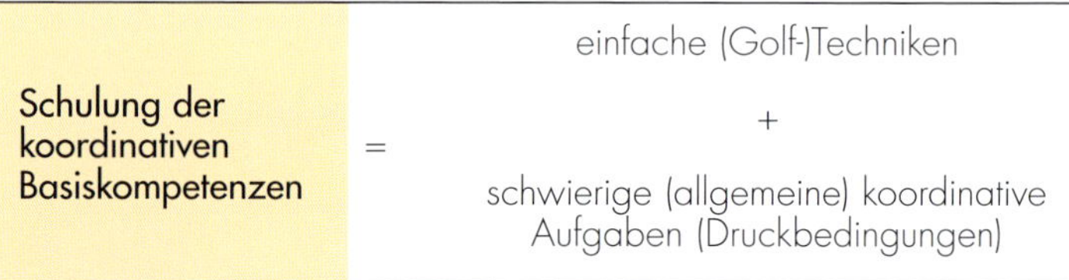

Schulung der koordinativen Basiskompetenzen = einfache (Golf-)Techniken + schwierige (allgemeine) koordinative Aufgaben (Druckbedingungen)

Grundsätzlich gilt: Die Spiele/Übungen müssen abwechslungsreich sein und Freude bereiten. Wichtige Maßnahmen sind die Verwendung vieler *unterschiedlicher Schlaggeräte* und *Bälle* (Größe, Gewicht, Flugverhalten, Oberflächenstruktur usw.) sowie eine breite *Variation* der einbezogenen Aufgabenstellungen (vgl. Tabelle 14).

Tab. 14: Variationsoptionen – Beispiel „Schlagen"

Ziel	· groß, klein, schmal, breit · stationär, beweglich · durch etwas hindurch · gegen etwas · über etwas hinweg
Richtung, Höhe, Distanz, Geschwindigkeit	· links, rechts · hoch, halbhoch, flach · lang, kurz · hart/schnell, verzögert/dosiert
Dynamik in der Fortbewegung	· Stand, Bewegung · Anzahl Schritte · vorwärts, rückwärts, seitwärts Dreieck-, Viereck-, Achterlaufen
Ausgangspositionen	· Stehen, Laufen, Sprung · Drehen, Fallen · Sitzen, Kniestand

Die Systematik der Reihung der nachfolgenden Spiele und Übungen ist im Kapitel 4 erläutert worden.

Ab in die Mitte

Golfequipment	Spielmaterialien / Sportgeräte	Komplexitätsstufe I
SNAG-Putter, -Bälle		Variationen I,II

Präzisionsdruck – Ergebnis	Putt	Schlagwinkel ansteuern

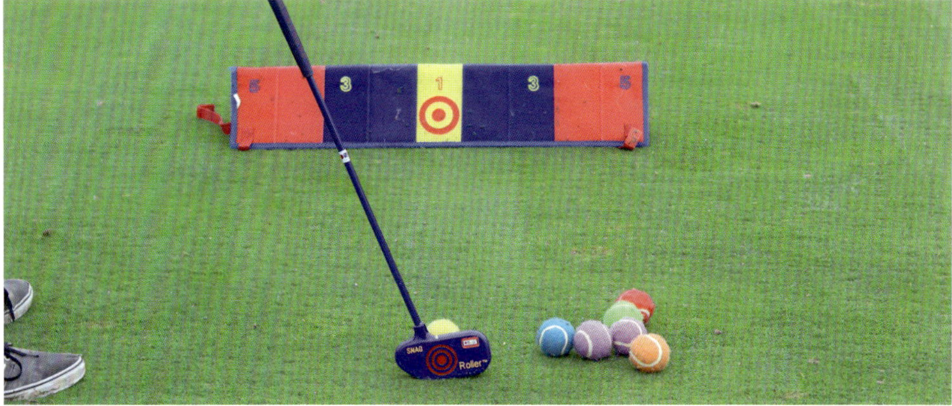

SPIELIDEE

Die Kinder putten aus 1 und 3 m jeweils drei Bälle auf die SNAG-Rollerama. Jeder Treffer im gelben Zentrum gibt drei Punkte, das blaue Feld gibt zwei, das rote einen Punkt.

HINWEISE

- Distanzen zum Ziel dem Leistungsstand anpassen
- Auch andere Materialien als Zielwand oder für Tore nutzbar
- Als Spiel gegen sich selbst („Rekord brechen") oder gegen andere („Wer hat die meisten Punkte?")

VARIATIONEN

- Vereinfachung aus kurzer Distanz: schieben statt schlagen (I)
- Veränderung des Abstands zur Zielwand (II)
- Mit geschlossenen Augen (II)
- Wertung nach Punktevorgabe auf SNAG-Rollerama: Wer hat die wenigsten Punkte? (I-II)
- Richtungsvariationen: Roter Ball in rotes Ziel, blauer Ball in blaues und gelber Ball in gelbes Ziel (I-II)

Würfel-Stapel

Golfequipment

Eisen, Wedges, Golfbälle

Spielmaterialien / Sportgeräte

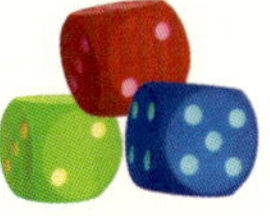

Komplexitätsstufe II

Variationen I,II

Präzisionsdruck – Ergebnis	Chip/Pitch	Abstände einschätzen	Schlagwinkel ansteuern

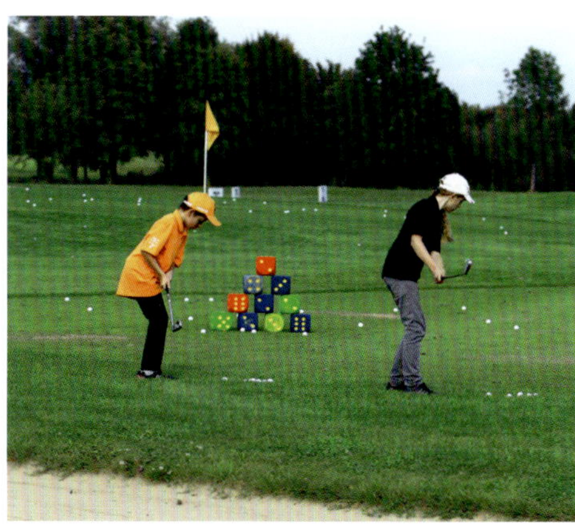

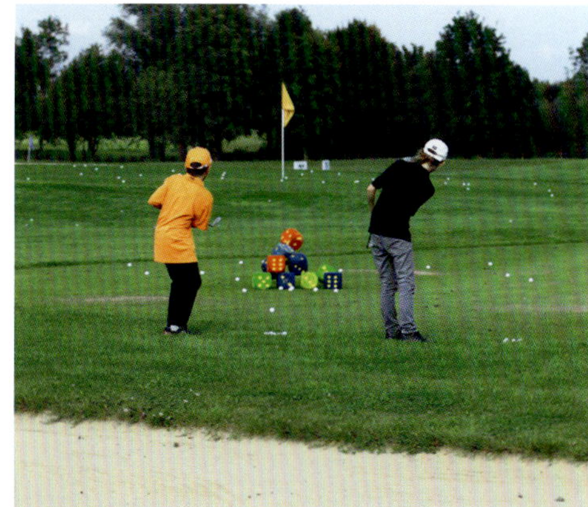

SPIELIDEE

In 3 bis 5 m Entfernung sind Schaumstoff-Würfel gestapelt. Die Kinder schlagen fünf Golfbälle mit einem vorgegebenen Schläger, z. B. Eisen 7, und versuchen, die Würfel zu treffen. Jeder Ball, der einen Würfel trifft, zählt ein Punkt. Wird ein Würfel zum Umfallen gebracht, erhält das Kind zwei Punkte.

HINWEISE

- Distanz zum Ziel und die Größe der Ziele dem Leistungsstand anpassen
- Zurückprallen der geschlagenen Bälle muss gefahrlos sein
- Mögliches Austauschen der Würfel und Schläger durch andere Materialien, z. B. Pylonen, Kartons, SNAG Golfschläger/Bälle usw.

VARIATIONEN

- Farben/Nummern der Würfel zählen unterschiedliche Punktzahl (II)
- Wechsel der Golfschläger (Loft) (II)
- Mit Softbällen (I)
- Ziele unterschiedlich hoch aufbauen, um verschiedene Flughöhen zu provozieren (II)

Das Runde ins Runde

Golfequipment	Spielmaterialien / Sportgeräte	Komplexitätsstufe II-III
Eisen, Wedges, Golfbälle		Variationen II,III

Präzisionsdruck – Ergebnis	Chip	Abstände einschätzen	Schlagdistanzen/ -Winkel ansteuern

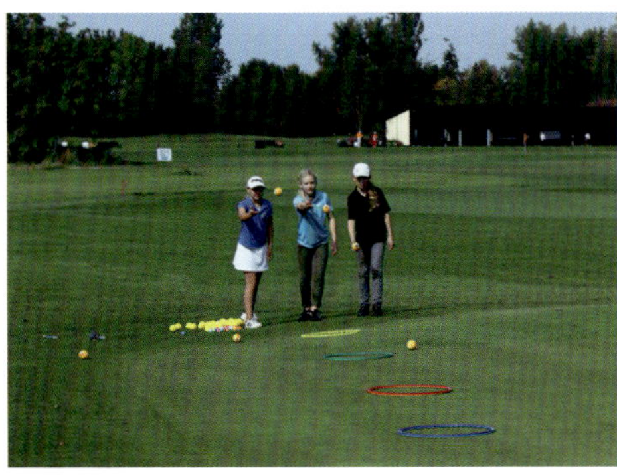

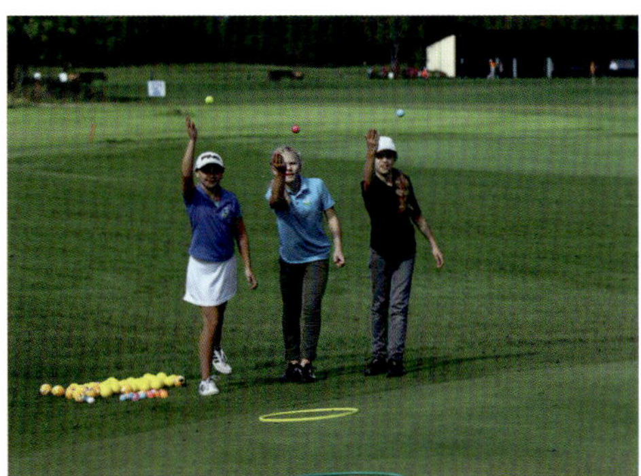

SPIELIDEE

Auf dem Boden liegen – in einem Abstand von jeweils 5 m – verschieden farbige Gymnastikreifen. Die Kinder versuchen, Golfbälle auf Kommando in die vorgegebenen Reifen zu werfen. Danach sollen die Bälle mit einem Golfschläger in die Reifen gechippt werden.

HINWEISE

- Größe der Ziele sowie die Abstände zu den Zielen dem Leistungsstand anpassen
- Umsetzung mit anderen Materialien, z. B. mit Softbällen, Zielkreisen aus Fäden, SNAG-Golfschlägern & SNAG-Bällen, Tennisschlägern & Tennisbällen

VARIATIONEN

- Vorgabe rhythmischer Abstände, z. B. Ziel 1, 2, 3, 4 oder unrhythmisch, z. B. Ziel 3, 2, 4, 1 (II)
- Wechsel der Golfschläger (Loft) (II)
- Mit Soft- oder Tennisbällen (II)
- Weiter entfernte Ziele mit größerem Radius (II)
- Werfen mit geschlossenen Augen und Einschätzung der Kinder, ob der Wurf zu lang, zu kurz oder richtig war (III)
- Punktevergabe: 1. Reifen = ein Punkt, 2. Reifen = zwei Punkte usw. (II)
- Als Einzel- oder Mannschaftswettkampf (II)

Mitten ins Weiße

Golfequipment	Spielmaterialien / Sportgeräte	Komplexitätsstufe III
Golfschläger, SNAG-Golfschläger, Golfbälle, SNAG-Bälle	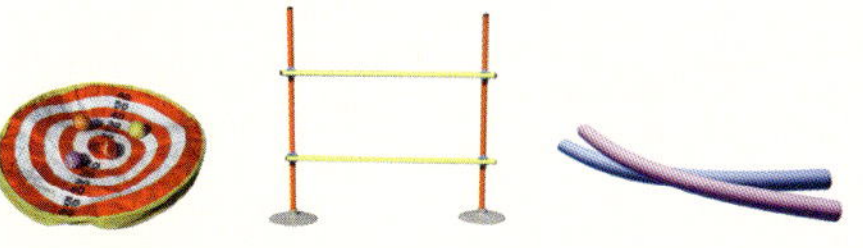	Variationen III

PRÄZISIONSDRUCK – ERGEBNIS	EISEN/HYBRID/ FAIRWAYHOLZ/DRIVE	KÖRPERWINKEL EINSCHÄTZEN UND ANSTEUERN	SCHLAGWINKEL ANSTEUERN

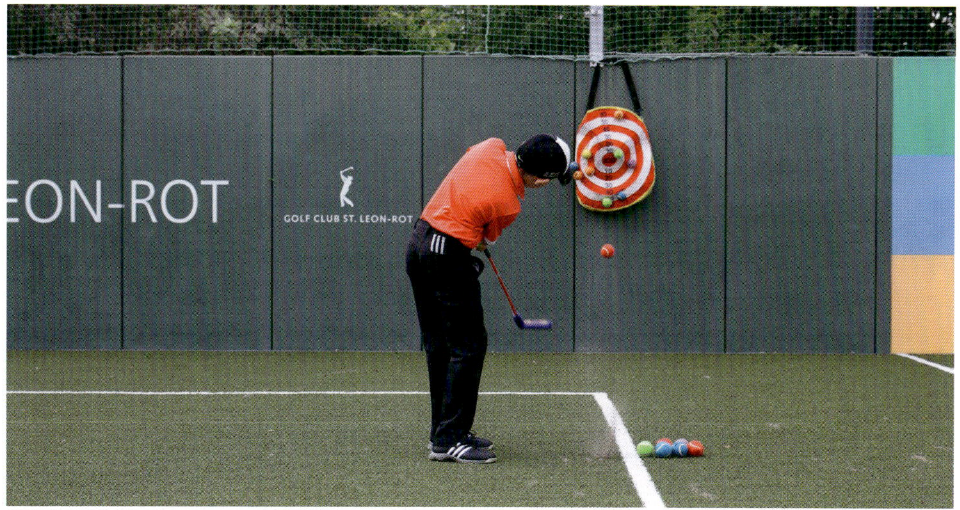

SPIELIDEE

Die Kinder versuchen, mit SNAG-Golfschlägern und SNAG-Bällen auf Zielscheiben in vorgegebenen Distanzen und/oder Höhen zu schlagen. Es wird mit Punktevergabe gespielt. Bei älteren Kindern können Golfschläger und Golfbälle verwendet werden, die durch einen engen Zielkorridor (Hürdenstangen/Aquasticks) zu spielen sind.

HINWEISE

- Größe der Ziele sowie die Abstände zum Ziel dem Leistungsstand anpassen
- Als Wettkampf gegen sich selbst, gegen andere oder als Team-Wertung möglich

VARIATIONEN

- Bei Umsetzung mit Golfschlägern und -bällen: Wechsel der Golfschläger (Loft) (III)
- Bei Umsetzung mit Golfschlägern und -bällen: Vorgabe von Minimum-Flughöhen durch die Veränderung der Platzierung der Querstange (III)

Triff ihn überall

Golfequipment	Spielmaterialien / Sportgeräte		Komplexitätsstufe I-II
	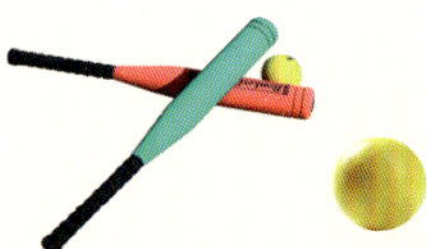		Variationen II,III
PRÄZISIONSDRUCK – AUSFÜHRUNG	SCHLAGWINKEL ANSTEUERN	SCHLAGTECHNIK ANPASSEN	PRÄZISIONSDRUCK – SITUATION

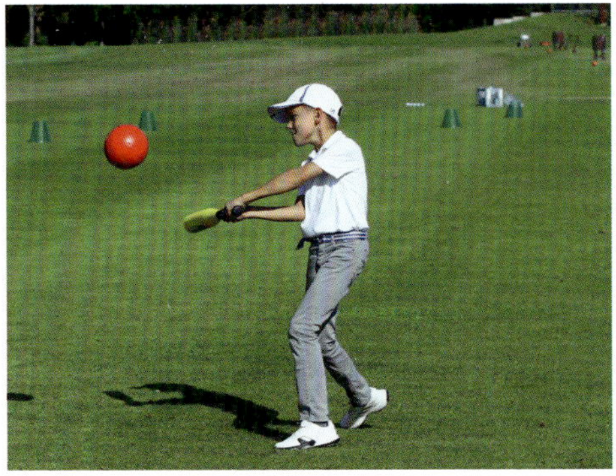

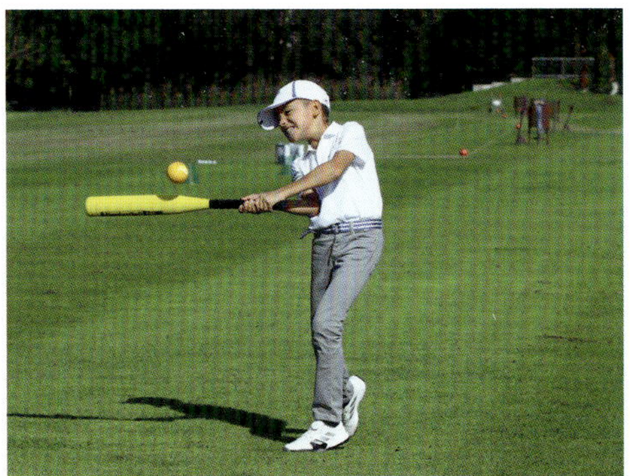

SPIELIDEE

Den Kindern werden Softbälle in unterschiedlichen Höhen zugeworfen. Sie sollen diese treffen und in eine Richtung ca. 90º zum Werfer schlagen. Der Werfer ist gleichzeitig gefordert, den Krafteinsatz und die Wurfrichtung passend abzustimmen.

HINWEISE

- Sicherheit beachten (Platz zum Schlagen & freie Schlagrichtung)
- Größe der Softbälle dem Leistungsstand anpassen
- Schläger- und Ball-Materialien sind austauschbar (z. B. Aquasticks, Luftballons)

VARIATIONEN

- Vorgabe und/oder Wechsel der Griffhaltungen (II)
- Mit Zusatzaufgaben zu Ausführungsdetails, z. B. Winkelverhalten des Handgelenks, zeitlicher Einsatz der Beinbewegung (II)
- Vorgabe von Zielen in verschiedenen Richtungen (II)
- Werfer wirft die Bälle in kürzer werdenden Abständen (Zeitdruck) (III)
- Werfen von zwei bis vier unterschiedlich farbigen Bällen mit zeitlich versetztem Zuruf der Farbe des Balles, der getroffen werden soll (III)
- Schlagen mit der nicht-dominanten Körperseite (III)

Die Statue

Golfequipment	Spielmaterialien / Sportgeräte	Komplexitätsstufe II
Hölzer, Eisen, Golfbälle		Variationen II,III

Präzisionsdruck – Ausführung	Eisen/Hybrid/ Fairwayholz/Drive	Schlagwinkel ansteuern	

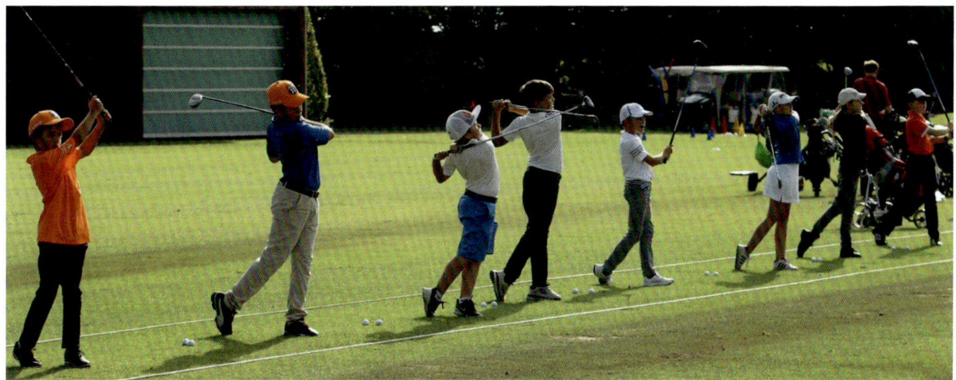

SPIELIDEE

Die Kinder schlagen zehn Bälle auf der Driving Range. Pro Schlag sind zwei Punkte zu erreichen. Für jeden Schwung, bei dem die Endposition für ca. 3 Sekunden gehalten werden kann, erhält das Kind einen Punkt. Für Bälle, die fliegen oder eine vorgegebene Länge oder Richtung erreichen, gibt es einen zweiten Punkt. Beim zweiten Durchgang soll das Ergebnis der ersten Serie gesteigert werden.

HINWEISE

- Sicherheit beachten (Platz zum Schlagen & freie Schlagrichtung)
- Bei individueller Ausführung: Bewertung durch den Spieler selbst; bei Wettkampf gegen andere: Bewertung durch den Partner oder Trainer

VARIATIONEN

- Mit oder ohne Tee, je nach Leistungsstand (II)
- Punktevergabe entweder auf Ablauf- oder Zielpräzision (II)
- Vorübung: Kinder schwingen gleichzeitig, erreichen die Endposition und rufen „1.000 – 2.000 – 3.000" (Kontrolle zum Halten der Balance) (II)
- Anpassen der Bewegungsaufgabe (Technikelement, Schlagauswahl, Spielsituation usw.) (III)

Ebenen-Wirrwarr

Golfequipment

Spielmaterialien / Sportgeräte

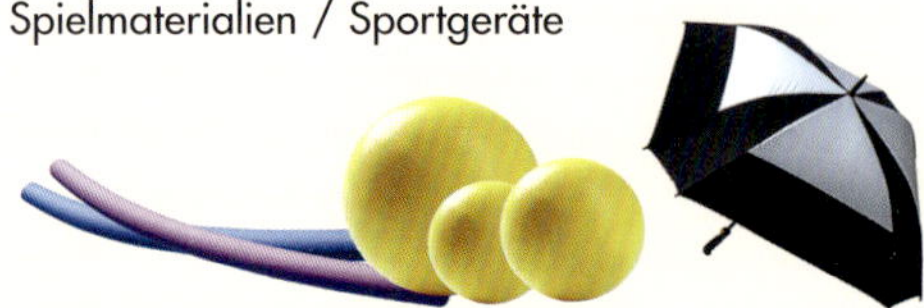

Komplexitätsstufe II

Variationen II,III

PRÄZISIONSDRUCK – AUSFÜHRUNG	SCHLAGTECHNIK ANPASSEN	SCHLAGWINKEL ANSTEUERN	

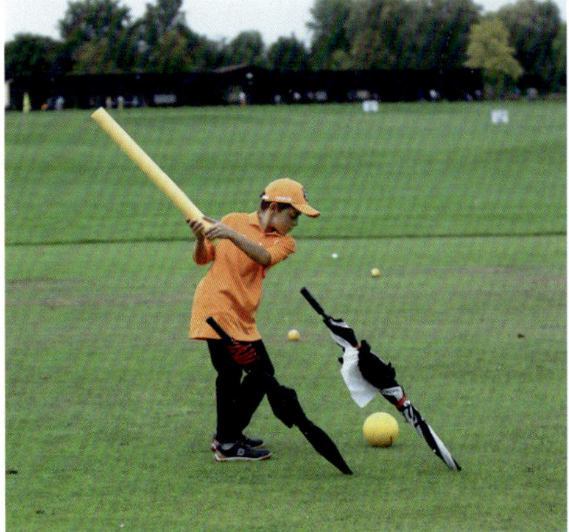

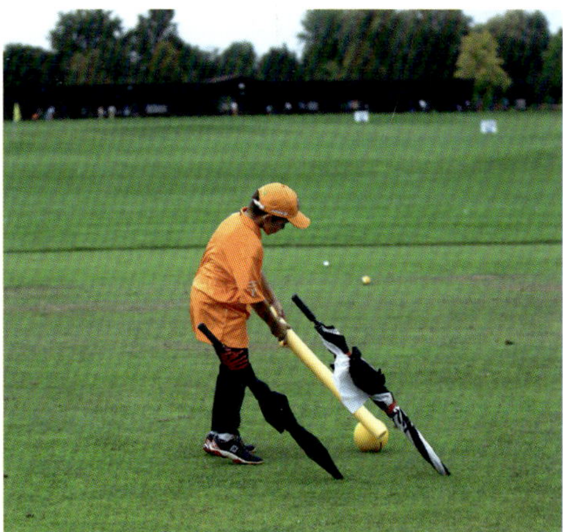

SPIELIDEE

Die Kinder verwenden einen kurzen Aquastick als Schläger. Sie versuchen, einen Softball mit einer Golfbewegung zu schlagen. Hierbei müssen sie durch einen von zwei Schirmen markierten Korridor schwingen, ohne dass der Aquastick einen der Schirme berührt. Nach und nach wird der Korridor zwischen den Schirmen verkleinert.

HINWEISE

- Schirme parallel oder leicht konisch zulaufend aufbauen
- Auf ausreichenden Abstand der Hände von den Schirmen achten (Sicherheit) – nur der Aquastick soll durch den Korridor schwingen

VARIATIONEN

- Größe der Bälle nach Schwierigkeitsgrad wechseln (II,III)
- Ohne Ausholbewegung – nur Schlag zum Ball (II)
- Rechts- und linksherum (III)
- Haltungsvariationen (Zieltechnik oder bewusst abweichend) (III)

Chip-Weltmeister

Golfequipment

Eisen, Wedges, Golfbälle

Spielmaterialien / Sportgeräte

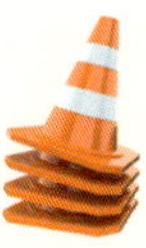

Komplexitätsstufe III

Variationen III

Präzisionsdruck – Ausführung	Chip	Bewegungsinformationen aufnehmen und verarbeiten	Treffqualität herstellen

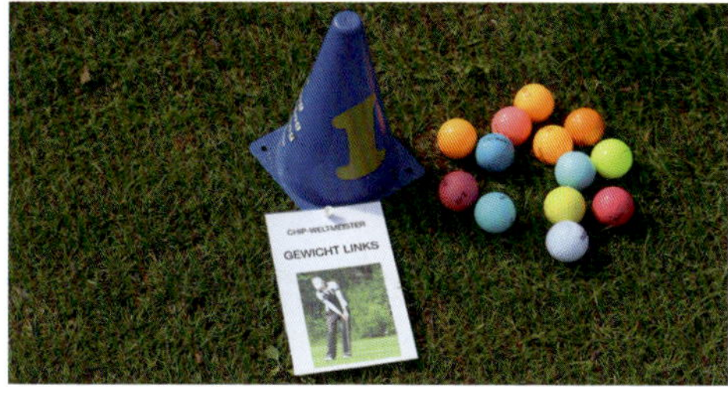

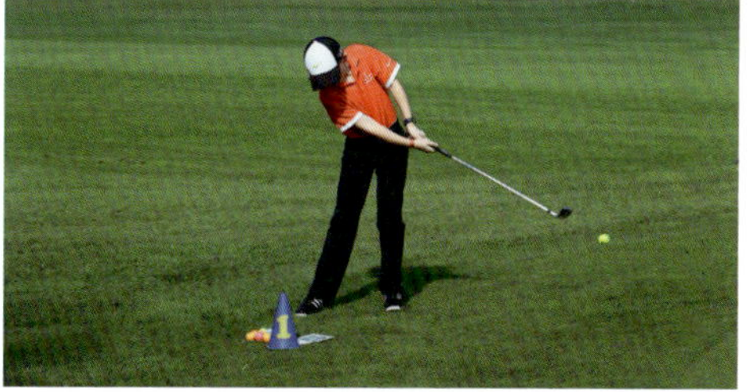

SPIELIDEE

Vier Stationen sind aufgebaut. An jeder Station ist eine Bewegungsaufgabe zu erfüllen:

1. Handgelenke stabil
2. Graskontakt
3. Gewicht am Ende des Schlages auf dem linken Bein (Rechtshänder)
4. Erst Ball, dann Boden treffen (Eintreffwinkel)

Die Kinder haben drei Versuche. Jede erfolgreiche Bewegung wird mit zwei Punkten bewertet. Die Beurteilung erfolgt gemeinsam durch das Kind und den Partner.

HINWEISE

- Anzahl der Stationen nach Anzahl der Teilnehmer und den räumlichen Möglichkeiten festlegen
- Sicherheit beim Aufbau der Stationen beachten
- Trainer beobachtet/kontrolliert die Bewegungen und gibt nach dem Absolvieren des Zirkels (Korrektur-)Hinweise

VARIATIONEN

- Punktewertung als Ist-Stand-Feststellung; Trainer gibt Soll-Wert vor (III)
- Ein Extra-Punkt für jeden Ball im Zielkreis (Zielpräzision geringer bewerten) (III)
- Festlegen anderer Technik-Schwerpunkte (III)
- Übertragung der Übungen auf das Putten, das Lange Spiel usw. (III)

Strand-Golfen

Golfequipment	Spielmaterialien / Sportgeräte	Komplexitätsstufe I
	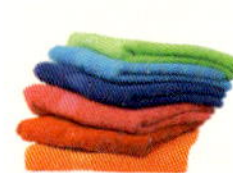 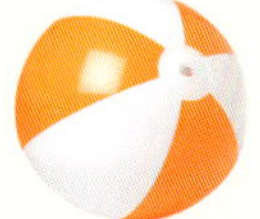	Variationen II,III

PRÄZISIONSDRUCK – KOMPLEXITÄT	KÖRPERWINKEL EINSCHÄTZEN UND ANSTEUERN	SCHLAGWINKEL ANSTEUERN

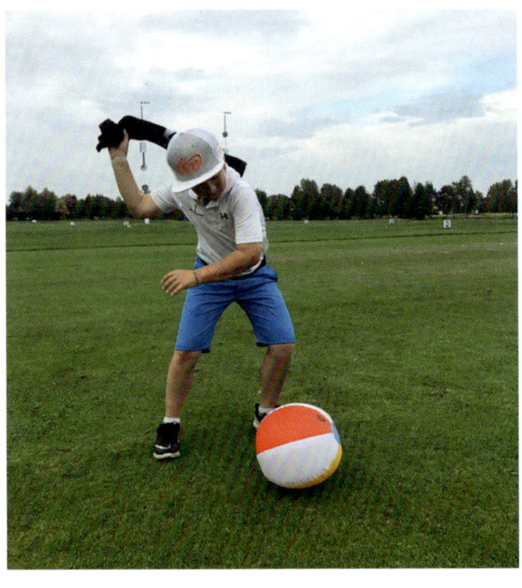

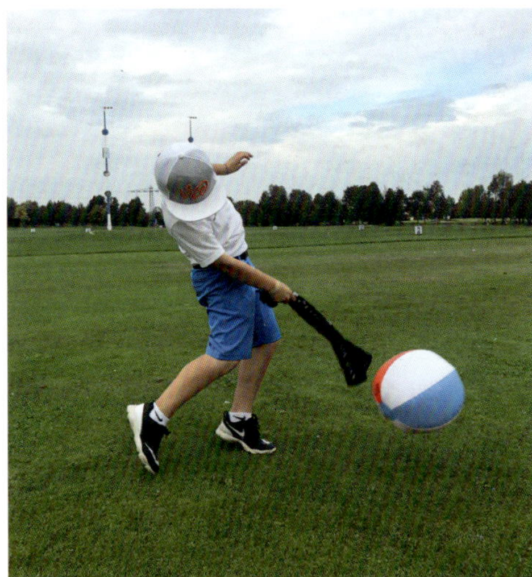

SPIELIDEE

Die Kinder versuchen, mit einem zusammengerollten Handtuch einen Wasserball so weit wie möglich zu schlagen.

HINWEIS

- Ziel: Heranführen an optimale Kopplung Unterkörper > Oberkörper > Arm > Hand

VARIATIONEN

- Veränderte Gewichtsverteilung und Kraftübertragung durch Befeuchten der Tücher oder Knoten am Ende des Handtuchs (II)
- Schlagen des Handtuchs mit der nicht-dominanten Hand (Rückhand) (II)
- Verwenden anderer Materialien, z. B. von Sprungseilen, Softbällen (II)
- Spielform „Golf": Aufbau eines Hindernisparcours mit unterschiedlichen Anforderungen an die Schlaglängen und -richtungen; Ziel: Treffen einer Pylone mit möglichst wenigen Schlägen (III)

Frisbee-Golf

Golfequipment	Spielmaterialien / Sportgeräte	Komplexitätsstufe II
		Variationen II,III

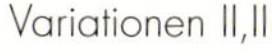

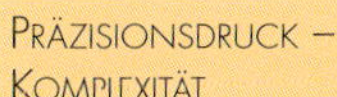

Präzisionsdruck – Komplexität	Abstände einschätzen	Situationsinformationen einschätzen und verarbeiten

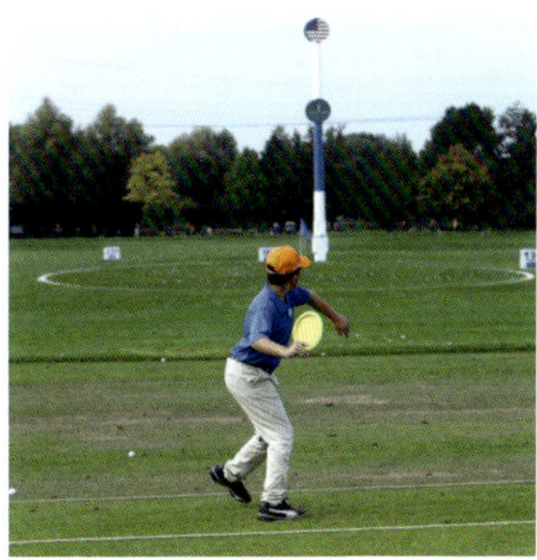

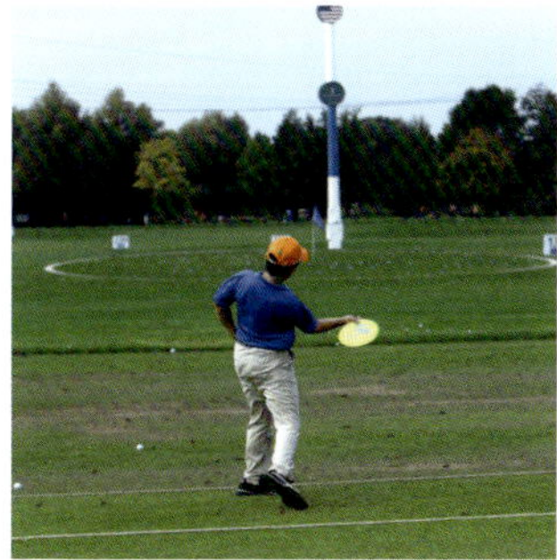

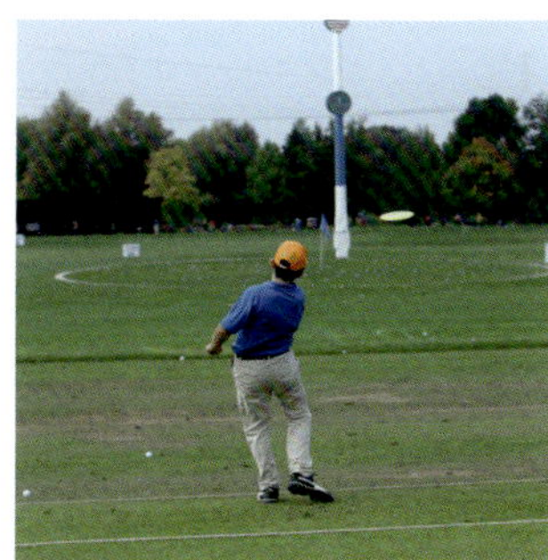

SPIELIDEE

Eine Frisbee-Scheibe wird über einen festgelegten Weg – ähnlich einer Golfbahn – von einem Startpunkt bis zu einem Ziel geworfen. Die Scheibe muss von dem Ort weiter geworfen werden, an dem sie nach dem jeweiligen Wurf liegen geblieben ist. Wer die wenigsten Würfe ins Ziel benötigt, gewinnt.

HINWEISE

- Frisbee-Bahnen auf dem Übungsgelände oder auf dem Golfplatz aufbauen
- Länge der Bahnen (30 bis 500 m) nach Wurfkraft oder Trainingsziel auswählen
- Einbau bzw. Erlernen von Golfregeln möglich, z. B. „Ball unspielbar"
- Nähere Infos zum Disc Golf: http://www.discgolf.de

VARIATIONEN

- Mit rechter und linker Hand in beide Richtungen werfen (II)
- Wurftechniken vorgeben (II)
- Einsetzen der unterschiedlichen Flugeigenschaften der Disc Golf-Scheiben (II)
- Mögliche Ziele: Grün oder Bunker einer Golfbahn, mit Pylonen markierter Zielbereich, Disc Golf-Fangkorb (II)
- Weitwurf-Wettbewerb (II)
- Zielkreis-/Zonen-Wurf mit Punktevergabe (ähnlich Curling oder Bogenschießen) (III)

1-2-3-Hit

Golfequipment	Spielmaterialien / Sportgeräte	Komplexitätsstufe III
		Variationen II,III

Präzisionsdruck – Komplexität	Bewegungsinformationen aufnehmen und verarbeiten	Schlagwinkel ansteuern

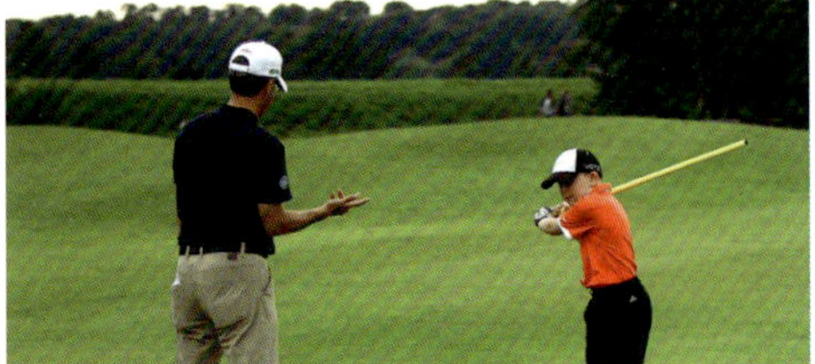

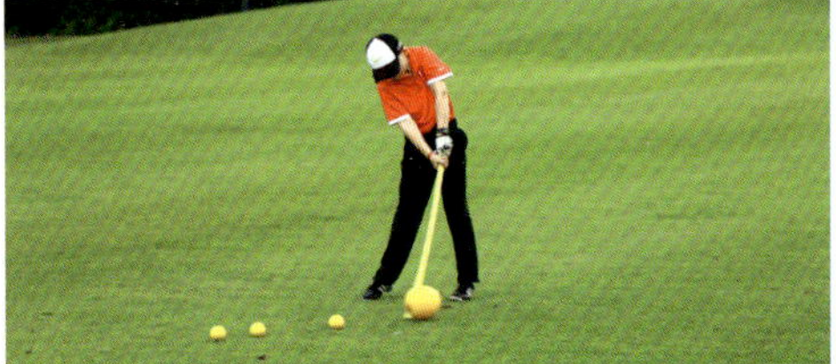

SPIELIDEE

Die Kinder halten einen Gymnastikstab wie einen Golfschläger und stehen in der Ansprechposition. Der Trainer ruft in rhythmischen Abständen „1-2-3-Hit". Die Kinder versuchen so auszuholen, dass sie bei „3" das Ende der Ausholbewegung erreicht haben. Ohne Pause wird der Stab wieder nach vorne geschwungen, sodass bei „Hit" der Abschwung beendet ist und der Stab exakt am Startpunkt (Treffmoment) durchschwingt. Wenn das Timing stimmt, nehmen die Kinder einen Golfschläger, setzen einen Ball auf das Tee und schlagen mit den gleichen rhythmischen Vorgaben.

HINWEISE

- Verhältnis 3:1 ist der ideale Rhythmus für den vollen Golfschwung und die eigentliche Zielbewegung
- Ideale Dauer des Ausholens liegt zwischen 0,7 und 1,2 Sekunden – abhängig vom Temperament des Kindes und der Länge der Ausholbewegung

VARIATIONEN

- Tempo des Zählens bzw. Rhythmus verändern (III)
- Variation des Rhythmus (2:1, 4:1, 5:1 usw.) (III)
- Veränderungen in der Wortwahl, z. B. Co-ca-Co-la usw. (III)
- Unterstützung/Vorgabe des Rhythmus durch Klatschen, Metronome usw. (III)
- Vereinfachung des Treffens des Balles durch die Nutzung von größeren Softbällen (II)
- Für jüngere Kinder Vereinfachung durch Hin- und Herschwingen unter Vorgabe „1-2 … 1-2 … 1-2" (II)
- Umsetzung für das Kurze Spiel (Ziel-Rhythmus Putten/Chippen: 2:1) (III)

Happy Gilmore

Golfequipment	Spielmaterialien / Sportgeräte	Komplexitätsstufe III
Hölzer, Eisen, Golfbälle, Tees		Variationen II,III

Präzisionsdruck – Komplexität	Eisen/Hybrid/ Fairwayholz/Drive	Körperwinkel einschätzen und ansteuern	Schlagwinkel ansteuern

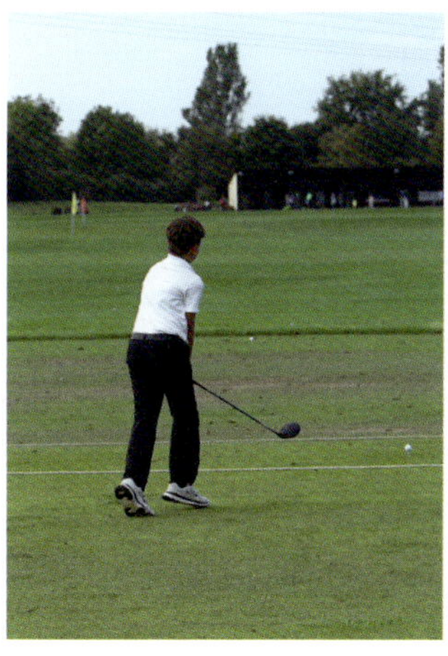

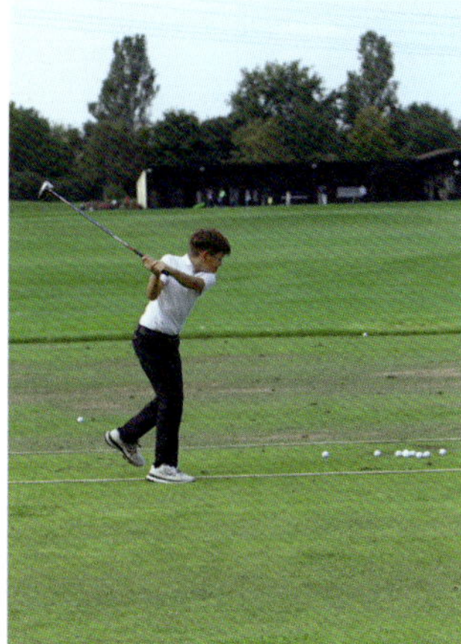

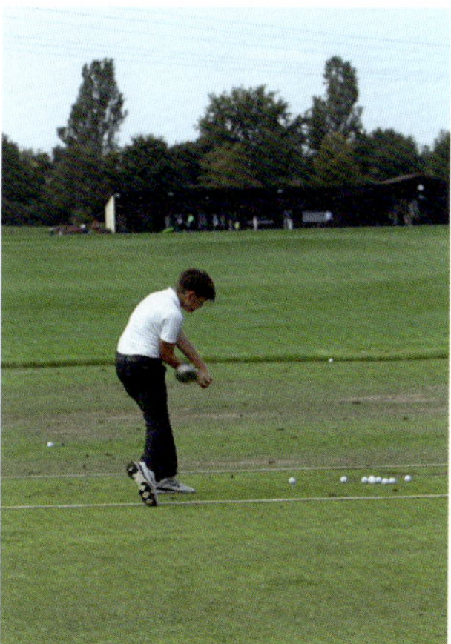

SPIELIDEE

Die Kinder versuchen, aus dem Anlauf heraus einen Ball auf dem Tee zu schlagen.

HINWEISE

- Sicherheit gewährleisten, da die Schlagrichtung durch den Anlauf stärker abweichen kann
- Schläger beim Schlag festhalten

VARIATIONEN

- Vereinfachung durch Verwenden unterschiedlicher Bälle und Schläger, z. B. Luftballons, Strandbälle, Softbälle bzw. Gymnastikstäbe, Baseballschläger, (Uni-)Hockeyschläger (II)
- Schläger wechseln (Eisen, Holz) (III)
- Ball ohne Tee schlagen (III)
- Anlauflänge und -richtung verändern (III)
- Wettkampf: 1 vs. 1 oder zwei Teams gegeneinander; Ball getroffen/Ball zum Fliegen gebracht = ein Punkt (III)

Hockey-König(in)

Golfequipment	Spielmaterialien / Sportgeräte	Komplexitätsstufe I
	 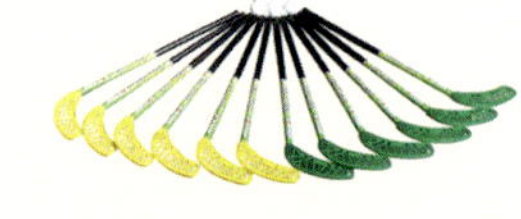	Variationen I,II,III

Präzisionsdruck – Organisation	Geschwindigkeits-/ Zeitdruck	Körperwinkel einschätzen und ansteuern

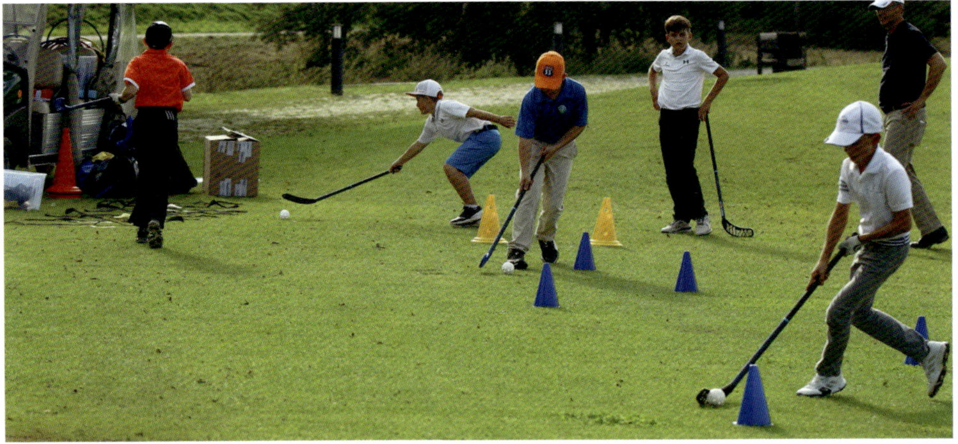

SPIELIDEE

Die Kinder führen – so schnell wie möglich – einen Hockeyball mit einem Hockeyschläger durch einen vorgegebenen Parcours. Die Zeiten können individuell oder über die gesamte Mannschaft hinweg gemessen und verglichen werden.

HINWEISE

- Festlegen von Start und Ziel
- Abstände zwischen den Pylonen beeinflussen die Laufgeschwindigkeit

VARIATIONEN

- Zum Heranführen ohne Zeitvorgaben/-kontrollen (I)
- Zwei Mannschaften gegeneinander auf zwei parallel aufgebauten Laufstrecken (II)
- Zusatzregeln, z. B. nur führen, nicht schlagen! (II)
- (Erschwerende) Zusatzaufgaben (nur für Gewinner des ersten Laufs) (III)
- Ballführung mit der rechten/linken Hand (III)
- Hindernisse im Laufweg mit koordinativen und/oder konditionellen Zusatzaufgaben (III)

Flag Football

Golfequipment

Spielmaterialien / Sportgeräte

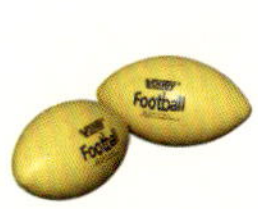

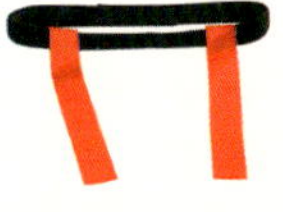

Komplexitätsstufe II

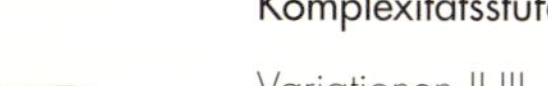

Variationen II,III

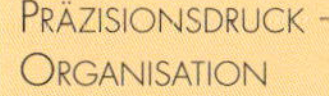

PRÄZISIONSDRUCK – ORGANISATION

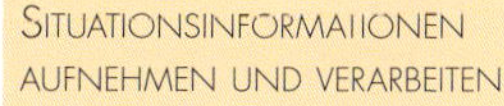

SITUATIONSINFORMATIONEN AUFNEHMEN UND VERARBEITEN

GESCHWINDIGKEITS-/ ZEITDRUCK

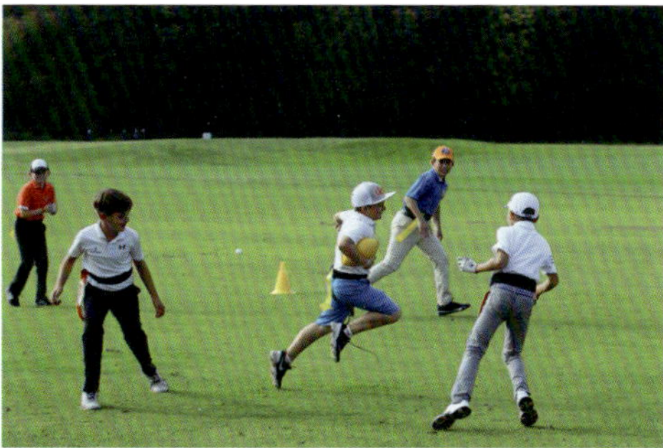
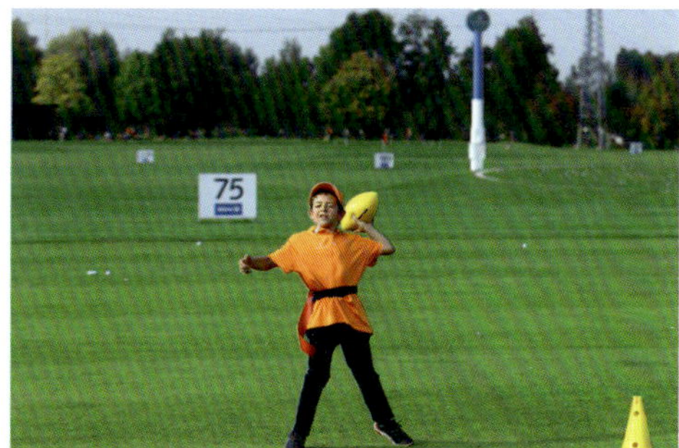

SPIELIDEE

Zwei Mannschaften spielen gegeneinander Football. Die Endzonen sind mit Pylonen markiert. Jedes Kind hat – in der Farbe seiner Mannschaft – ein Plastikband mit Klettverschluss um den Bauch gebunden. Durch Pass- und Laufspiel soll der Football in die Endzone des Gegners transportiert werden. Gelingt dies, erhält die Mannschaft einen Punkt. Körperkontakt ist nicht gestattet. Dafür dürfen alle Kinder ihren Gegnern das Plastikband „klauen". Ein Kind, dessen Band weggenommen wurde, darf weiter fangen und werfen, sich aber nicht mehr von der Stelle bewegen. Bei Ballverlust der eigenen Mannschaft können die Kinder ihr Band wieder anbringen und normal mitmachen.

HINWEISE

- Größen der Endzonen und des Spielfeldes nach Anzahl der Kinder festlegen
- Regeln für den Körpereinsatz festlegen
- Anpassung der Football-Regeln an das Alter und den Leistungsstand der Kinder (z. B. Forcieren von Pässen oder Wurfbewegungen)

VARIATIONEN

- Mindestens drei Pässe, bevor Ball in die Endzone darf (II)
- Ball muss in der Endzone gefangen werden (II)
- Nur dem Ballträger darf das Klettband geraubt werden (II)
- Pässe nur vorwärts erlaubt (III)

Aquastick-Hockey

Golfequipment

Spielmaterialien / Sportgeräte

Komplexitätsstufe II

Variationen III

PRÄZISIONSDRUCK – ORGANISATION	SITUATIONSINFORMATIONEN AUFNEHMEN UND VERARBEITEN		

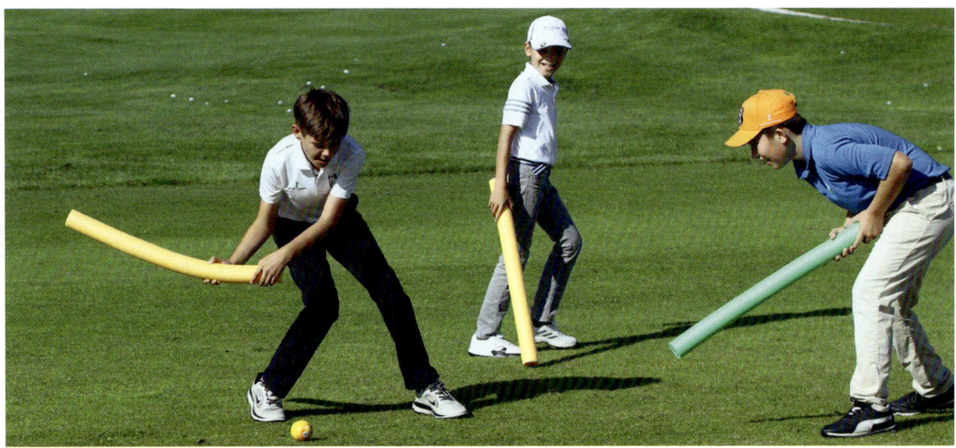

SPIELIDEE

Zwei Mannschaften spielen gegeneinander Hockey. Als Schläger werden Aquasticks verwendet. Die Sticks können ein- oder beidhändig genutzt werden. Es entstehen ähnliche Schlagmuster wie beim Golf.

HINWEISE

- Mannschaften durch Farben der Aquasticks kennzeichnen
- Torraum markieren, der nicht von der Verteidigung betreten werden darf
- Überlegung, ob Spielfeld begrenzt werden soll
- Regeln für Körpereinsatz festlegen
- Bei vielen Teilnehmern mehrere Teams bilden und nach jeweils einer Minute Spielzeit wechseln

VARIATIONEN

- Unterschiedlich lange Aquasticks nutzen (III)
- Verwenden eines Wasserballs (II)
- Spielen mit zwei Bällen gleichzeitig (III)

Schmuggler und Zöllner

Golfequipment

Spielmaterialien / Sportgeräte

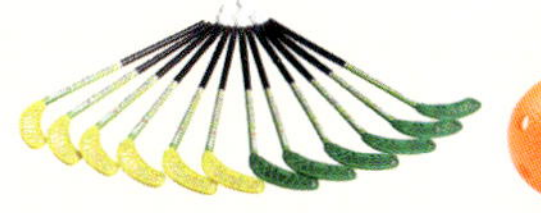

Komplexitätsstufe III

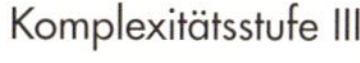

Variationen II,III

PRÄZISIONSDRUCK – ORGANISATION	SITUATIONSINFORMATIONEN AUFNEHMEN UND VERARBEITEN	ABSTÄNDE EINSCHÄTZEN	GESCHWINDIGKEITS-/ ZEITDRUCK

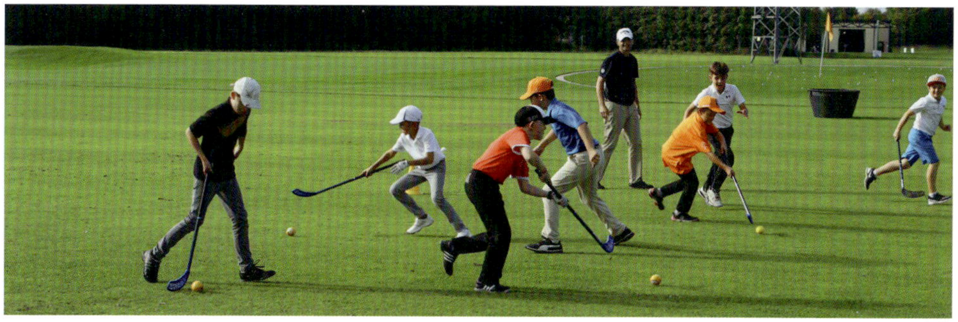

SPIELIDEE

Die Schmuggler haben die Aufgabe, jeweils einen Ball mit einem Hockeyschläger durch die Grenzzone auf die andere Seite zu führen. Die Zöllner (ohne Schläger) versuchen, die Schmuggler durch Berührung zu fangen. Gefangene müssen zur Grundlinie zurück und erneut starten. Ein erfolgreicher Lauf auf die andere Seite ergibt einen Punkt. Die Kinder können von beiden Seiten laufen und Punkte erzielen. Wer schafft in der vorgegebenen Zeit die meisten Punkte? Welcher Zöllner hat die meisten Schmuggler gefangen?

HINWEISE

- Spielfeld ca. 20 m Länge: 15 m Schmuggelzone (Fangzone) und je 2,5 m Zielzone auf beiden Seiten; ca. 10 m Breite
- Zwei bis drei Zöllner; fünf bis acht Schmuggler
- Größe des Spielfeldes der Anzahl der Teilnehmer anpassen
- Regeln für das Abschlagen festlegen, z. B. nicht im Gesicht
- Hohe Intensität im Herz-Kreislauf-Bereich (Dauer nach Trainingsziel)
- Wechsel von Schmugglern und Zöllnern

VARIATIONEN

- Prellen von Gummibällen statt der Verwendung von Schlägern und Bällen (II)
- Verändern des zahlenmäßigen Verhältnisses von Schmugglern und Zöllnern (III)

Ich kann Alles!

Golfequipment

Spielmaterialien / Sportgeräte

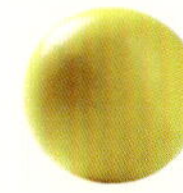

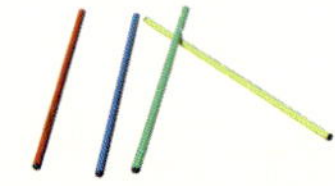

Komplexitätsstufe I

Variationen II,III

PRÄZISIONSDRUCK – SITUATION	SCHLAGTECHNIK ANPASSEN	TREFFQUALITÄT HERSTELLEN	SCHLAGWINKEL ANSTEUERN

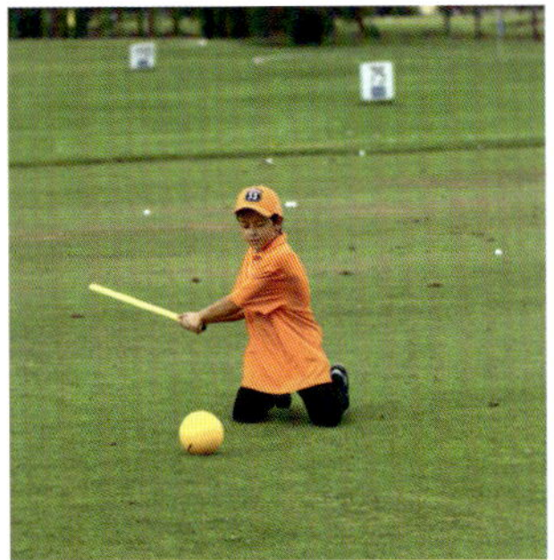

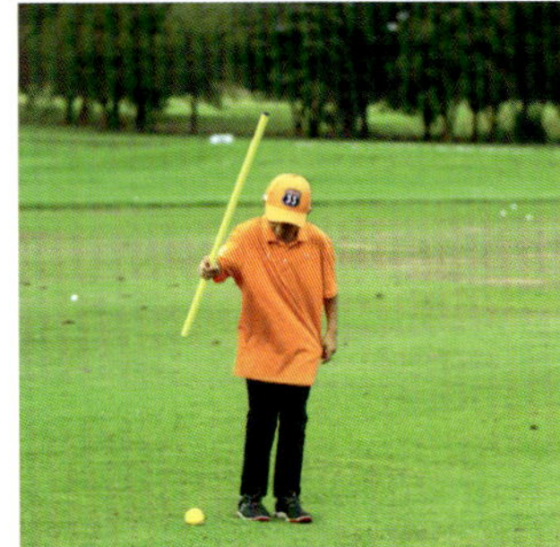

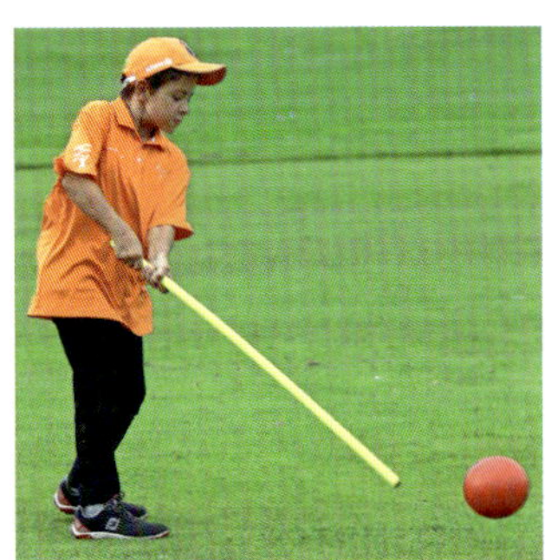

SPIELIDEE

Mit einem Gymnastikstab sollen Softbälle (10 bis 20 cm Durchmesser) aus verschiedenen Situationen geschlagen werden:

- Linkshand
- Backhander
- (Einhändig) mit der nicht-dominanten Hand
- Aus der Horizontalen
- Aus den Knien
- Ganz nah/Weit weg vom Ball

HINWEISE

- Schlagrichtung mit Zielen vorgeben
- Anpassen der Ballgröße an den Leistungsstand
- Vorgabe der Grobform der Griffhaltung

VARIATIONEN

- Mit Luftballons (I)
- Mit Golfschlägern und -bällen (II)
- Mit Punktevergabe für das Treffen des Balls (und wahlweise auch eines Ziels) (III)

Grün-König/-in

Golfequipment

Putter, Golfbälle, Tees

Spielmaterialien / Sportgeräte

Komplexitätsstufe II

Variationen II,III

PRÄZISIONSDRUCK – SITUATION	PRÄZISIONSDRUCK – SITUATION	SITUATIONSINFORMATIONEN AUFNEHMEN UND VERARBEITEN	SCHLAGWINKEL/ -DISTANZEN ANSTEUERN

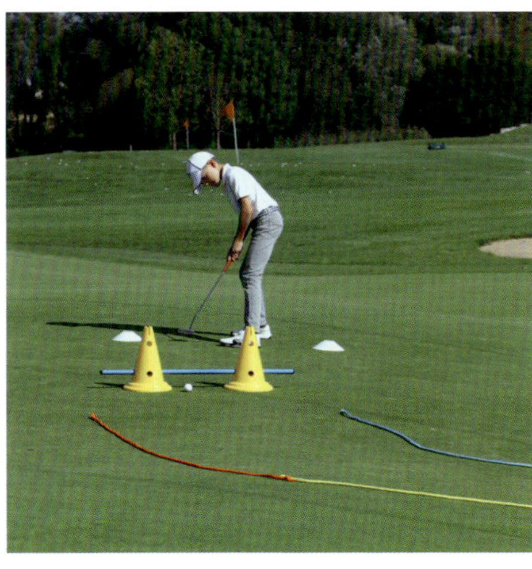

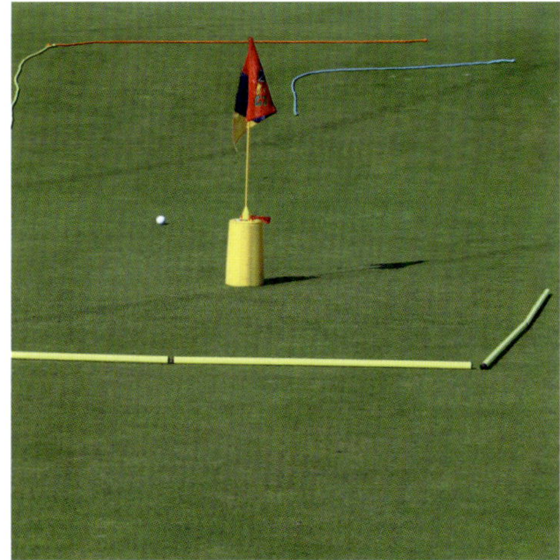

SPIELIDEE

Auf dem Putting Grün wird ein Parcours mit längeren/kürzeren Bahnabschnitten und mit Schrägen aufgebaut, die auf dem Weg zum Loch zu bewältigen (einzubeziehen) sind. Die wechselnden Bahnlängen und das bergauf/bergab Spielen erfordern Variationen der Schlagkraft (Distanzkontrolle) sowie das Lesen des Grüns. Das Kind mit den wenigsten Schlägen gewinnt.

HINWEIS

- Zum Heranführen: Bewältigung des Parcours ohne Golfschläger. Der Ball wird geworfen oder gerollt

VARIATIONEN

- Als Einzel- oder Team-Wertung (II)
- Spielen bei unterschiedlichen Bodenverhältnissen und aus unterschiedlichen Schnitthöhen (III)
- Wechsel zwischen Puttern mit unterschiedlicher Länge, Optik (Zielen), Griffstärke (Dicke/Umfang) usw. (III)

Drunter und drüber

Golfequipment

Golfbälle

Spielmaterialien / Sportgeräte

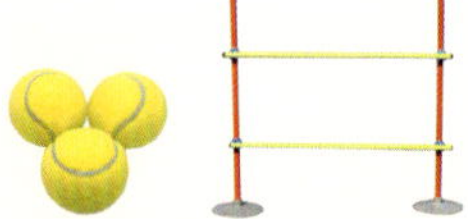

Komplexitätsstufe II

Variationen III

Präzisionsdruck – Situation	Situationsinformationen aufnehmen und verarbeiten	Abstände einschätzen

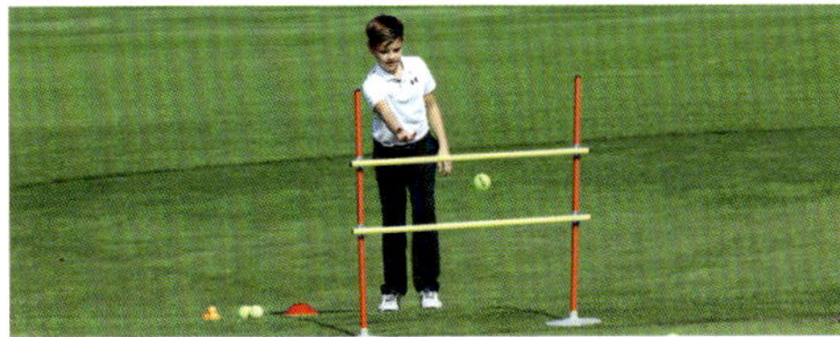

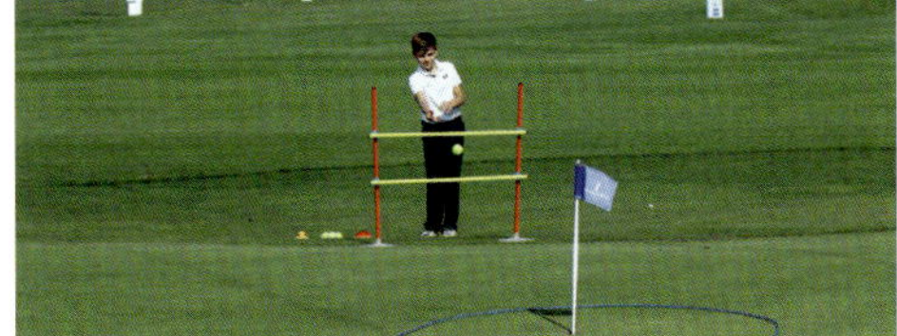

SPIELIDEE

An verschiedenen Stationen werfen die Kinder einen Tennisball mit unterschiedlichen Flugwinkeln und Flughöhen auf einen Zielkreis. Die Hindernisse und die Körperstellung erzwingen bestimmte Flugbahnen.

Beispiel:
- Station 1: Wurf unter einer Hürdenstange hindurch (flacher Wurf/Ballflug – viel Roll)
- Station 2: Wurf zwischen zwei Querstangen (mittlere Flughöhe und Roll)
- Station 3: Wurf über hohes Hindernis (hoher Ballflug – wenig Roll)

Für jede korrekte Wurfausführung (Flugbahn) erhalten die Kinder einen Punkt. Wenn der Ball im Zielkreis liegen bleibt, wird ein weiterer Punkt vergeben. Im nächsten Durchgang werden Golfbälle geworfen.

HINWEIS

- Flugkurven werden auch von den Abständen zum Hindernis beeinflusst

VARIATIONEN

- Ziel liegt bergauf/bergab (Veränderung der Roll-Länge) (III)
- Werfen mit geschlossenen Augen (III)
- Werfen mit der nicht-dominanten Hand (III)
- Ausführung mit Tennisbällen und Tennisschlägern (III)
- Spielen von Bällen mit einem Golfschläger (III)
- Als Einzel- oder Team-Wertung (III)

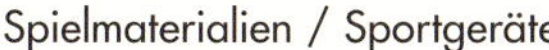

Das ist echt schräg!

Golfequipment	Spielmaterialien / Sportgeräte	Komplexitätsstufe III
Golfbälle	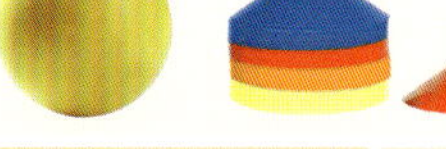	Variationen III

PRÄZISIONSDRUCK – SITUATION	CHIP/PITCH	KÖRPERWINKEL EINSCHÄTZEN UND ANSTEUERN	SCHLAGTECHNIK ANPASSEN

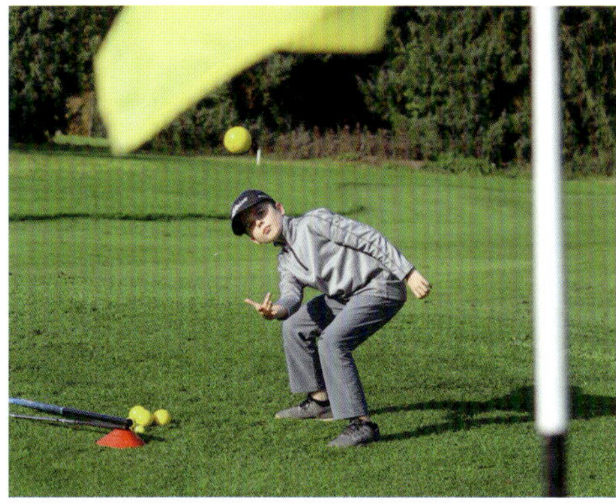

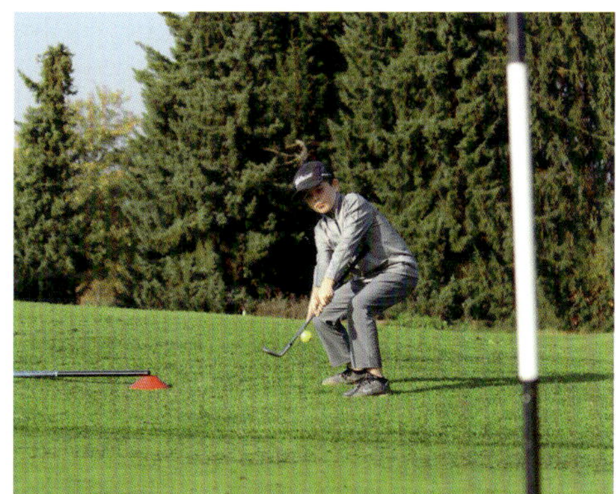

SPIELIDEE

Die Kinder werfen aus vorgegebenen, stark variierenden Körperhaltungen Bälle (z. B. Softbälle, Golfbälle) auf ein Ziel. Ihre Hauptaufgabe besteht darin, die jeweilige Körperlage und das Gleichgewicht zu halten. Danach sollen die Bälle mit entsprechend variierenden Körperhaltungen auf ein Ziel geschlagen werden (Hockeyschläger, Golfschläger).

HINWEIS

- Aufmerksamkeit auf das Erfüllen der Bewegungsaufgabe lenken

VARIATIONEN

- Aus den Hüften tief gebeugt/aufrecht (III)
- Stark gebeugte Knie/durchgedrückte Knie (III)
- Breiter/schmaler Stand (III)
- Oberkörper in allen Richtungen geneigt (III)
- Verschiedene Formen des Einbein-Stands (III)
- Nutzen von natürlichen Hanglagen oder Hanglagen-Matten (III)
- Werfen/Schlagen mit der rechten/linken Hand (III)
- Punktevergaben für das Erfüllen der Bewegungsaufgabe und für das Treffen des Ziels (III)

Nimm ihn direkt!

Golfequipment	Spielmaterialien / Sportgeräte	Komplexitätsstufe I
	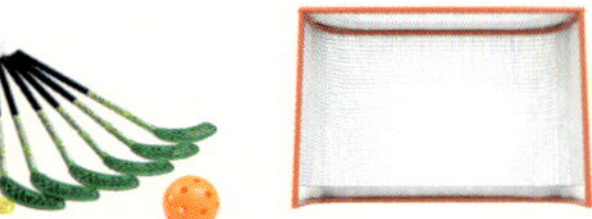	Variationen II

Geschwindigkeits-/ Zeitdruck	Präzisionsdruck – Situation	Körperwinkel einschätzen und ansteuern	Schlagwinkel ansteuern

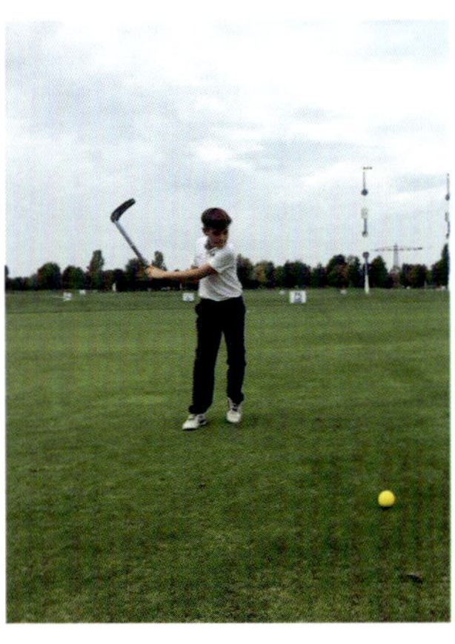
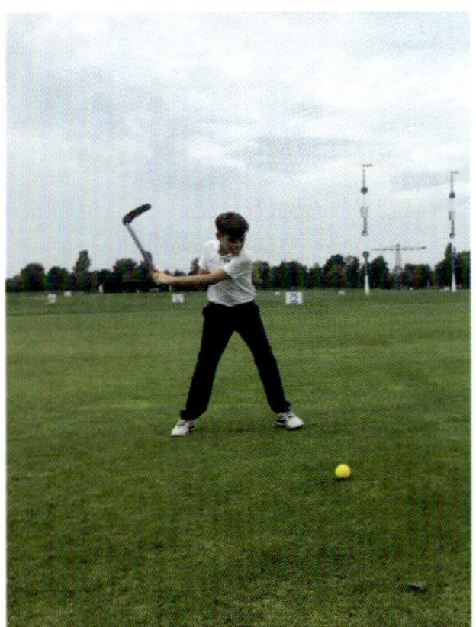
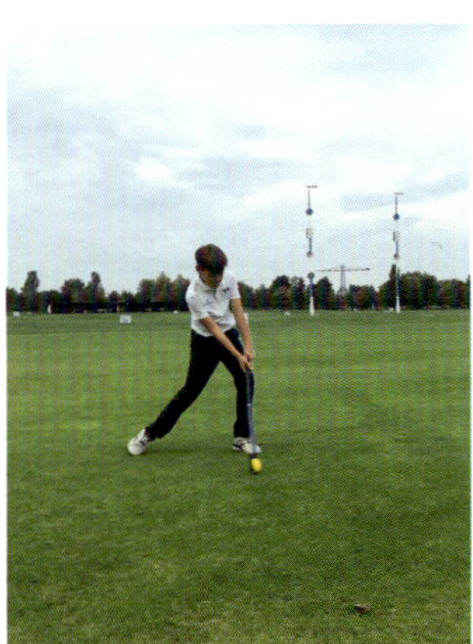

SPIELIDEE

Ein Kind steht ca. 10 m vor einem Hockeytor. Von außen werden ihm in rascher Abfolge, mit variierenden Zuspielrichtungen und Geschwindigkeiten/Dynamiken Plastikbälle so zugerollt, dass es seine Schläge unter Zeitdruck situationsangemessen planen und durchführen muss. Das Kind versucht, die Bälle aus dem Rollen heraus ins Tor zu schlagen. Wie viele von zehn Versuchen treffen das Ziel?

HINWEISE

- Ball darf nicht zur Ruhe kommen, bevor er geschlagen wird
- Umsetzung mit anderen Materialien, z. B. Tormarkierung mit Pylonen, Softbälle
- Anpassen der Größe des Tores und/oder der Entfernung zum Ziel an den Leistungsstand

VARIATIONEN

- Mit der rechten und linken Hand schlagen (II)
- Mit Torwart (II)
- Vorgabe einzelner Technikelemente, z. B. Griffhaltung, Umfang des Ausholens (II)
- Umsetzung mit Golfschlägern und kleinen Softbällen (Sicherheit) (II)

Wohin Du willst

Golfequipment

Golfschläger,
Golfbälle

Spielmaterialien / Sportgeräte

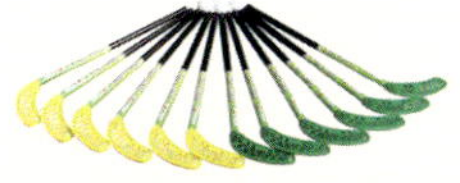

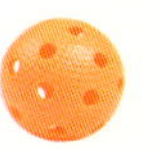

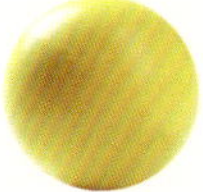

Komplexitätsstufe II

Variationen I,II,III

GESCHWINDIGKEITS-/ ZEITDRUCK	BEWEGUNGSINFORMATIONEN AUFNEHMEN UND VERARBEITEN	SCHLAGTECHNIK ANPASSEN

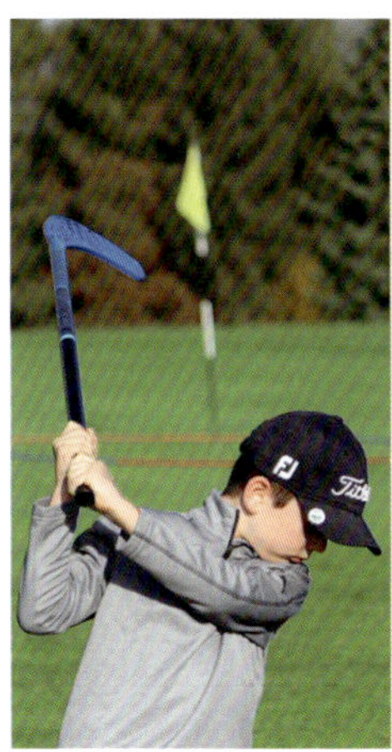

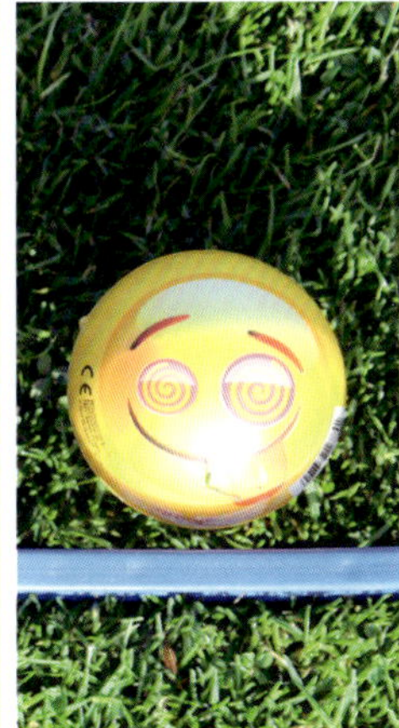

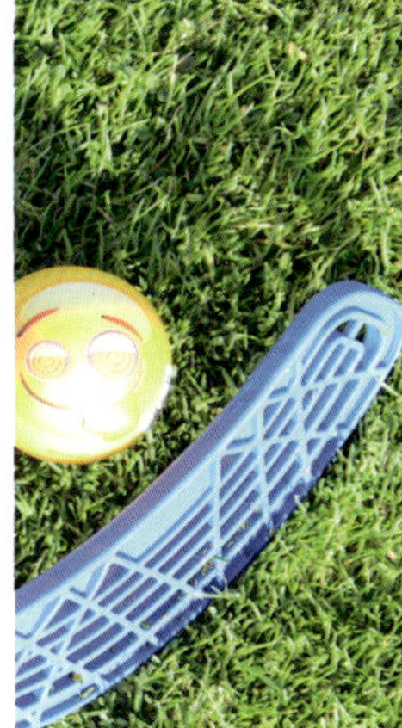

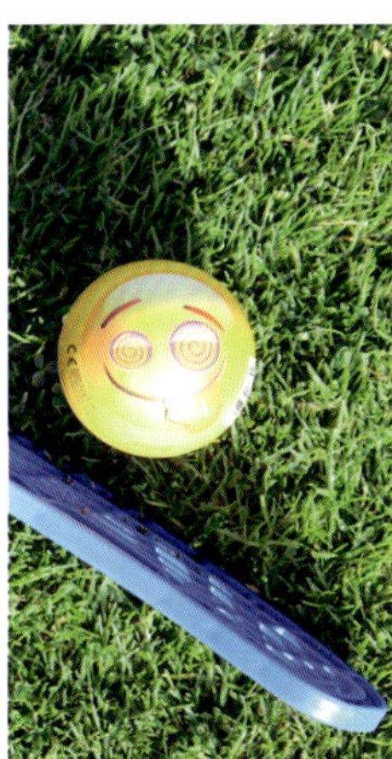

SPIELIDEE

Ein Kind führt einen Golfschwung mit einem Plastik-Hockeyschläger aus und versucht, einen am Boden liegenden Plastik-Hockeyball oder einen kleinen Softball zu schlagen. Am Ende des Ausholens ruft ihm der Trainer oder Partner zu, in welche Richtung der Ball geschlagen werden soll – gerade, links oder rechts. Ohne die Bewegung zu unterbrechen, muss das Kind die Bewegung – der Ansage entsprechend – während des Abschwungs zum Ball anpassen.

HINWEISE

- Auf den Bewegungsfluss achten
- Richtung kann je nach Trainingsziel durch Schwungbahn oder Schlagflächenstellung beeinflusst werden

VARIATIONEN

- Zeitpunkt der Ansage der Richtung, früher = einfacher, später = schwieriger (I,III)
- Verwenden von SNAG-Golfschlägern und -bällen (II)
- Verwenden von Golfschläger und -bällen (III)

Ohne Pause

Golfequipment

Spielmaterialien / Sportgeräte

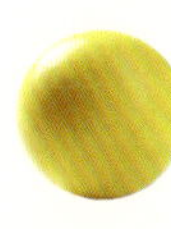

Komplexitätsstufe II

Variationen II,III

GESCHWINDIGKEITS-/ ZEITDRUCK	TREFFQUALITÄT HERSTELLEN	KÖRPERWINKEL EINSCHÄTZEN UND ANSTEUERN

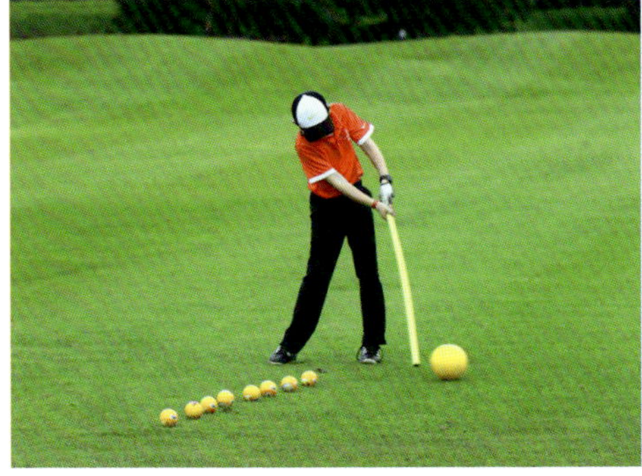

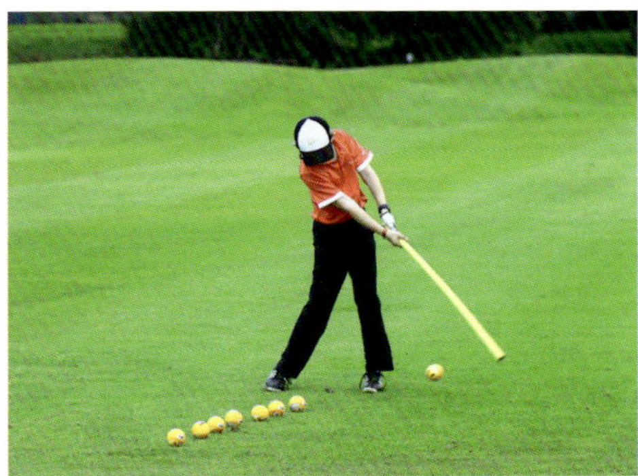

SPIELIDEE

Auf dem Boden aufgereiht liegen Softbälle in der Größe von Tennisbällen. Die Kinder versuchen, die Bälle mit einem Gymnastikstab zu treffen. Beide Hände befinden sich am Stab: die linke Hand oben, die rechte darunter (Rechtshand). Nach dem ersten Schlag wird der Stab sofort zurückgeschwungen, um flüssig die nächste Ausholbewegung einzuleiten. Der zweite Schlag folgt ohne Unterbrechung usw. Ziel ist es, in kurzer Zeit mehrere Bälle in Folge zu treffen.

HINWEISE

- Bei Verwendung von Softbällen wenig Gefahr durch Bälle, die beim Zurückschwingen versehentlich getroffen werden
- Vor jedem Schlag die Ausgangsposition anpassen, um den richtigen Abstand zum Ball herzustellen
- Auf den Bewegungsfluss und -rhythmus achten

VARIATIONEN

- Vom kurzen zum langen Ausholen und Durchschwingen (II)
- Von größeren Bällen zu kleineren (II)
- Mit der rechten/linken Hand schlagen (III)
- Mit Golfschlägern und -bällen (mit/ohne Tee) – Achtung: Sicherheit (III)

Wo kommt er geflogen?

Golfequipment

Spielmaterialien / Sportgeräte

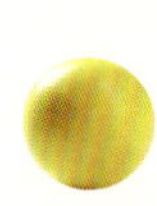

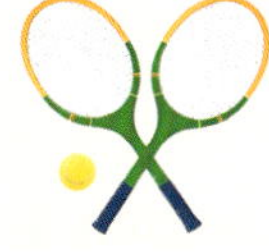

Komplexitätsstufe III

Variationen III

GESCHWINDIGKEITS-/ ZEITDRUCK	PRÄZISIONSDRUCK – ORGANISATION	

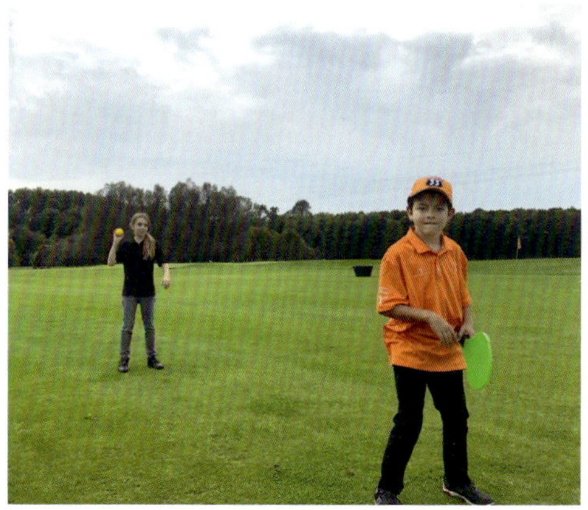

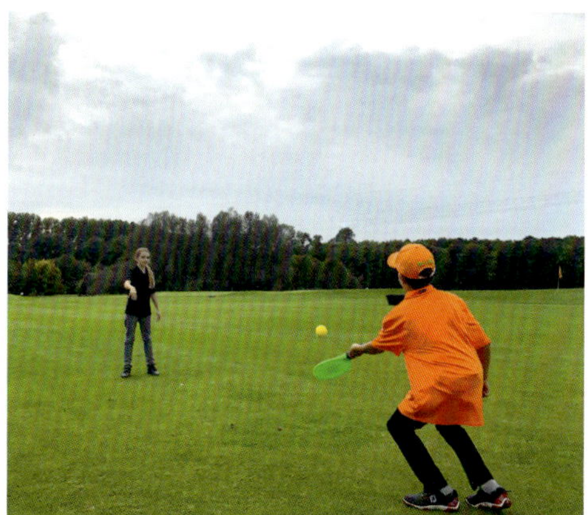

SPIELIDEE

Zwei Kinder stehen in einem Abstand von etwa 5 m auseinander. Kind A hat einen Softball in der Größe eines Tennisballs in der Hand, Kind B steht mit dem Rücken zu A. A wirft den Ball wiederholt mit unterschiedlichen Flugkurven in Richtung von B. Auf Kommando von A muss sich Kind B jeweils schnellstmöglich umdrehen und mit einem (Plastik-)Tennisschläger versuchen, den fliegenden Ball zu treffen, bevor dieser zu Boden fällt. Nach einer vorgegebenen Zeit wechseln Werfer und Schläger die Rollen.

HINWEIS

- Steigerung der Komplexität durch Zusatzaufgaben

VARIATIONEN

- A wirft zwei oder mehr Bälle; B muss einen Ball mit bestimmter Farbe, Größe oder Form treffen. B gibt den Bällen Namen mit Golfbegriffen, z. B. Driver, Fairway, Birdie (III)
- Beidseitiges Schlagen (III)
- Vorgabe, ob Vor- oder Rückhandschläge auszuführen sind (III)
- B benutzt zwei Schläger (III)

Voll schwer

Golfequipment | **Spielmaterialien / Sportgeräte** | **Komplexitätsstufe I**

Variationen I

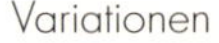

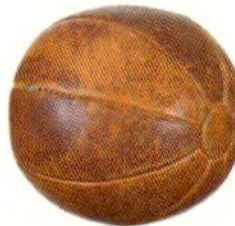

BELASTUNGSDRUCK – PHYSISCH

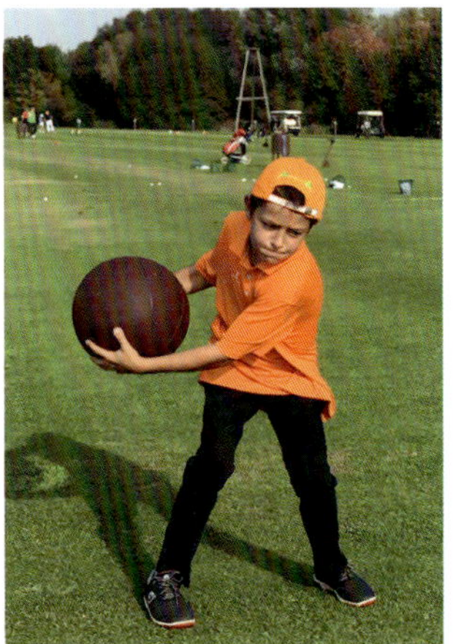

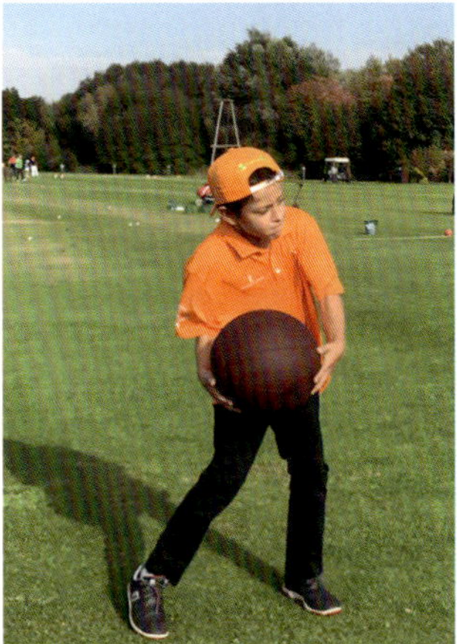

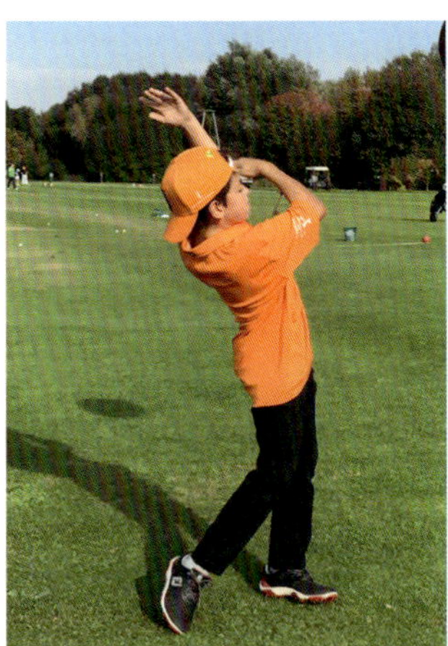

SPIELIDEE

Die Kinder werfen so oft wie möglich einen Medizinball über eine vorgegebene Mindest-Distanz. Die Wurfbewegung soll grob der eines Golfschwungs gleichen. Wer schafft die meisten Würfe hintereinander (eine Serie)?

HINWEISE

- Kurze Pausen zwischen den Würfen durch schnelle Aufnahme des nächsten Balles
- Gewicht und Größe der Medizinbälle dem Entwicklungsstand oder dem Trainingsziel anpassen (Intensität)
- Mindest-Wurfdistanz individuell dem körperlichen Entwicklungsstand anpassen
- Wurfdistanz so wählen, dass mindestens fünf bis zwölf Wiederholungen möglich sind
- Zweite und dritte Serie nach einer angemessenen Pause

VARIATIONEN

- Werfen nach links und rechts (I)
- Werfen mit Gymnastikbällen (I)

Speed Golf light

Golfequipment

Golfschläger

Spielmaterialien / Sportgeräte

Komplexitätsstufe II

Variationen II,III

BELASTUNGSDRUCK – PHYSISCH | KÖRPERWINKEL EINSCHÄTZEN UND ANSTEUERN | PRÄZISIONSDRUCK – SITUATION

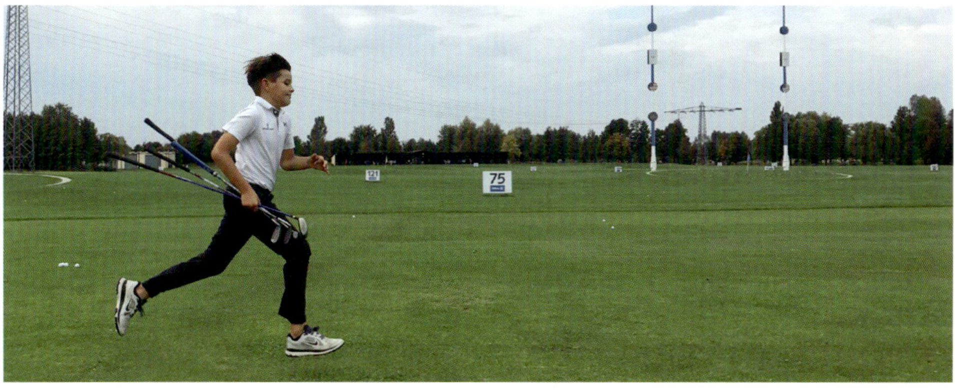

SPIELIDEE

Auf dem Übungsgelände werden eine Startzone, Spielbahnen (Markierungsteller) und ein Tor (Pylonen) aufgebaut. Die Kinder sollen mit Golfschlägern oder Plastik-Hockeyschlägern einen Ball mit möglichst wenig Schlägen vom Start über die Bahnen durch das Tor spielen. Dabei soll der Parcours in schnellstmöglicher Zeit absolviert werden. Am Ende werden die Schlagzahl und die Laufzeit addiert. Wer hat den geringsten Wert?

HINWEISE

- Laufzeit von etwa 3 bis 5 Minuten planen
- Wertung: Sekunden + Schläge, z. B. 20 Sekunden = ein Schlag
- Bei wenig Raum den Parcours oder einzelne Bahnen öfter durchspielen
- Verwendung von Golfschlägern nur bei hohen Sicherheitsvorkehrungen möglich

VARIATIONEN

- Länge der Laufstrecke (II)
- Breite der Tore (II)
- Vorgabe von Griffhaltung, Schlagrichtung rechts-/linksherum (III)
- Laufstrecke vorweg schalten und danach den Parcours spielen (II)

Seilsprung-Golfer

Golfequipment

Wedges, Golfbälle

Spielmaterialien / Sportgeräte

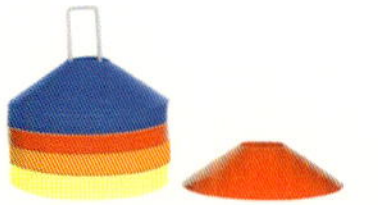

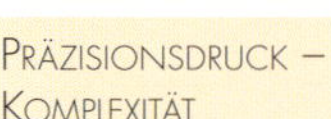

Komplexitätsstufe II

Variationen II,III

Belastungsdruck – Physisch	Chip/Pitch	Präzisionsdruck – Komplexität	Schlagwinkel/ -Distanzen ansteuern

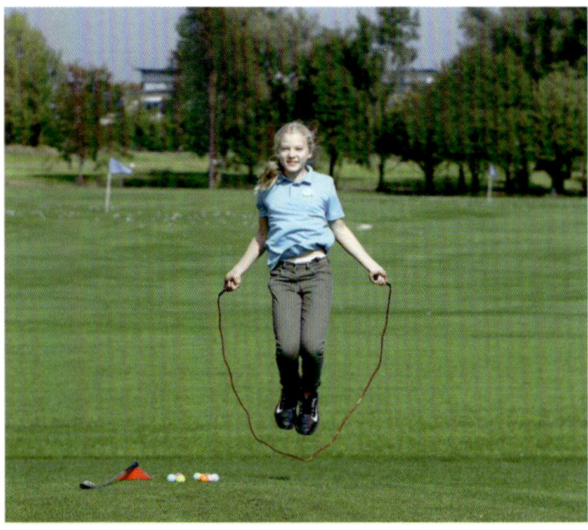

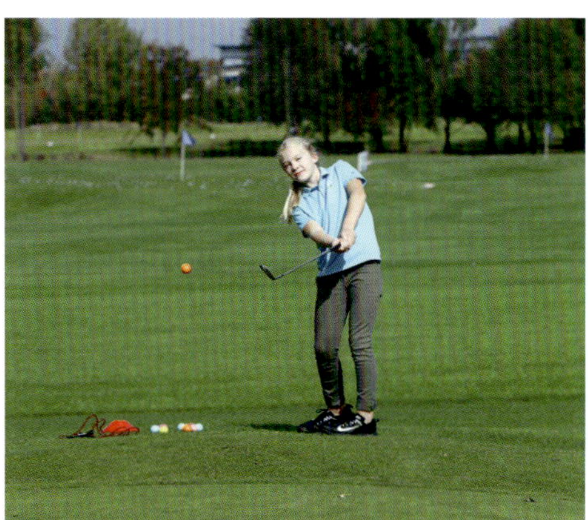

SPIELIDEE

Nach einer Minute Seilspringen müssen die Kinder fünf Golfbälle in einen kleinen Zielkreis auf das Grün werfen. Jeder Ball, der im Kreis liegen bleibt, wird mit zwei Punkten bewertet. Wahlweise oder in einem zweiten Durchgang können die Golfbälle mit einem Schläger als Chip oder Pitch in den Zielkreis gespielt werden.

HINWEIS

- Distanz zum Loch und Ziel(radius) dem Leistungsstand anpassen

VARIATIONEN

- Bälle sollen im Zielkreis landen, müssen aber nicht liegen bleiben (II)
- Übung kann als Teil eines (Konditions-)Zirkels genutzt werden (II)
- Treffen verschieden großer Kreise um das Ziel ergeben unterschiedlich viele Punkte (II)
- Hanglagen zur Berechnung des Rollweges des Balls nutzen (Break/Grün lesen) (III)
- Bei mehreren Teilnehmern: zwei Mannschaften (und zwei Abspielplätze); Ergebnisse der Spieler werden für eine Team-Wertung addiert (II)
- Übung mit wechselnden Schlagvarianten durchführen (III)

Mir wird übel

Golfequipment

Driver, Hölzer, Hybride, Eisen, Golfbälle

Spielmaterialien / Sportgeräte

Komplexitätsstufe III

Variationen II,III

Belastungsdruck – Physisch	Eisen/Hybride/ Hölzer/Driver	Präzisionsdruck– Komplexität	

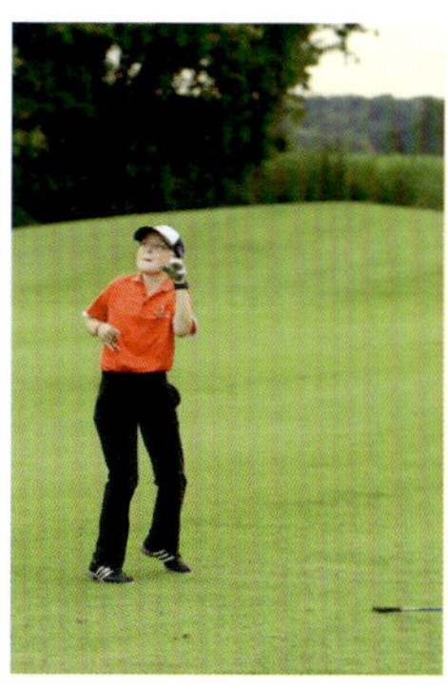
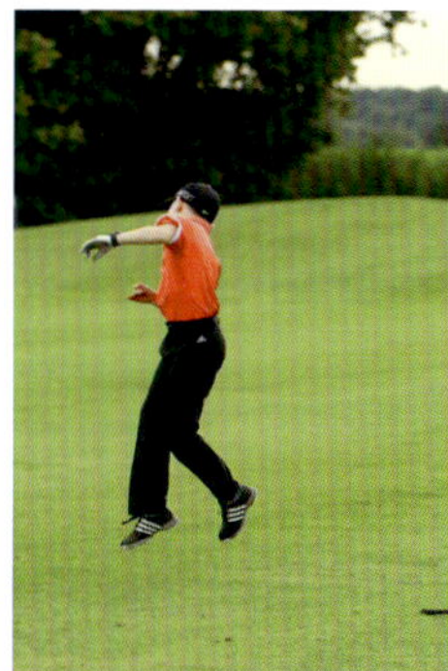
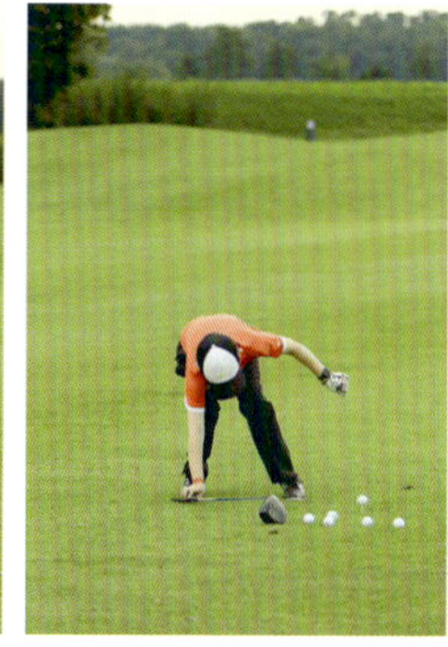
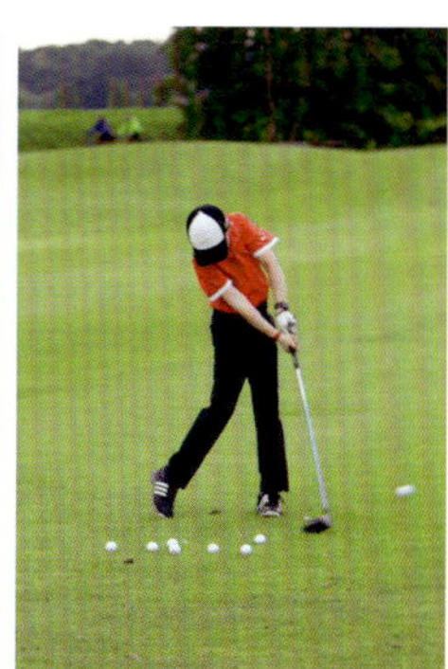

SPIELIDEE

Vor dem Schlagen eines Balles müssen die Kinder fünf Drehsprünge rechts- und fünf Drehsprünge linksherum absolvieren.

HINWEISE

- Verletzungsgefahren beim Hinfallen vermeiden
- Übungsausführung ist auch mit anderen Materialien möglich, z. B. (Uni-)Hockeyschläger, Softbälle

VARIATIONEN

- Umfang der Drehungen vorgeben oder steigern lassen, z. B. 180º oder 360º (III)
- Mit Tee (II) / ohne Tee (III)
- Zusätzliche Bewegungsaufgaben stellen oder Hilfestellungen geben, z. B. Unterkörper leitet Rotation ein (II,III)
- Übung kann als Teil eines (Konditions-)Zirkeltrainings genutzt werden (III)
- Treffen eines Zielkorridors oder einer Mindest-Schlagweite vorgeben (III)
- Mögliche Punktevergabe für den Umfang der Drehungen und/oder das Erreichen des Schlagziels (III)
- Schwünge mit der nicht-dominanten Körperseite (III)

Schätz´ mal

Golfequipment	Spielmaterialien / Sportgeräte	Komplexitätsstufe I
	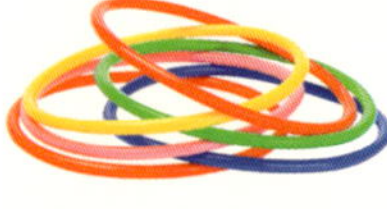 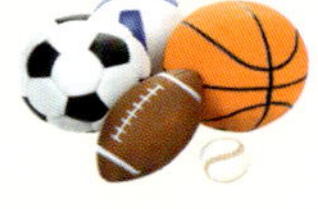	Variationen I,II

Belastungsdruck – Psychisch	Präzisionsdruck – Ergebnis	Abstände einschätzen

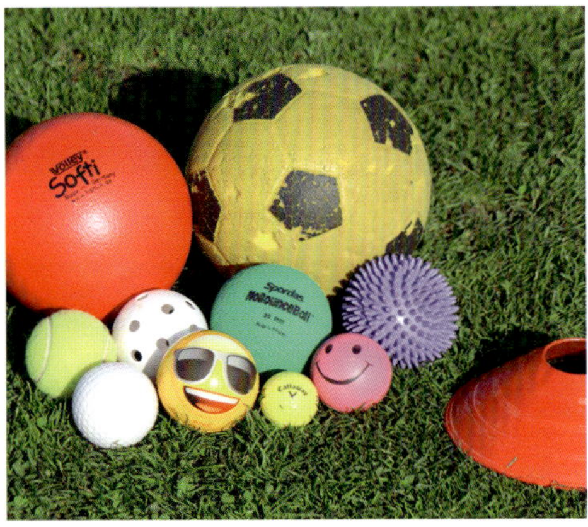

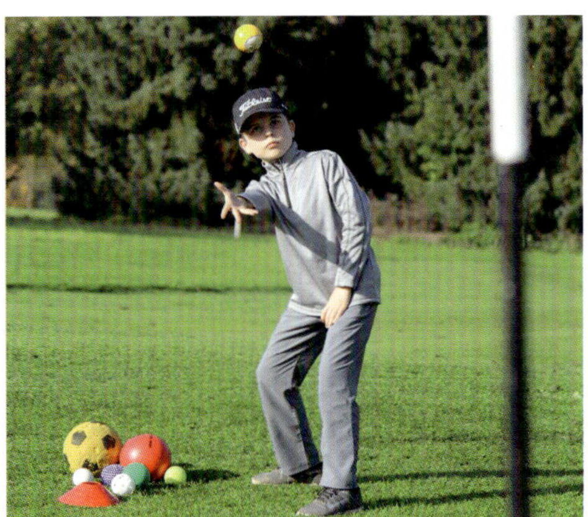

SPIELIDEE

Die Kinder sollen zehn Bälle, unterschiedlich in Gewicht und Größe, in einen Zielkreis werfen. Jeder Ball, der im Zielkreis liegen bleibt, gibt zwei Punkte. Vor dem Werfen müssen die Kinder schätzen, wie viele erfolgreiche Versuche sie ihrer Meinung nach haben werden. Jede Abweichung von der Ansage gibt einen Punkt Abzug.

HINWEISE

- Wurfdistanz und Größe des Zielkreises dem Leistungsstand anpassen
- Bodenbeschaffenheit wegen Springen und Rollen der Bälle beachten
- Um die realistische Leistungserwartung der Kinder zu bewerten, werden hier für Abweichungen von der Ansage Punkt(e) abgezogen

VARIATIONEN

- Bälle müssen im Zielkreis landen, aber nicht liegen bleiben (I)
- Ziel-Varianten: in Karton oder Tonne werfen (II)
- Als Team-Wettbewerb (I)
- Beidseitig üben (II)

Die Nervensägen

Golfequipment	Spielmaterialien / Sportgeräte	Komplexitätsstufe II
Driver, Hölzer, Hybride, Eisen, Golfbälle		Variationen I,III

Belastungsdruck – Psychisch	Eisen/Hybrid/ Fairwayholz/Drive		

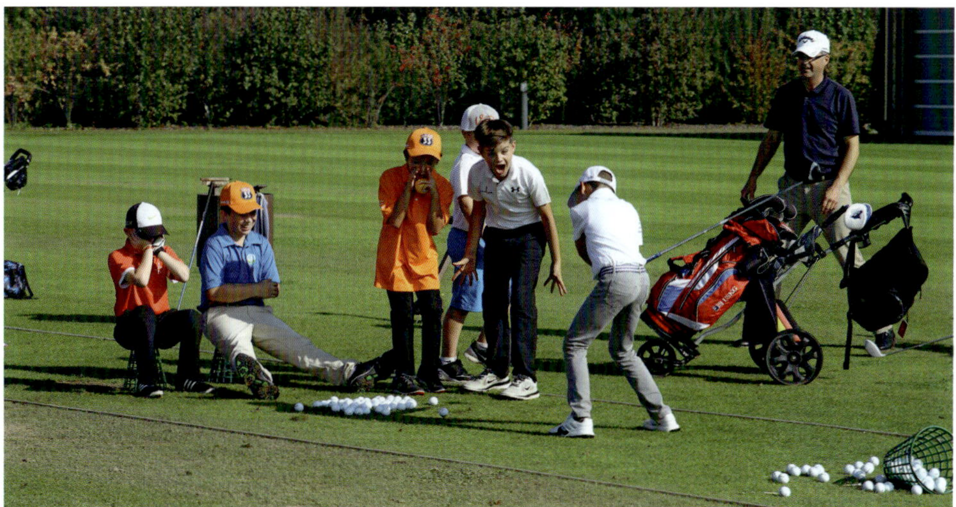

SPIELIDEE

Ein Kind schlägt Bälle. Die anderen Kinder versuchen, das Kind vor und während des Schlagens durch Bewegungen, Geräusche oder durch Ansprechen zum Lachen zu bringen oder anderweitig abzulenken. Der Golfschwung selbst darf nicht behindert werden. Das spielende Kind soll trotz der Störungen den Ball gut und konzentriert schlagen.

HINWEIS

- Sicherheit durch ausreichenden Abstand gewährleisten

VARIATIONEN

- Verwendung von Tees (I)
- Erfüllen zusätzlicher Bewegungsaufgaben, z. B. balancierte Endposition (Verlaufspräzision) (III)
- Erreichen eines Ziels, z. B. Zielkorridor, Grün, bestimmte Flughöhe/-weite (Zielpräzision) (III)

Handicap

Golfequipment

Spielmaterialien / Sportgeräte

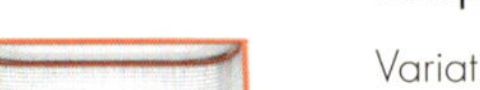

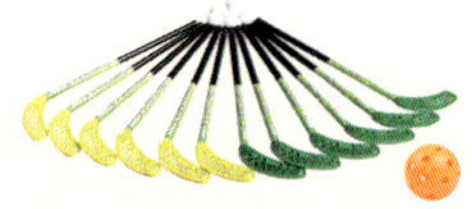

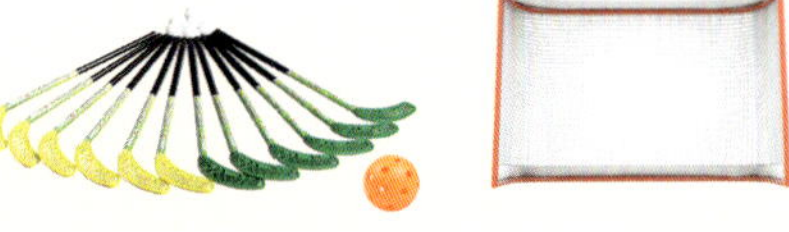

Komplexitätsstufe II

Variationen II,III

BELASTUNGSDRUCK – PSYCHISCH	BELASTUNGSDRUCK – PHYSISCH		

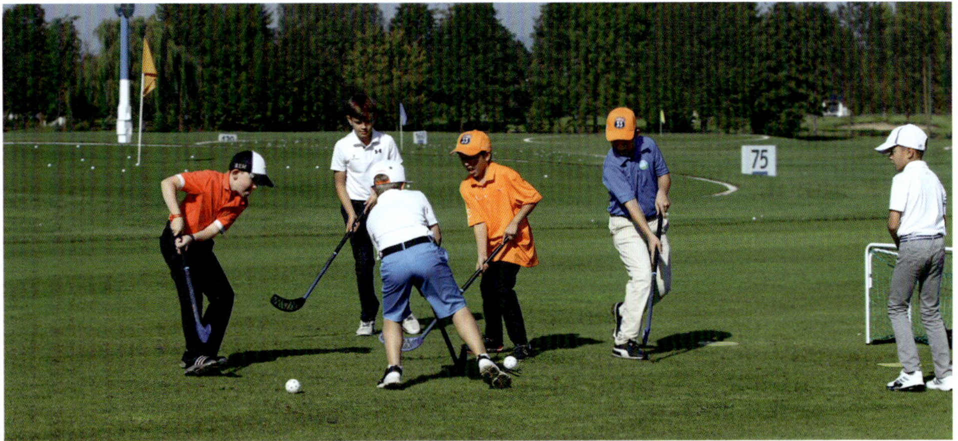

SPIELIDEE

Zwei Mannschaften spielen Hockey gegeneinander. Der Trainer bestimmt vorher, dass das vermeintlich schwächere Team einen 3:0 Vorsprung erhält.

HINWEISE

- Vermittlung des Golf-Begriffs „Vorgabe/Handicap"
- Spiel ohne Torwart, um das „Toreschießen" zu vereinfachen
- Torraum markieren, den Verteidiger nicht betreten dürfen
- Körperkontakt eingrenzen
- Ausholbewegung aus Sicherheitsgründen begrenzen (maximal Schulterhöhe)

VARIATIONEN

- Toreschießen nur von hinten erlaubt (III)
- Tore nur nach Pass („One-Touch") (III)
- Unterlegene Mannschaft mit Torwart (II)
- Bei einem Zwei-Tore-Rückstand spielt der Trainer bei dem unterlegenen Team mit (II)

Ende gut, alles gut

Golfequipment

Golfbälle,
SNAG-Golfschläger

Spielmaterialien / Sportgeräte

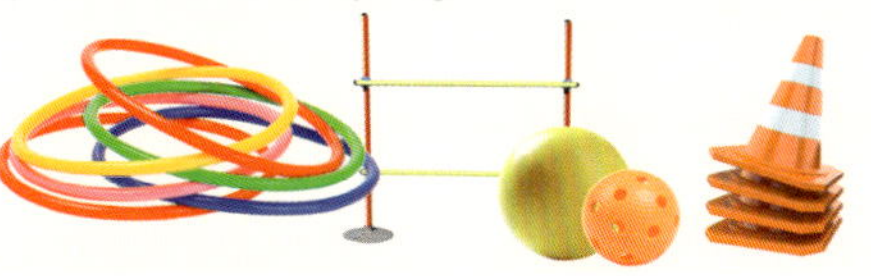

Komplexitätsstufe III

Variationen III

BELASTUNGSDRUCK – PSYCHISCH | (SCHLAG-)WINKEL ANSTEUERN | (SCHLAG-)DISTANZEN ANSTEUERN | PITCH/WEDGE

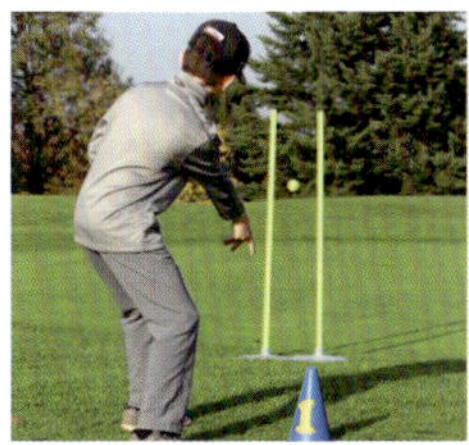

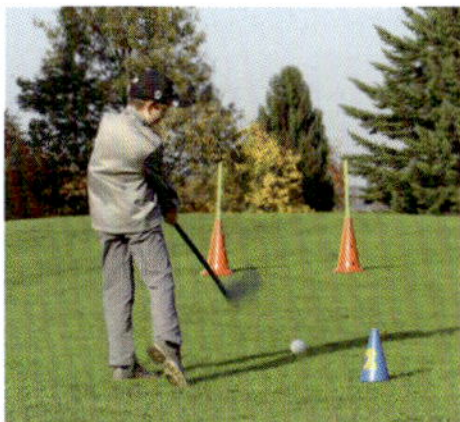

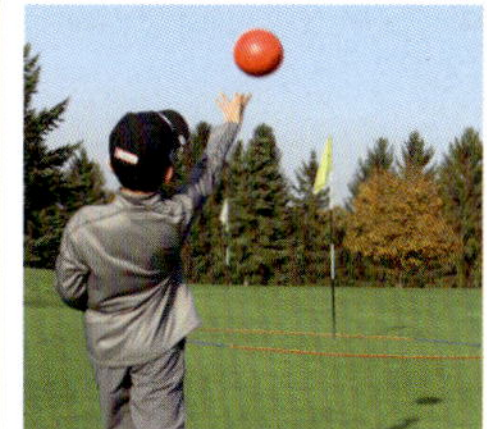

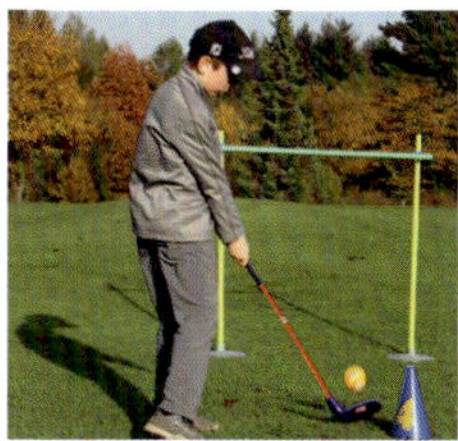

SPIELIDEE

Zu Beginn einer Einheit wird den Kindern angekündigt, dass sie am Ende des Trainings an vier Stationen jeweils eine Aufgabe mit nur einem Versuch lösen sollen. Die Kinder, die nur zwei oder weniger der Stationsaufgaben bewältigen, müssen nach dem Training eine Zusatztätigkeit ausführen, z. B. für alle Kinder die Bälle aufsammeln, die Stationen aufräumen oder die Golf-Schläger reinigen.

Station 1: Ballwurf aus 5 m durch einen sehr engen Zielkorridor (30 cm), z. B. durch zwei Hürdenstangen
Station 2: Schlag eines Plastik-Hockeyballes mit einem Hockeyschläger aus 10 m durch ein Tor
Station 3: Ballwurf aus 10 m in einen Zielkreis mit 2 m Radius
Station 4: Softball mit Wedge (SNAG) aus 2 m über ein Höhenhindernis (1 m) schlagen

HINWEISE

- Beobachten, ob die Kinder während des Trainingsverlaufs durch die bevorstehenden Aufgaben abgelenkt werden
- Übungen/Stationen können je nach Trainingsschwerpunkt festgelegt werden

VARIATIONEN

- Jede Station beidseitig (linke/rechte Hand) bewältigen; Anpassung der Punktevergabe (III)
- Zusatzaufgaben zur Ausführung, z. B. Werfen/Schlagen auf einem Bein, mit geschlossenen Augen (III)
- Übungen/Stationen mit golfspezifischen Aufgaben (III)
- Schlagen eines Golfballes anstatt Ballwurf (siehe Station 1 und 3) (III)

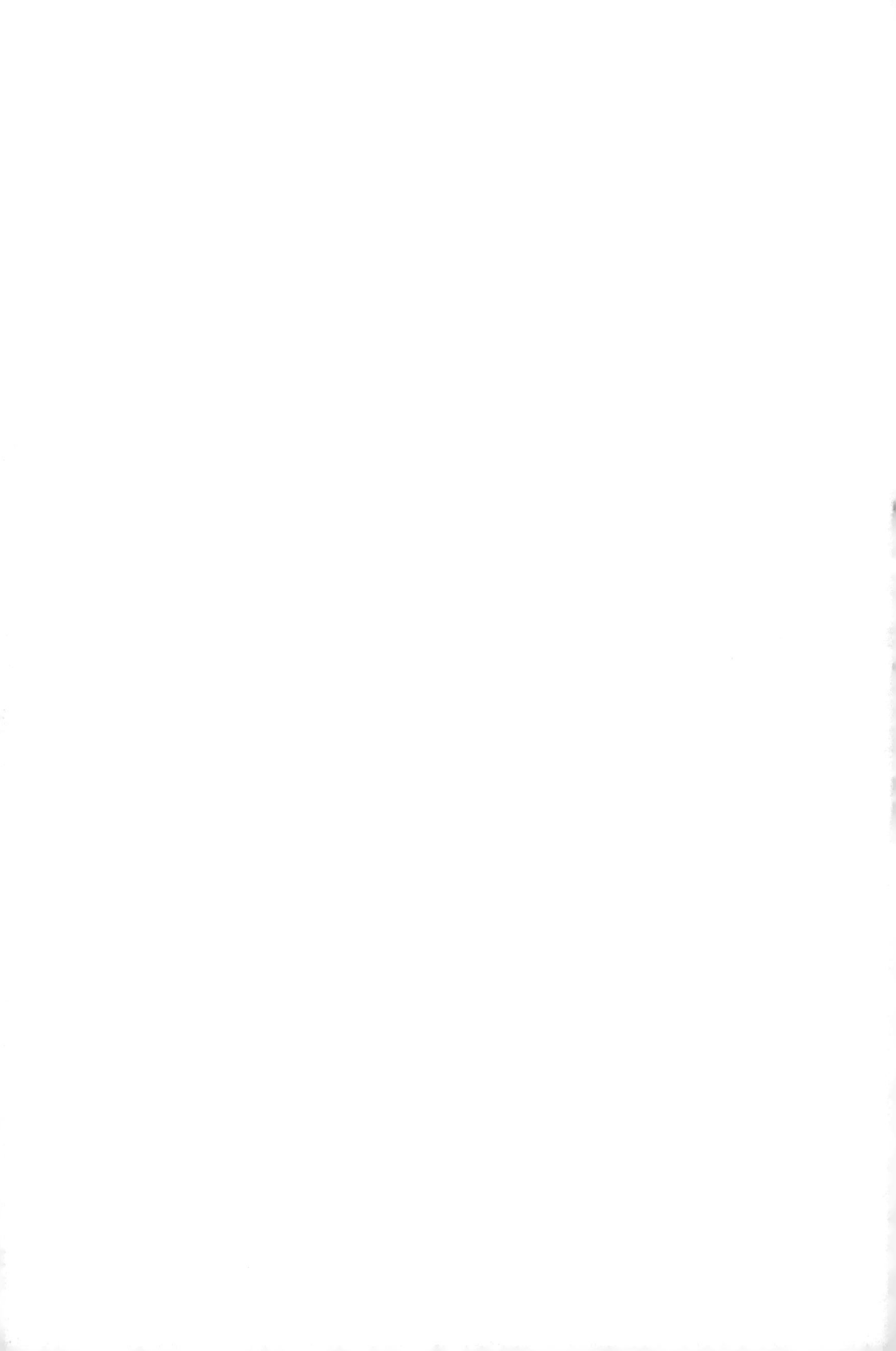

Wolfgang Birkle

Kapitel 6
Säule B: Sportspielgerichtete technische Basiskompetenzen

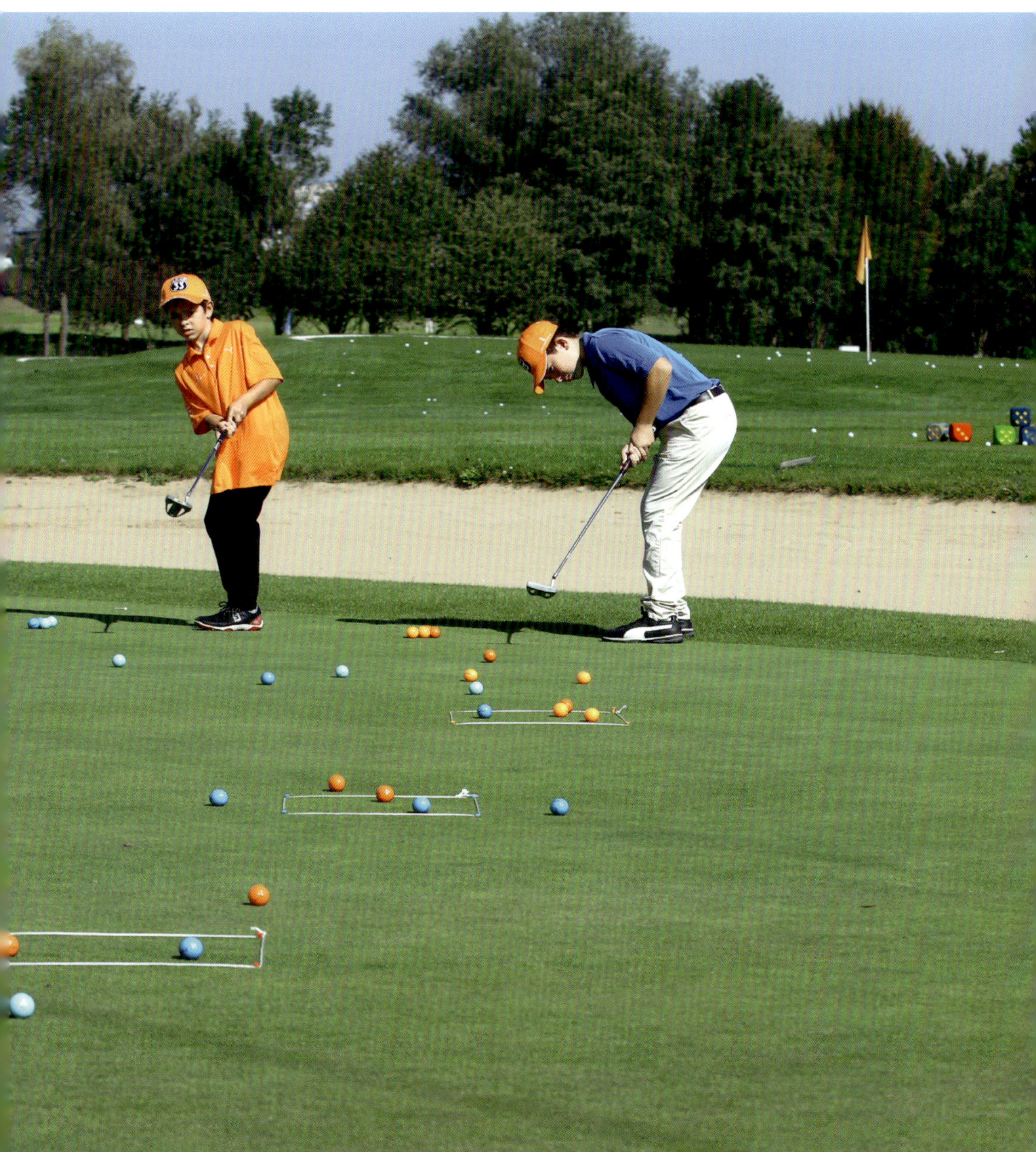

Säule B: Sportspielgerichtete technische Basiskompetenzen

Logik der Schulung von sportspielgerichteten Leistungsvoraussetzungen

Bei den sportspielgerichteten technischen Basiskompetenzen, wie ABSTÄNDE EINSCHÄTZEN oder SCHLAGDISTANZEN ANSTEUERN, führen dieselben Überlegungen, die der Koordinationsgleichung im Kapitel 5 zugrunde liegen, zu einer Umdrehung der methodischen „Zutatenliste". Wenn Anfänger – gemessen an ihrem Könnensstand – schwierige technische Lösungsbestandteile erlernen und gezielt verbessern sollen, dann sind die *allgemeinen Kompetenzanforderungen gering zu halten.* Die Spiele/Übungen der Säule B sollten daher nicht zusätzlich noch hohe Präzisions-, Zeit- oder Belastungsdruckbedingungen enthalten.

Methodische Grundformel

Schulung der sportspielgerichteten technischen Basiskompetenzen	=	schwierige Technikbestandteile + einfache (allgemeine) koordinative Anforderungen

Die Systematik der Reihung der nachfolgenden Spiele und Übungen ist im Kapitel 4 erläutert worden.

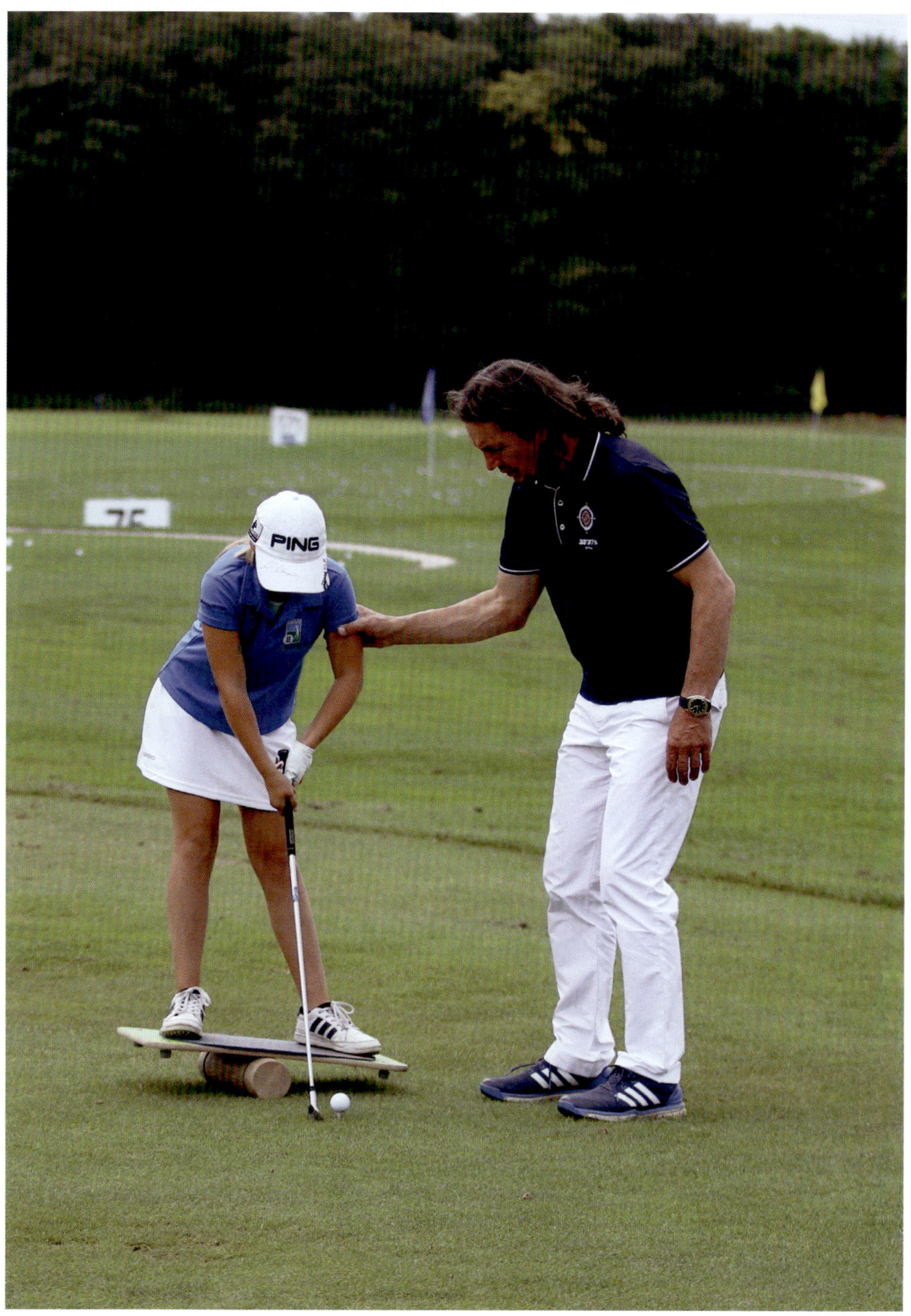
PING

Golf-Biathlon

Golfequipment

Putter, SW,
Golfbälle

Spielmaterialien / Sportgeräte

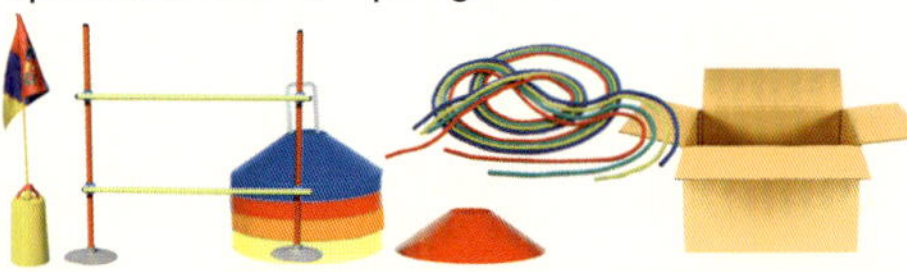

Komplexitätsstufe I

Variationen I

SITUATIONSINFORMATIONEN AUFNEHMEN UND VERARBEITEN | GESCHWINDIGKEITS-/ ZEITDRUCK | PRÄZISIONSDRUCK – KOMPLEXITÄT

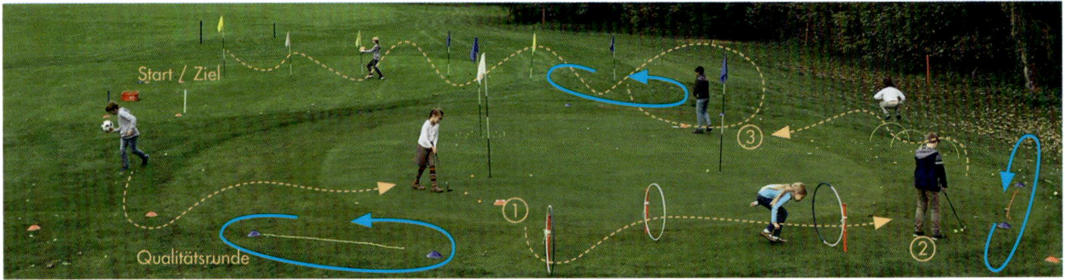

SPIELIDEE

Das Kind durchläuft folgenden Parcours:

- Einen Fußball 20 m bis zur Golf-Station 1 prellen
- Drei Putts aus 1 m/1,5 m/2 m ins Loch spielen
- Durch drei stehende Gymnastikreifen hindurchwinden und zur Golf-Station 2 laufen
- Drei Chips aus 7 m Entfernung vom Vorgrün in den Zielkorridor (1 m Radius)
- Über drei Hürden springen und zur Golf-Station 3 laufen
- Mit dem SW aus 5 m drei Putts in einen Zielkorridor (0,5 m) spielen
- Den Medizinball (1,5 kg) aufnehmen, Slalomlauf mit ausgestreckten Armen um fünf Golffahnen
- Den Medizinball aus 3 m seitlich in den Karton werfen. Bei Fehlwurf wiederholen. Danach wird die Ziellinie überquert
- Der Trainer stoppt die Gesamtzeit!

HINWEISE

- Sind die Bälle in den Golf-Stationen nicht im Loch/Korridor, fällt pro Versuch eine „Strafrunde" (10 m) an (maximal 9)
- Auf die richtige Strategie hinweisen (langsam, gleichmäßig beginnen – wie die Biathleten)
- Qualität vor Quantität (Golfaufgaben unter Zeitdruck gut lösen!)

VARIATIONEN

- Weniger Stationen aufbauen (I)
- Parcours wird als Staffel durchlaufen, z. B. jeder durchläuft nur eine Station (I)

Golf-Athletik-Spiel

Golfequipment

Putter, Golfbälle, Kindergolfbälle

Spielmaterialien / Sportgeräte

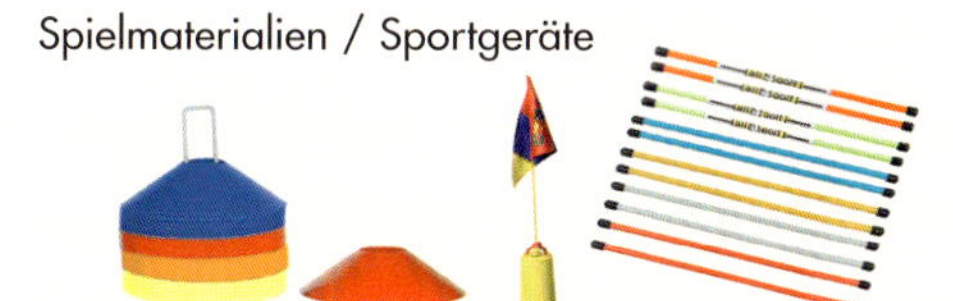

Komplexitätsstufe II

Variationen I,II,III

SITUATIONSINFORMATIONEN AUFNEHMEN UND VERARBEITEN	GESCHWINDIGKEITS-/ZEITDRUCK	PUTT	PRÄZISIONSDRUCK – KOMPLEXITÄT

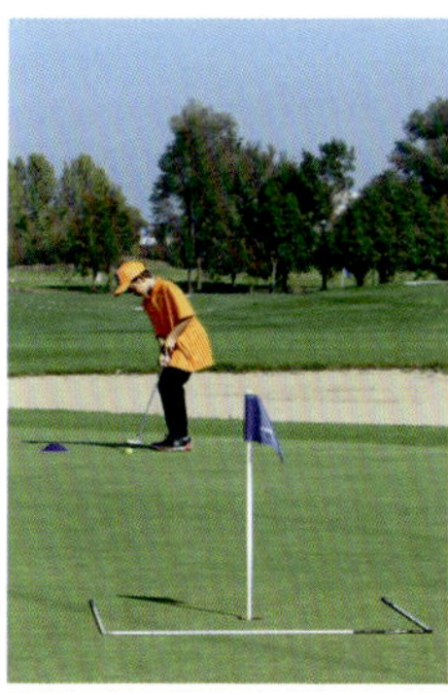

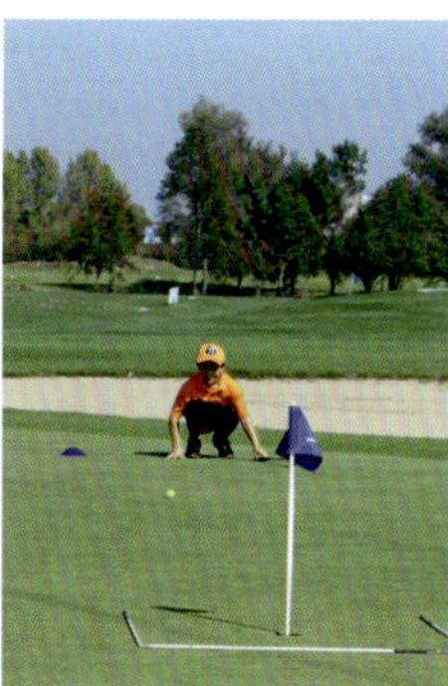

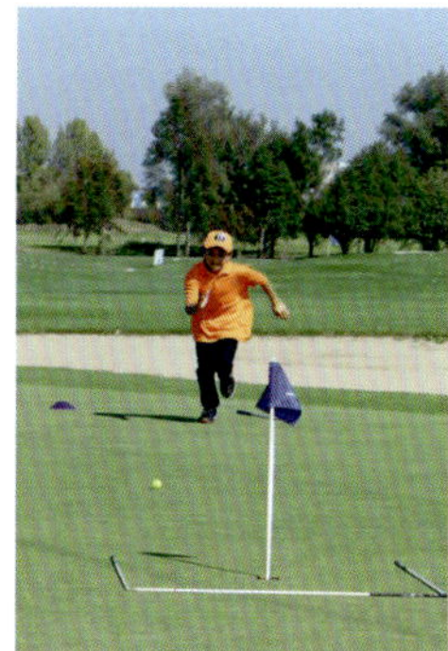

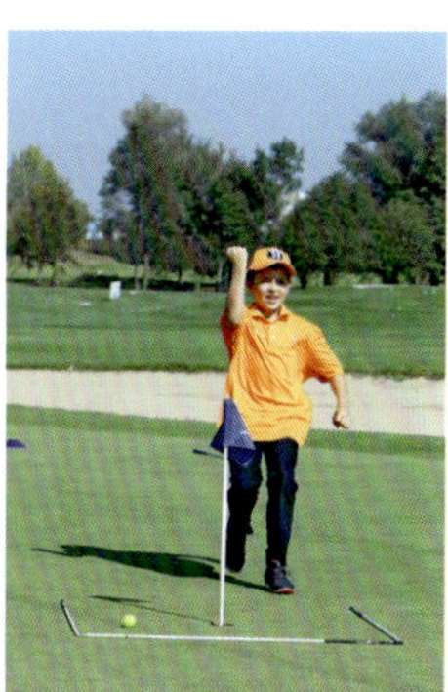

SPIELIDEE

Zwei bis vier Kinder versammeln sich auf dem Putting-Grün. Nach Bekanntgabe der Reihenfolge (Spieler 1, 2, 3…) besteht für die Kinder die Aufgabe darin, einen 20 bis 25 m Putt in einen Korridor (Quadrat aus drei Toursticks) zu spielen. Nachdem das Kind geputtet hat, führt es eine Kniebeuge so aus, dass die kompletten Handflächen das Grün berühren. Danach sprintet es Richtung Korridor. Der Putt ist erfolgreich, wenn das Kind seinen rollenden Ball im Korridor erreicht! Jedes Kind hat fünf Versuche. Wer schafft die meisten Putts?

HINWEISE

- Auf die genaue Ausführung (Qualität Kniebeuge/Handfläche) achten
- Grüngeschwindigkeit (Abstand verändern) feststellen
- Auf ein Übungsgrün ausweichen (Belastung Rasenfläche!)
- Kann auch Indoor (Sporthalle) durchgeführt werden

VARIATIONEN

- Abstände je nach Könnensstufe anpassen (vergrößern = leichter, verkürzen = schwerer) (I,II,III)
- Zwei gegen Zwei im Team (Wer ist zuerst im Korridor?) (III)
- Mit einem Kindergolfball putten (rollt langsamer = leichter) (I)

Golf-Reaktionsschlag

Golfequipment	Spielmaterialien / Sportgeräte	Komplexitätsstufe II
Driver/Holz 3, Putter, Golfbälle, Tees	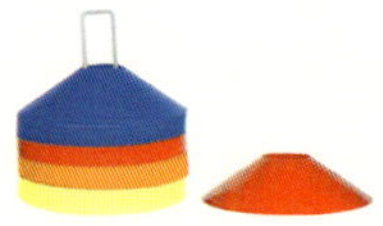	Variationen II,III

SITUATIONSINFORMATIONEN AUFNEHMEN UND VERARBEITEN	GESCHWINDIGKEITS-/ ZEITDRUCK	PUTT	PRÄZISIONSDRUCK – KOMPLEXITÄT

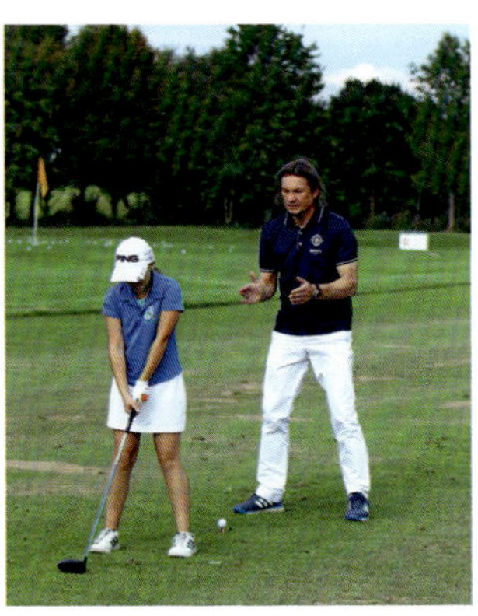

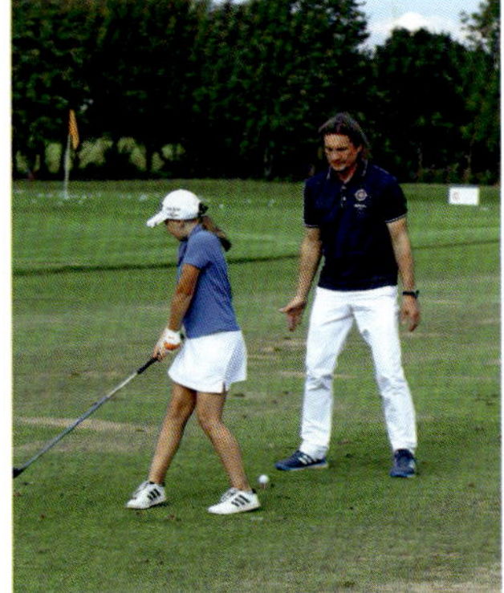

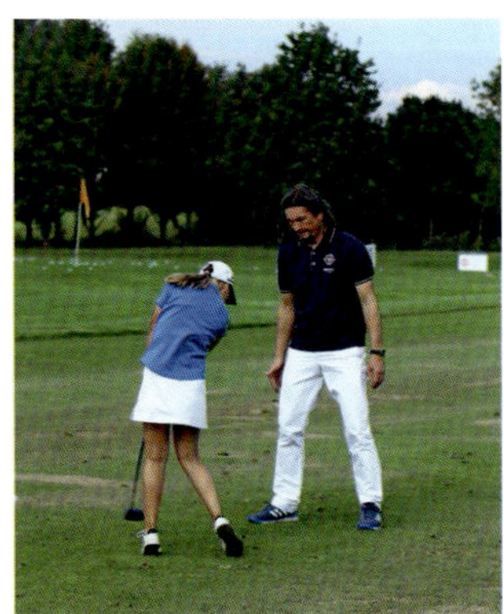

SPIELIDEE

Das Kind steht mit dem Rücken zum Ball in der Ansprechposition. Auf ein akustisches Signal (Klatschen der Hände) dreht es sich um 180º zum Ball und schlägt sofort ohne Pause bzw. Verzögerung (Putt oder Abschlag). Die Versuche sind erfolgreich, wenn der Putt den Zielkorridor erreicht bzw. der Abschlag auf der Golfbahn landet.

HINWEISE

- Vorübungen in „Zeitlupe" ausführen lassen
- Trotz schneller Zeitprogramme soll eine gute Bewegungsqualität erkennbar sein (Stil)
- Trainerhinweise bezüglich Längen- und Richtungskontrolle unter Zeitdruck
- Kann auch Indoor ausgeführt werden

VARIATIONEN

- Vor der Schlagausführung werden Störgrößen eingebaut (z. B. sechs bis acht Hocksprünge) (III)
- Spielform: Zwei Kinder spielen gegeneinander (jeder hat pro Situation fünf Versuche). Wer schafft die meisten Treffer? (II)
- Beim Putten muss der Ball vom hohen Tee gespielt werden und beim Holz 3/Driver liegt der Ball auf dem Abschlag (ohne Tee) (III)

Golf-Wicki(nger)-Spiel

Golfequipment	Spielmaterialien / Sportgeräte	Komplexitätsstufe III
Putter, Golfbälle (bunt), Tees (lang)		Variationen II,III

SITUATIONSINFORMATIONEN AUFNEHMEN UND VERARBEITEN | SCHLAGWINKEL ANSTEUERN | GESCHWINDIGKEITS-/ ZEITDRUCK

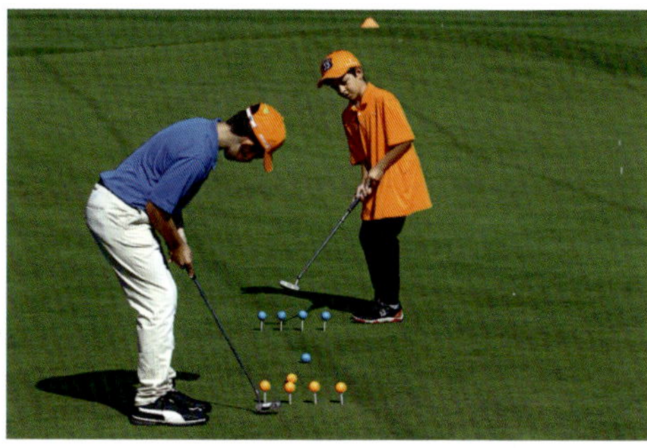

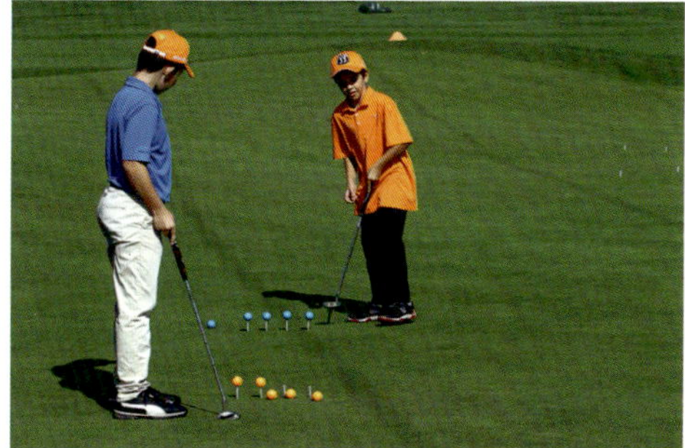

SPIELIDEE

Zwei Kinder stehen sich im Abstand von ca. 2 bis 3 m gegenüber. Jedes Kind steht vor einer Reihe mit vier aufgeteeten Bällen (Abstand jeweils eine Putterbreite ca.10 cm). Mit dem Schlachtruf „Hu-Hu-Hu" spielen die Golf-Wickies den Spielball zuerst durch ihre Reihe und versuchen, nach und nach die vier gegnerischen Bälle vom Tee zu schlagen. Wer zuerst alle Bälle des gegnerischen Tees getroffen hat, ist der Sieger.

HINWEISE

- Auf die genaue Ausführung (zuerst durch die eigene Reihe spielen) achten
- Eigentreffer (eigene Reihe) sind Treffer für den Gegner
- Golf-Wickies auf andere Taktiken hinweisen und neue Lösungswege einfordern

VARIATIONEN

- Abstände je nach Könnensstufe anpassen (vergrößern = schwerer, verkürzen = leichter) (II,III)
- Zwei gegen Zwei im Team (Reihe mit acht aufgeteeten Bällen) (III)
- Golf-Wickie-Spiel bis 5. Die Spieler spielen fünf Durchgänge (1 bis 5 m Abstand). Pro Spielgewinn gibt es einen Punkt (III)
- Golf-Wickie-Spiel in der Schräglage (Hanglage) auf dem Golfgrün. Dosierung, „Lesefähigkeit" und Zielen sind von großer Bedeutung (III)
- Golf-Wickie-Spiel unter Zeitdruck. Wer schafft in einer vorgegebenen Zeit die meisten Bälle? (III)

Golf-Doppelpass

Golfequipment	Spielmaterialien / Sportgeräte	Komplexitätsstufe I
Putter, Golfbälle		Variationen II

ABSTÄNDE EINSCHÄTZEN | SITUATIONSINFORMATIONEN AUFNEHMEN UND VERARBEITEN | SCHLAGTECHNIK ANPASSEN

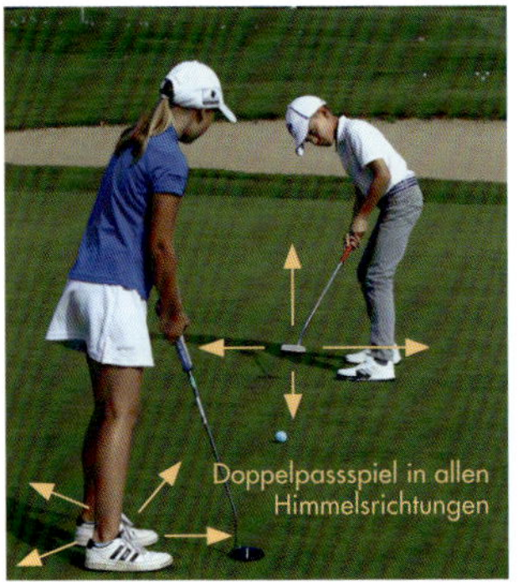

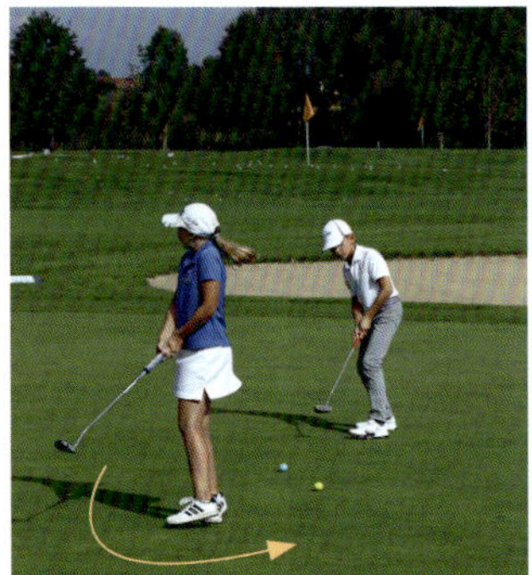

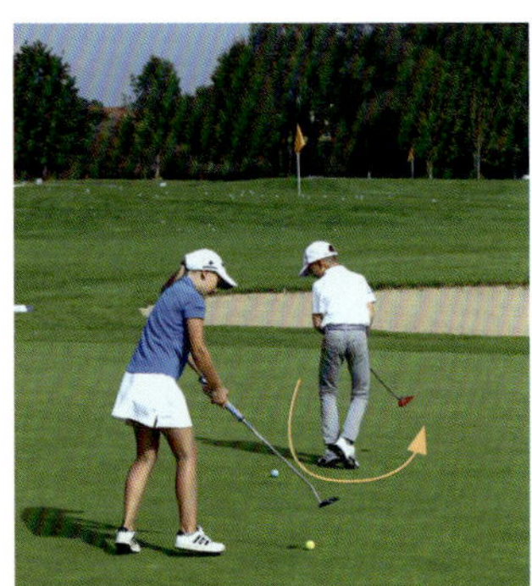

SPIELIDEE

Mehrere Zweierteams befinden sich auf dem Putting-Grün. Die Kinder eines Teams spielen sich in einem Abstand von 3 bis 4 m den Ball zu. Das eine Kind schlägt den Ball, das andere stoppt ihn mit der Schlagfläche ab und spielt ihn wieder zurück. Nach zwei bis drei Wiederholungen variieren die Kinder ihre Raumpositionen (in alle Richtungen), ihre Abstände und spielen weiterhin die Bälle hin und her.

HINWEISE

- Auf die korrekte Ausführung (Spielen und Stoppen mit der Schlagfläche) achten
- Trainerhinweise zu den Laufwegen bzw. freien Räumen (auf dem Putting-Grün bleiben)
- Zusammenhang Schlagfläche/Treffmoment/Abstand demonstrieren (Lösungswege aufzeigen)
- Kann auch Indoor durchgeführt werden

VARIATIONEN

- Beim Abspielen des Balles macht der Spieler eine 360°-Drehung (links und rechts herum) und stoppt danach den zurückkommenden Ball (II)
- Die Zweierteams spielen gleichzeitig mit zwei Bällen (evtl. mit 360°-Drehung) (II)
- Räume auf dem Putting-Grün verkleinern (Störgrößen) (II)
- Die Zweierteams spielen die Bälle in Schräglagen auf dem Putting-Grün (II)

Golf-Dart-Spiel

Golfequipment

Eisen 9, PW, Putter,
Flaggenstock,
Tees (bunt)
Golfbälle (bunt)

Spielmaterialien / Sportgeräte

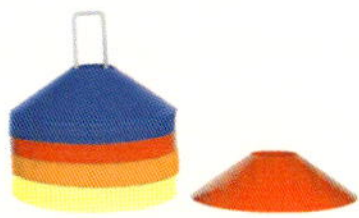

Komplexitätsstufe I

Variationen II,III

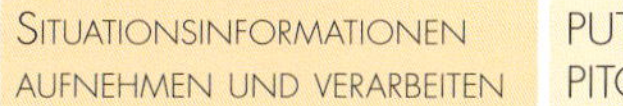

ABSTÄNDE EINSCHÄTZEN | SITUATIONSINFORMATIONEN AUFNEHMEN UND VERARBEITEN | PUTT/CHIP/PITCH

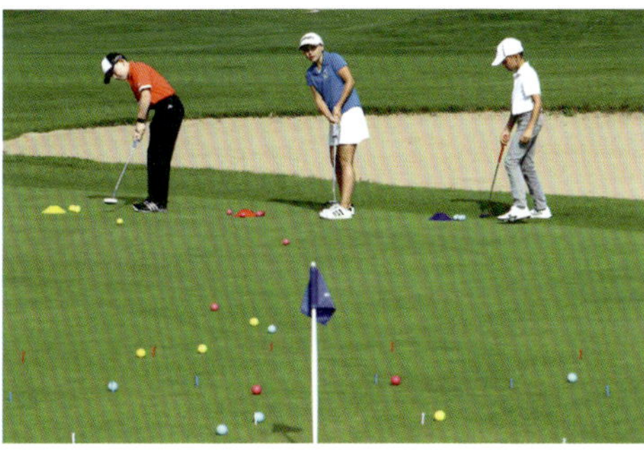

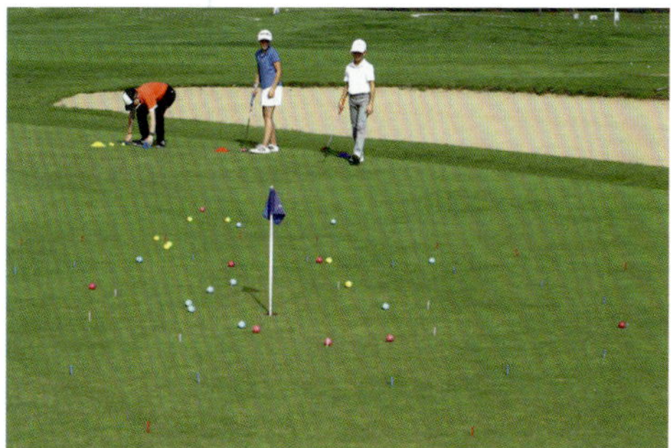

SPIELIDEE

Vier Kinder verteilen sich auf die Stationen mit den farbigen Bällen. Die Bälle sollen aus ca. 10 bis 12 m Entfernung Richtung Flaggenstock geputtet werden. Um den Flaggenstock befinden sich in verschiedenen Radien (1 m, 2 m und 3 m) Zielkreise mit farbig ausgesteckten Tees. Auf Kommando putten die Kinder 20 Bälle Richtung Fahne in die Zielkreise. Die Punkteverteilung sieht wie folgt aus: gelochter Ball fünf Punkte, Ball im 1 m Radius drei Punkte, im 2 m Radius zwei Punkte und im 3 m Radius einen Punkt. Nachdem die Kinder alle Bälle geputtet haben, werden das Zielbild gesichtet (richtige Auswertung) und die Sieger ermittelt.

HINWEISE

- Gut liegende Bälle dürfen im Spiel vom Gegner aus den Korridoren hinausgespielt werden (Spielzufall/Billardeffekt und Erlernen der Frustrationstoleranz)
- Ohne Auswertung kann das Zielbild (Anzahl der zusammenliegenden Bälle pro Farbe) eine gute Einschätzung (Länge und Richtung) geben
- Die Kinder auf Spielstrategien hinweisen (z. B. den Weg zum Ziel nicht verbauen)
- Kann auch Indoor durchgeführt werden

VARIATIONEN

- Spielen als Chip mit Eisen 7 aus 15 m Entfernung (II)
- Spielen als Pitch mit PW aus 20 bis 25 m Entfernung (III)

Golf-Rhythmus-Pendel-Reihe

Golfequipment	**Spielmaterialien / Sportgeräte**	**Komplexitätsstufe II**
Golfschläger (alle Schläger möglich) Golfbälle, Tees		Variationen II,III

ABSTÄNDE EINSCHÄTZEN | SCHLAGWINKEL ANSTEUERN | PRÄZISIONSDRUCK – KOMPLEXITÄT

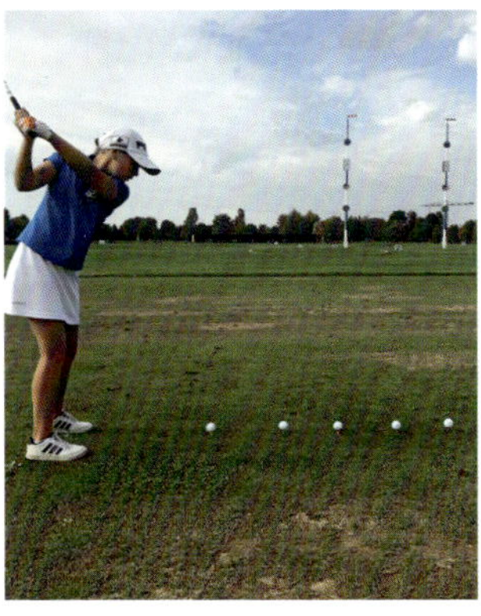

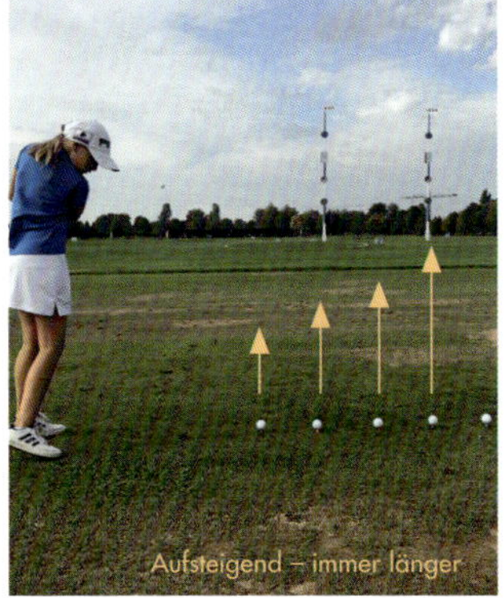

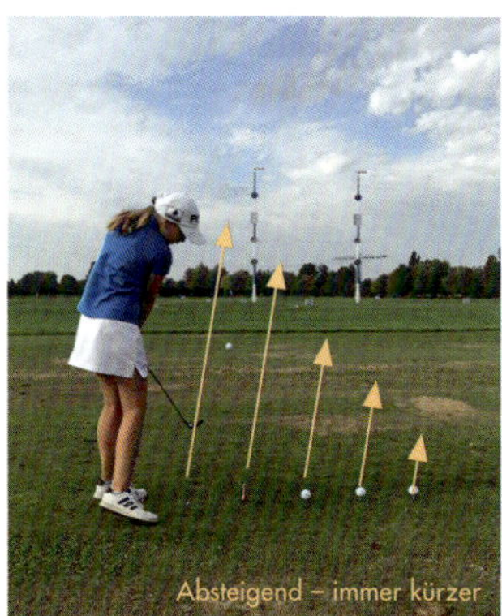

SPIELIDEE

Sechs Bälle werden rechtwinklig zur Ziellinie aufgereiht (Abstand 30 cm). Das Kind pendelt den Schläger ohne Pause vor und zurück. Nun läuft es auf die Ballreihe zu und schlägt im Rhythmus alle Bälle nacheinander in Richtung Ziel.

HINWEISE

- Auf die korrekte Ausführung (Rhythmusfähigkeit beobachten) achten
- Vorsicht vor getroffenen Bälle beim Ausholen!
- Zusammenhang Rhythmus/Bewegungsfluss demonstrieren (Lösungswege aufzeigen)
- Kann auch Indoor durchgeführt werden

VARIATIONEN

- Bälle werden vom Boden gespielt (III)
- Bälle werden pro Schlag aufsteigend immer länger gespielt (III)
- Bälle werden pro Schlag absteigend kürzer gespielt (III)
- Spielform: Zwei Kinder schlagen die Ballreihen nebeneinander auf ein Grün (z. B. Eisen 9). Wer schafft die meisten Treffer? (III)
- Die Ballreihe wird mit Pause vor jedem Schlag gespielt (II)

Das rollende Golfloch

Golfequipment

Eisen 7 bzw. Eisen 5,
Kindergolfbälle

Spielmaterialien / Sportgeräte

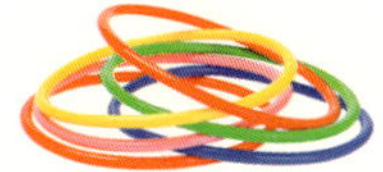

Komplexitätsstufe III

Variationen III

ABSTÄNDE EINSCHÄTZEN | SITUATIONSINFORMATIONEN AUFNEHMEN UND VERARBEITEN

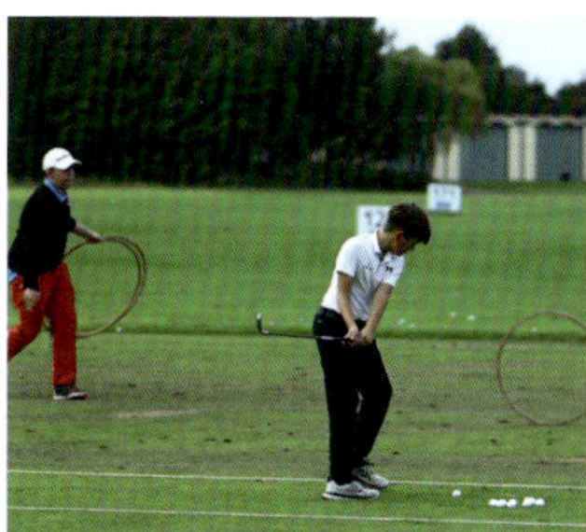
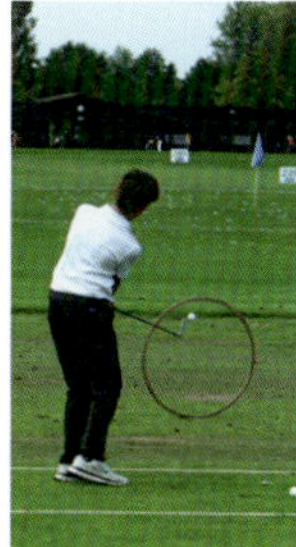
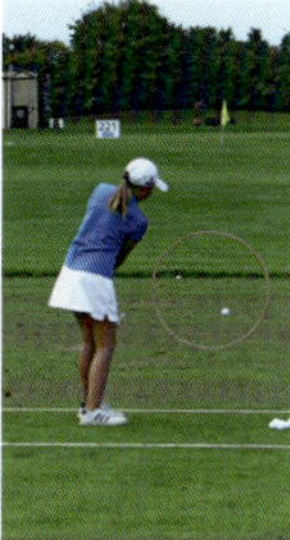
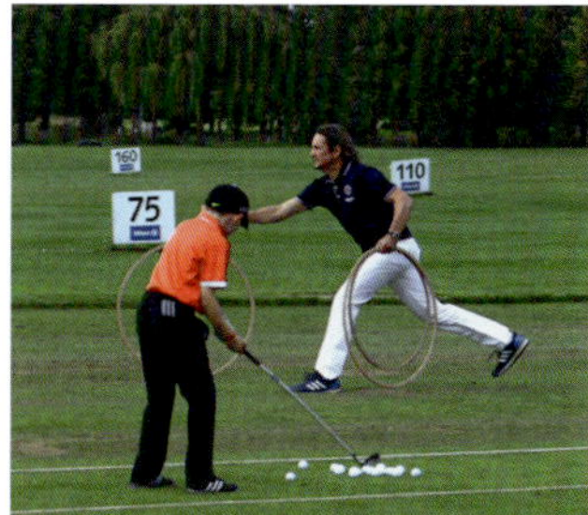

SPIELIDEE

Zwei bis sechs Kinder stehen auf der Übungswiese (DR) in einer Reihe. Der Trainer rollt in 10 m Entfernung von der Seite einen Gymnastikreifen langsam auf die Übungswiese. Die Kinder versuchen, ihren Ball durch das „rollende Loch" zu spielen. Pro Treffer gibt es einen Punkt. Insgesamt wird der Reifen zehnmal gerollt. Sieger ist das Kind mit den meisten Punkten.

HINWEISE

- Auf die genaue Ausführung (richtiges Anrollen des Reifens) achten
- Die Kinder stehen in der Reihe mit großem Abstand (Sicherheit!)
- Zusammenhang zwischen Schlagfläche, Treffmoment und Abstand demonstrieren (Lösungswege aufzeigen)
- Kann auch Indoor durchgeführt werden

VARIATIONEN

- Zwei bis drei Zweierteams gegeneinander (III)
- Gymnastikreifen mit hoher Geschwindigkeit anrollen (III)
- Gymnastikreifen wird mit einem Rückwärtsdrall nach vorne geworfen. Der Ball soll durch den zurückrollenden Reifen gespielt werden (III)
- Abstand (Entfernung) zum „rollenden Golfloch" < 25 m (III)
- Ball soll bei einer Entfernung von ca. 30 m einmal aufspringen (Landezone) und dann durch das „rollende Golfloch" fliegen (III)

Golf-Ampelspiel

Golfequipment

Golfschläger,
Golfbälle

Spielmaterialien / Sportgeräte

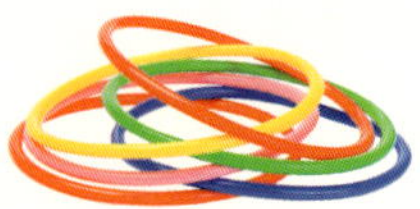

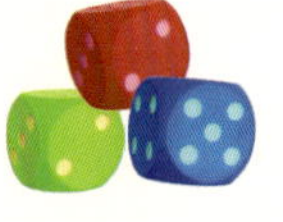

Komplexitätsstufe I

Variationen II,III

BEWEGUNGSINFORMATIONEN AUFNEHMEN UND VERARBEITEN | SCHLAGTECHNIK ANPASSEN | SCHLAGDISTANZEN ANSTEUERN

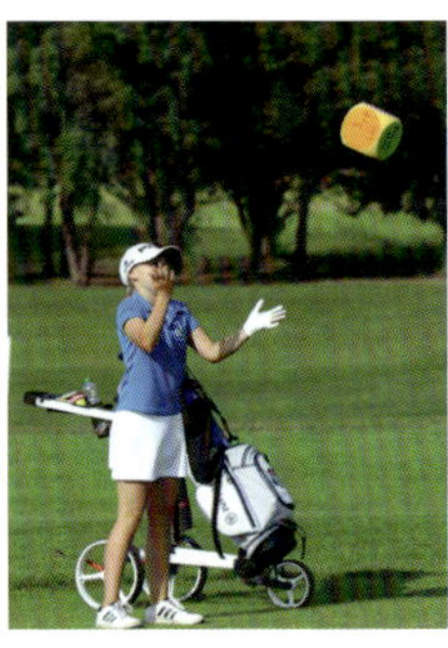

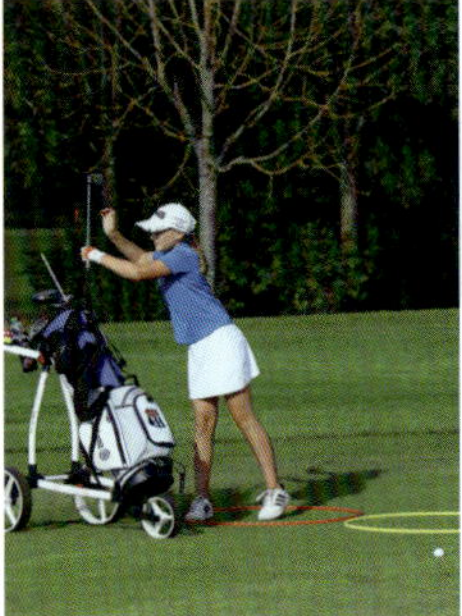

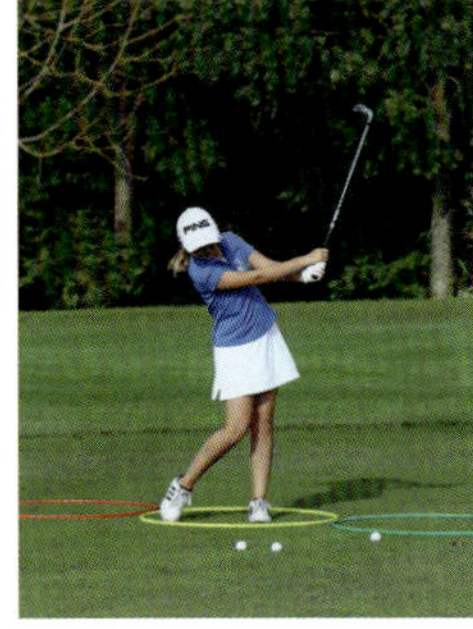

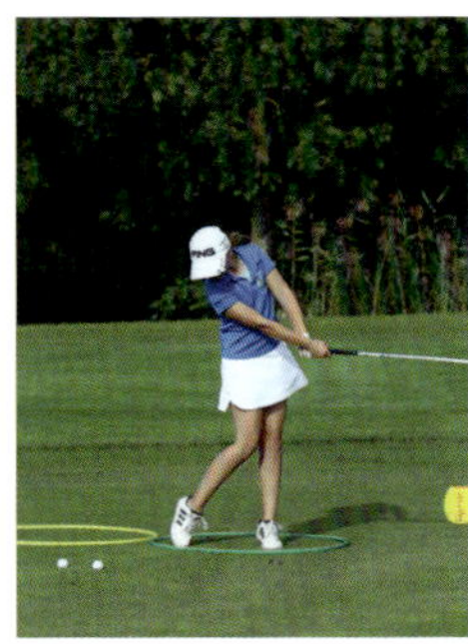

SPIELIDEE

Auf der Ziellinie liegt der zu spielende Golfball. Links von der Ziellinie befinden sich auf einer parallelen Standlinie drei Gymnastikreifen, die eine Ampel markieren (rot, gelb, grün). In ca. 5 m Entfernung vor der Ampel steht ein beklebter Würfel mit den Namen von sechs verschiedenen Schlagarten (Abschlag, Fairwayholz, Lob-Shot, Eisen 7, Pitch, Chip). Das Kind würfelt zunächst eine Schlagart aus. Es nimmt seinen Golfbag und stellt sich in den roten Reifen (Planungs- und Orientierungsphase). Nachdem es die richtige Schlägerwahl getroffen hat, geht es in den gelben Reifen weiter (Programmierung) und führt Übungsschwünge aus. Danach wechselt das Kind in den grünen Reifen (Ausführung) und schlägt den Ball in Richtung Ziel. Mit dem Erreichen seiner Endposition beobachtet es den Ballflug bzw. Zielerfolg (Nachbereitung). Das Kind geht weiter und würfelt erneut eine Schlagart.

HINWEISE

- Auf die richtige Reihenfolge (Ampel/Schlagroutine) achten
- Kann auch Indoor durchgeführt werden

VARIATIONEN

- Anforderungen erhöhen, z. B. Würfel mit Schlagformen (verschiedene Ballflüge) (II)
- Spielform: Zwei bis vier Kinder spielen gegeneinander und würfeln insgesamt sechsmal. Für jede gelungene Aktion wird ein Punkt vergeben (III)

Golf-Zweischlag-Spiel

Golfequipment	Spielmaterialien / Sportgeräte	Komplexitätsstufe II
Eisen 7, Golfbälle (bunt)		Variationen II,III

BEWEGUNGSINFORMATIONEN AUFNEHMEN UND VERARBEITEN	SCHLAGTECHNIK ANPASSEN	PRÄZISIONSDRUCK – AUSFÜHRUNG

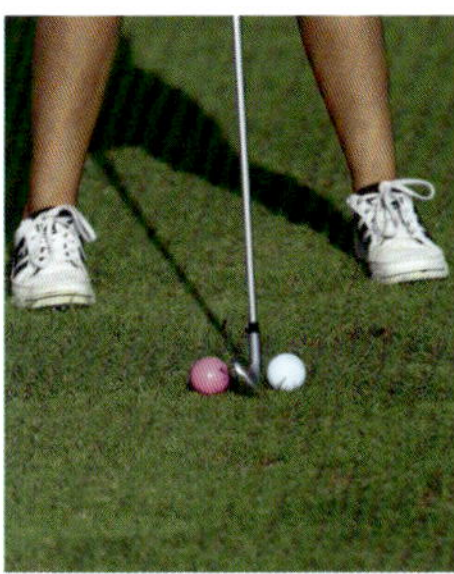

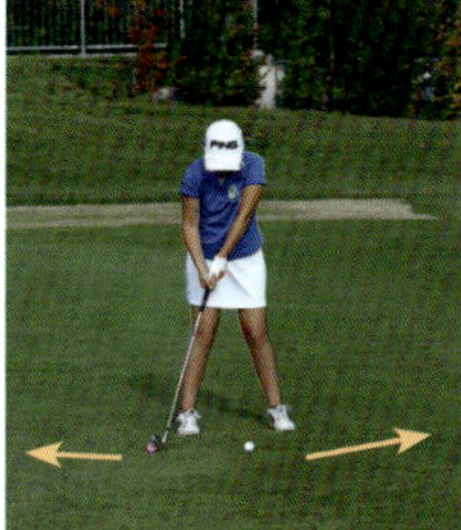

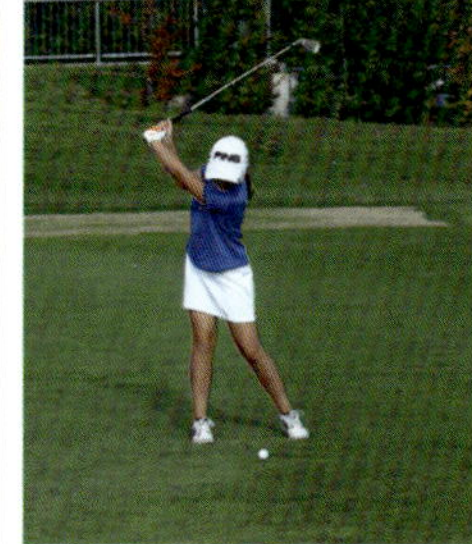

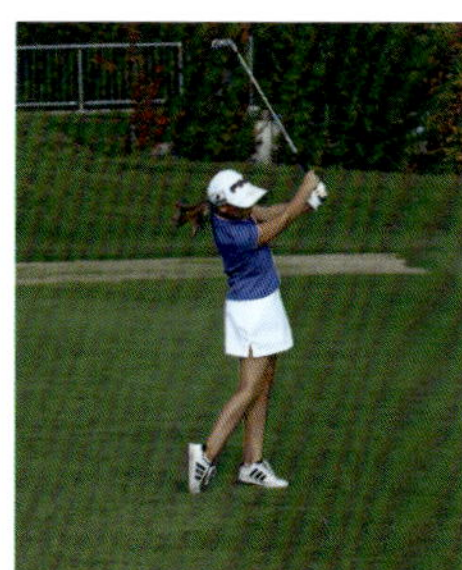

SPIELIDEE

Das Kind befindet sich in der Ansprechposition am Abschlagspunkt. Ein Ball liegt vorne in Spielrichtung und ein Ball hinter dem Schlägerkopf. Beim Ausholen rollt das Kind den Ball sehr langsam (rhythmisch wie beim kurzen Putt) nach hinten und schlägt danach im Abschwung den Spielball (vorderen Ball) in Richtung Ziel. Die Endposition des Golfschwunges muss ausbalanciert sein.

HINWEISE

- Trainerhinweise zum Rhythmus und Bewegungsfluss
- Vorübungen ohne Ball durchführen lassen
- Kann auch Indoor durchgeführt werden

VARIATIONEN

- Das Kind versucht, mit gleichem Ausholschwung (sehr langsam) die Bälle immer länger zu schlagen (aufsteigend) bzw. immer kürzer zu spielen (Ballkette) (II)
- Das Kind versucht, beim Abschwung die Bälle einmal hoch bzw. flach zu spielen (III)
- Vom Mitspieler erhält das Kind beim Ausholen die Information, ob der Ball mit einem Drall nach links bzw. rechts gespielt werden muss (Reaktionsfähigkeit) (III)
- Das Kind führt die Übung (langsamer Rückschwung, rhythmischer Abschwung) mit geschlossenen Augen durch (III)
- Spielform: Zwei Kinder haben jeweils sechs Versuche, mit einem Eisen 7 das Grün zu treffen. Pro Treffer gibt es einen Punkt (II)

Golf-Achterschwünge „weiss-blau"

Golfequipment	Spielmaterialien / Sportgeräte	Komplexitätsstufe II
Holz 3, Eisen 7, Golfbälle, Tees	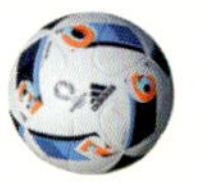 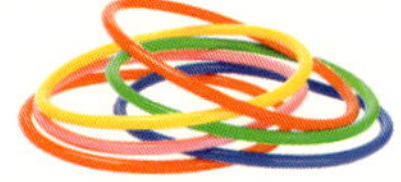	Variationen II,III

Bewegungsinformationen aufnehmen und verarbeiten	Präzisionsdruck – Ausführung		

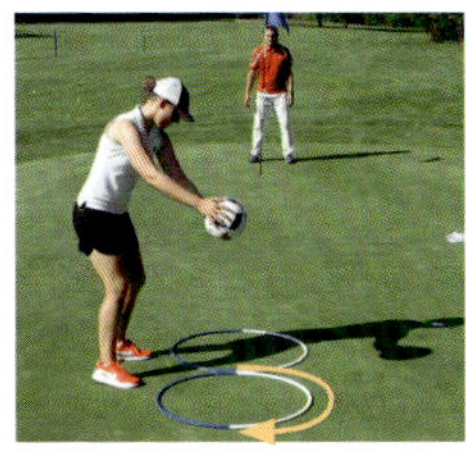

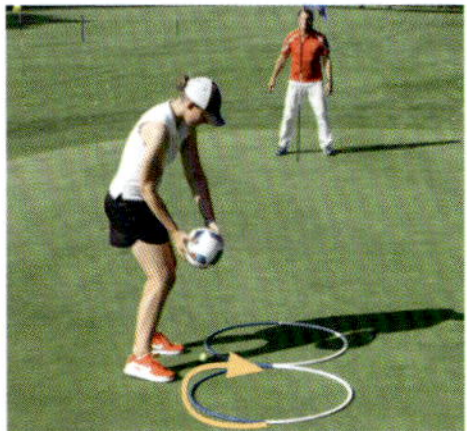

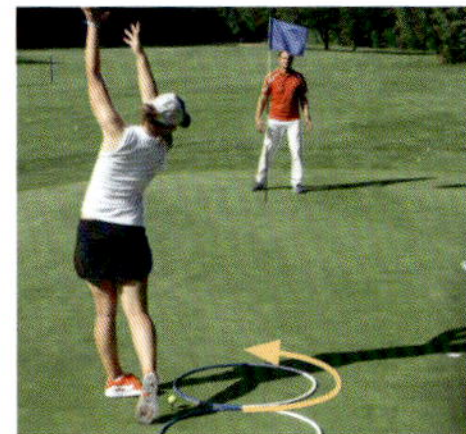

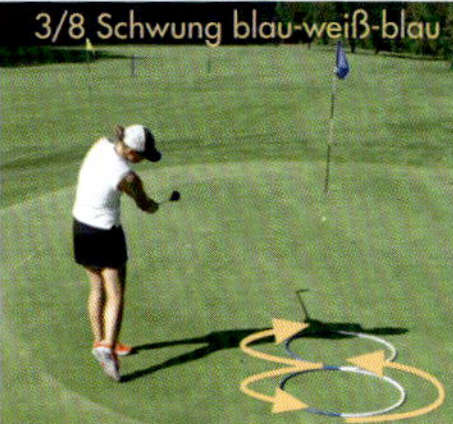

SPIELIDEE

Die Kinder stehen vor zwei Gymnastikreifen (zweifarbig), die auf dem Boden liegen. Der Partner/Trainer befindet sich in Verlängerung der Ziellinie. Nun schwingt das Kind zweimal eine ¾ Acht:

1. Weiß-blau-weiß bzw. außen weg-innen herein → Wurf nach Außen weg zum Partner
2. Blau-weiß-blau bzw. innen weg-außen herein → Wurf nach Innen hinein

Nach diesen beiden Vorübungen führt das Kind zwei Schwungbahnen (¾ Acht) mit einem Eisen 7 ohne Ball aus: Schläger steil weg und von innen nach außen schwingen sowie Schläger flach weg und steil nach innen schwingen.

HINWEISE

- Achter-Schwünge demonstrieren und Hilfestellungen geben
- Die Kinder motivieren und Lösungswege anbieten
- Kann auch Indoor durchgeführt werden

VARIATIONEN

- Die Kinder schlagen mit dem Eisen 7 (aufgeteet zwei Variationen: innen-außen/außen innen) in Richtung Ziel (Grün) (II)
- Die Kinder schlagen vom Boden (ohne Tee bzw. Erleichterung) (III)
- Als Spielform: Zwei Kinder spielen mit einem Holz 3 (längere Distanz) gegeneinander. Sie spielen insgesamt dreimal die beiden Variationen auf ein Grün. Pro Grüntreffer gibt es einen Punkt (III)

Short Backswing ➔ Long Distance

Golfequipment	Spielmaterialien / Sportgeräte	Komplexitätsstufe III
Eisen 7, SW, Golfbälle		Variationen III

Bewegungsinformationen aufnehmen und verarbeiten | Schlagtechnik anpassen | Präzisionsdruck – Situation

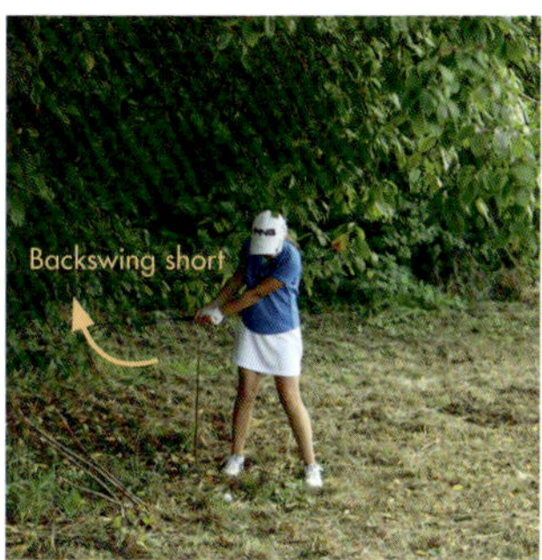

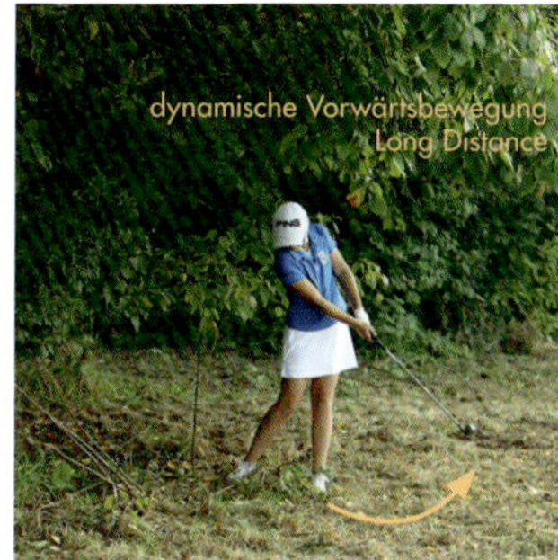

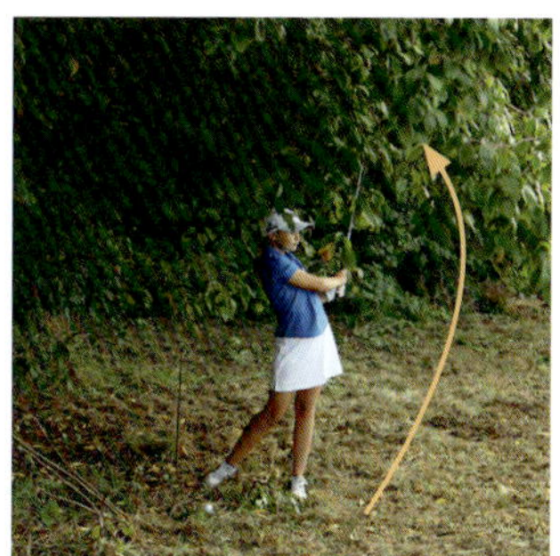

SPIELIDEE

Das Kind imitiert eine schwierige Lage unmittelbar am Waldrand. Es legt den Ball so, dass seine Ausholbewegung (Backswing) durch die Blätter, Äste usw. verkürzt wird. Ein „volles" Ausholen ist nicht möglich. Das Kind versucht, dieses Defizit mit einer dynamischen Vorwärtsbewegung (Umfang, Geschwindigkeit, Loft) zu kompensieren. Ziel ist es, den Ball möglichst weit aus der schwierigen Lage heraus zu spielen. Je nach Situation wählt das Kind den passenden Schläger.

HINWEISE

- Auf die anforderungsspezifische Balllage achten
- Auf kurzen Backswing bestehen (Hände im Rückschwung unterhalb der Schultern; falls erforderlich: Aufzeigen/Demonstrieren)
- Die Kinder motivieren und Lösungswege anbieten
- Kann auch Indoor durchgeführt werden

VARIATIONEN

- Das Kind holt immer kürzer aus (z. B. Hände unterhalb der Hüfte) (III)
- Das Kind legt sich den Ball tief ins Rough (III)
- Das Kind kann mit geschlossenen Augen aus der schwierigen Lage spielen (III)
- Als Spielform: nach drei Versuchen die Schlagdistanzen zusammenzählen. Wer hat die größte Gesamtlänge erreicht? (III)

Lang-Kurz-Griff-Schlag

Golfequipment	Spielmaterialien / Sportgeräte	Komplexitätsstufe I
Eisen 7, Golfbälle		Variationen I

KÖRPERWINKEL EINSCHÄTZEN UND ANSTEUERN	SCHLAGTECHNIK ANPASSEN	TREFFQUALITÄT HERSTELLEN

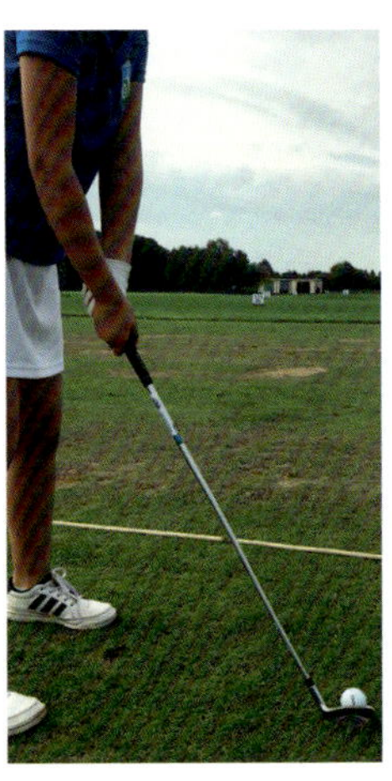
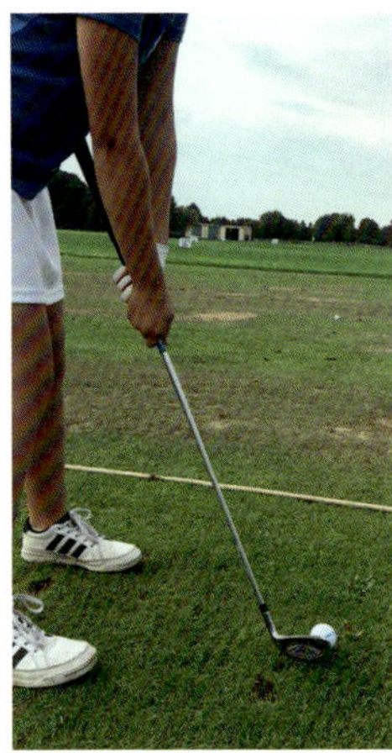
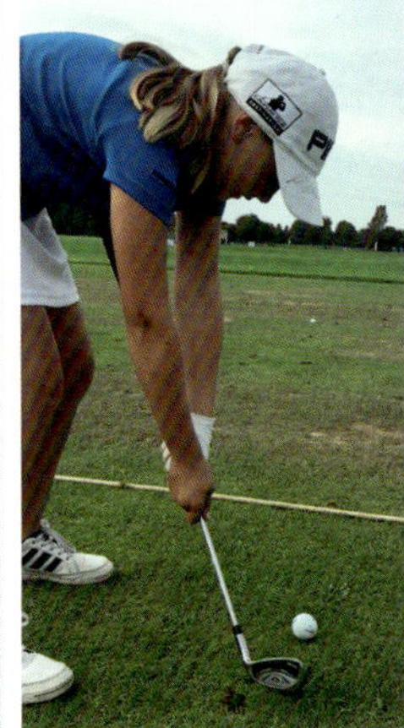
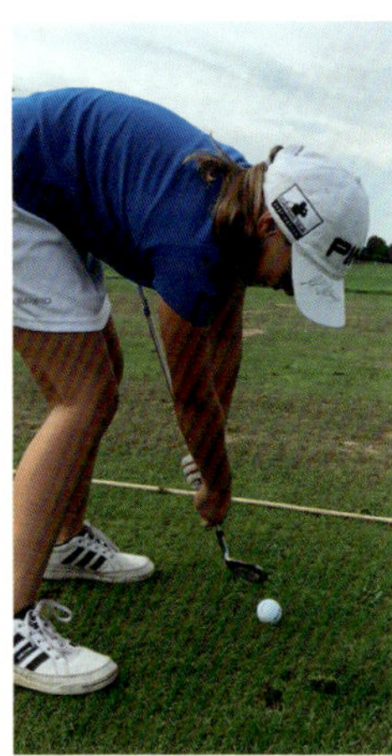

SPIELIDEE

Das Kind spielt mit einem Eisen 7 einen Ball in Richtung Ziel. Nun greift es bei jedem weiteren Ball/Versuch den Schläger um eine Handbreit kürzer. Es fährt so fort, bis sein Griff die Nähe des Schlägerkopfes erreicht. Der Ball sollte bei jedem Versuch zum Fliegen kommen!

HINWEISE

- Bei kürzerem Greifen auch auf die Ansprechhaltung achten (kommt in Spielsituationen vor!)
- Auf Belastungsgrößen achten (verstärkte Haltearbeit!)
- Der Griff beim Schlag soll trotz starker Körperwinkel sehr weich sein (kein festhalten!)
- Kann auch Indoor durchgeführt werden

VARIATIONEN

- Spielform: Zwei Kinder spielen gegeneinander. Jede einzunehmende Griffhaltung wird mit einem Klebeband markiert. Wer kann mit dem kürzesten Griff noch einen Schlag durchführen? (I)
- Die Kinder spielen mit dem Eisen 7 einen Chip (kurzer Schlag). Danach sollen sie mit immer kürzer werdender Griffhaltung die gleiche Länge erreichen (I)

Schiefe Ebene-Golfspiel

Golfequipment	Spielmaterialien / Sportgeräte	Komplexitätsstufe II
Golfschläger, Golfbälle		Variationen I,II

KÖRPERWINKEL EINSCHÄTZEN UND ANSTEUERN	PRÄZISIONSDRUCK – ORGANISATION	TREFFQUALITÄT HERSTELLEN

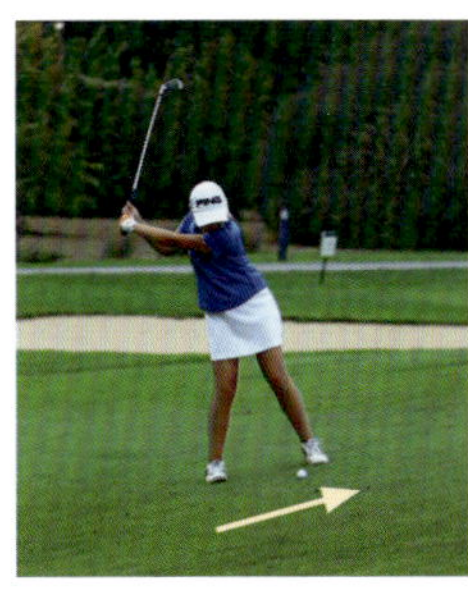
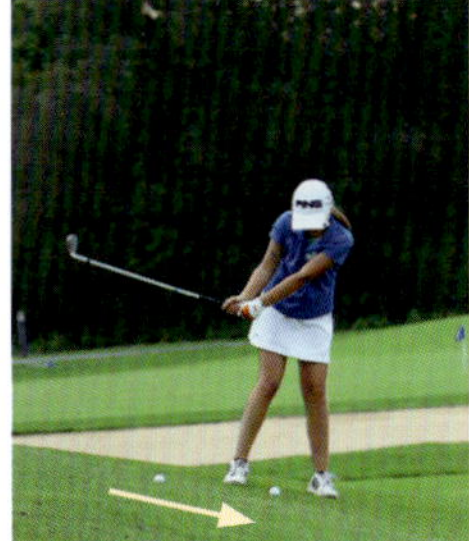
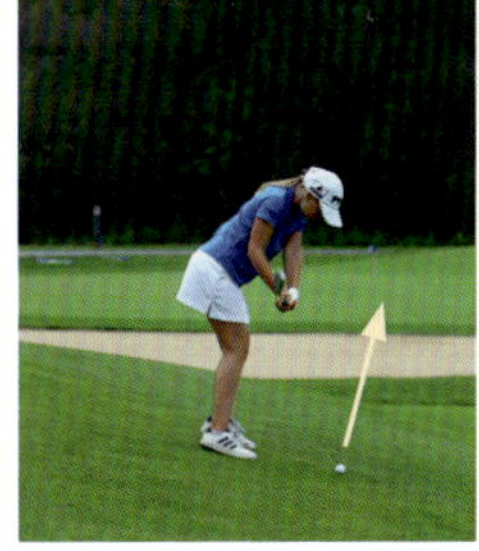
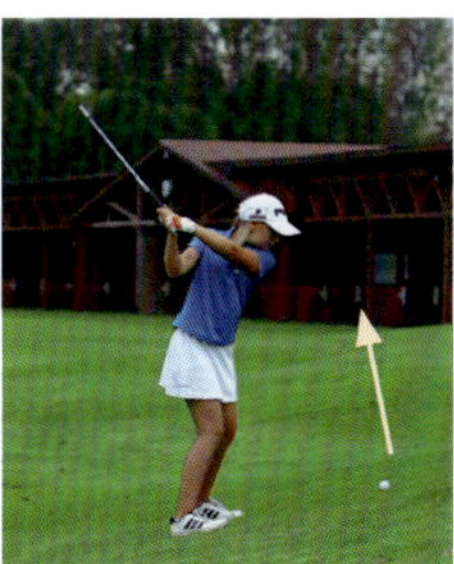

SPIELIDEE

Das Kind spielt auf vier festgelegten Stationen – Hanglagen aus ca. 80 bis 100 m Entfernung (Schiefe Ebenen) – jeweils vier bis sechs Bälle (Serie) in Richtung Zielkorridor/Grün:
1. Ball höher – Lage; 2. Ball tiefer – Lage; 3. Bergauf-Lage; 4. Bergab-Lage
Das Kind soll möglichst viele Grün-Treffer erreichen.

HINWEISE

- Auf die korrekte Ansprechhaltung (Körperwinkel und Gewichtsverteilung) achten (bei Bergauf- und Bergab-Lagen in der Senkrechten sein; „Berg- und Talski"-Prinzip anwenden!)
- Bei Gleichgewichtsproblemen unterstützt der Trainer durch Vorübungen/Hilfestellungen (Verringerung des Bewegungsumfangs und/oder der Dynamik)
- Das Kind muss die Teilaufgabe „im Gleichgewicht & Senkrecht stehen" bewältigen, bevor es den Ball schlägt
- Trainerstation anbieten (Prognose: Schwierigkeiten, z. B. Ball tiefer-Lage usw.)
- Kann auch Indoor durchgeführt werden (z. B. Rola-Bola/Vario-Turnkeile/Sprungbretter)

VARIATIONEN

- Das Kind spielt die Hanglagen zuerst als Kurzspiel-Parcours (I)
- Vier Kinder verteilen sich auf die Stationen. Gespielt wird im Uhrzeigersinn, jeweils vier Bälle pro Station. Für jeden Grüntreffer wird ein Punkt vergeben. Wer erreicht die meisten Punkte? (II)
- Spielform: Im Lochspiel – wer kann zuerst sechs gewonnene Löcher vorweisen? (II)

Einbein-Golfschwung

Golfequipment	Spielmaterialien / Sportgeräte	Komplexitätsstufe II
Holz 3, Eisen 7, Eisen 9, SW, Golfbälle, Tees		Variationen I,III

KÖRPERWINKEL EINSCHÄTZEN UND ANSTEUERN	PRÄZISIONSDRUCK – ORGANISATION	TREFFQUALITÄT HERSTELLEN

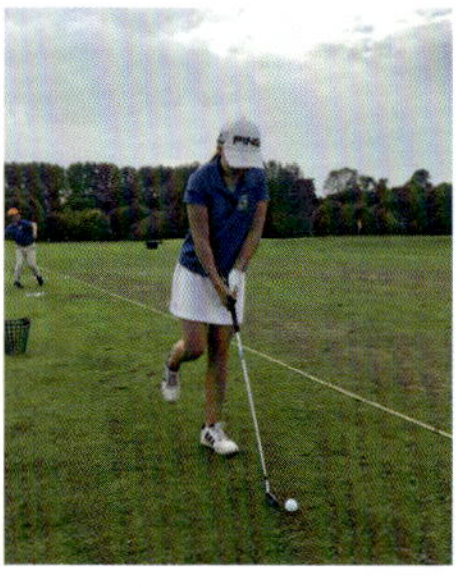

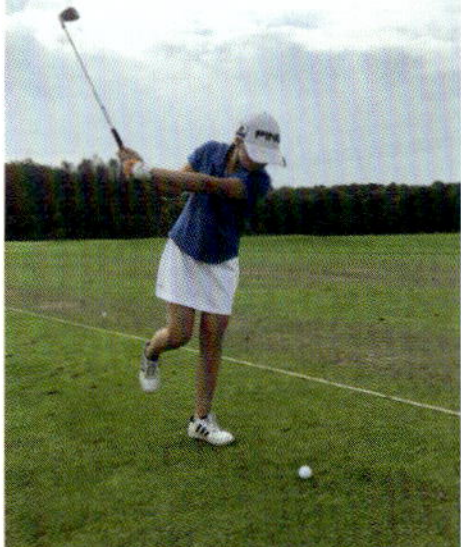

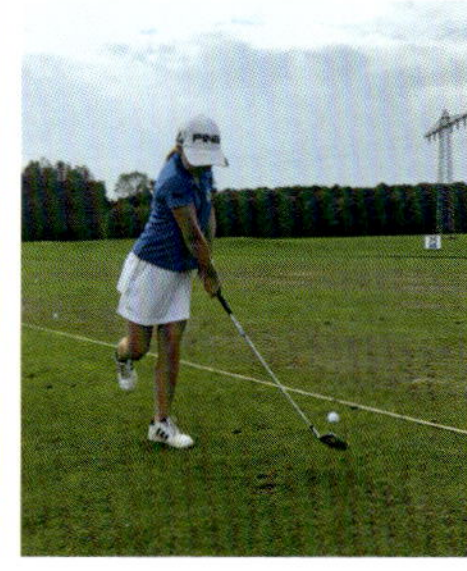

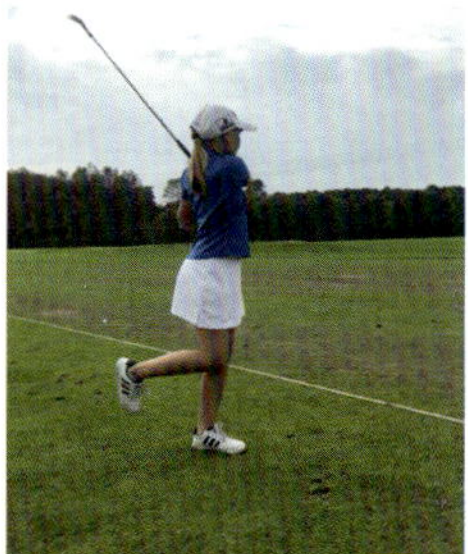

SPIELIDEE

Das Kind (Rechtshänder) schlägt sich (aufgeteet) mit vier verschiedenen Schlägern ein und stellt seine individuellen Schlaglängen fest. Danach nimmt es die „Storchenstellung ein und spielt weitere vier Schläge (aufgeteet) aufsteigend (SW, E 9, E7, Holz 3) in Richtung Ziel. Der Schlag gilt als erfolgreich, wenn das Kind im Schlag sowie in der Endposition sein Gleichgewicht halten kann bis der Ball gelandet ist. Ferner sollte ein erfolgreicher Schlag 2/3 der Normallänge (Einspielen) erreichen.

HINWEISE

- Auf die korrekte Ansprechhaltung (Gewicht linker Fuß, rechtes Bein in der Luft) achten
- Bei Gleichgewichtsproblemen unterstützt der Trainer durch Hilfestellungen (Reduktion des Bewegungsumfangs und/oder der Dynamik)
- Das Kind muss die Teilaufgabe „Gleichgewicht halten und sichern" bewältigen, bevor es den Ball schlägt
- Kann auch Indoor durchgeführt werden

VARIATIONEN

- Das Kind darf zur Unterstützung mit der rechten Fußspitze den Boden leicht berühren (verringerte Gleichgewichtsanforderungen) (I)
- Das Kind steht barfüßig auf einem Pad (erhöhte Gleichgewichtsanforderungen) (III)
- Das Kind schlägt einbeinig mit geschlossenen Augen (III)
- Das Kind spielt die Schläge vom Boden (ohne Tee) (III)

Golf Rola-Bola

Golfequipment	Spielmaterialien / Sportgeräte	Komplexitätsstufe III
Eisen 7, Eisen 9, SW, Putter, Golfbälle, Tees	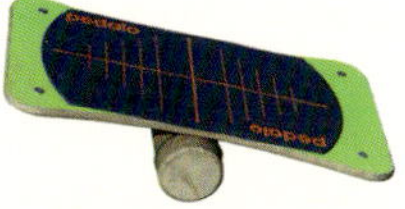	Variationen III

KÖRPERWINKEL EINSCHÄTZEN UND ANSTEUERN | PRÄZISIONSDRUCK – ORGANISATION | SCHLAGWINKEL ANSTEUERN

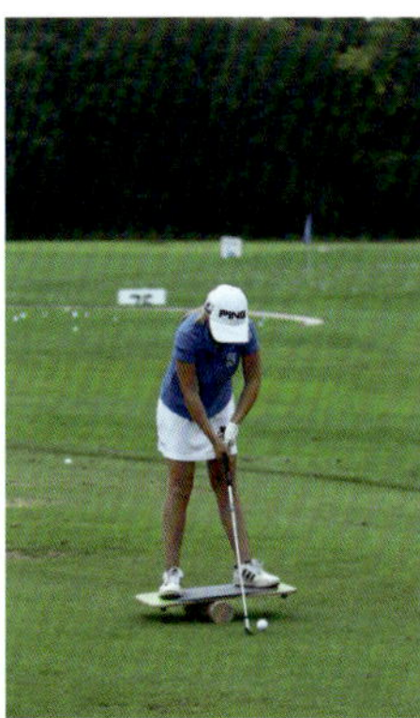
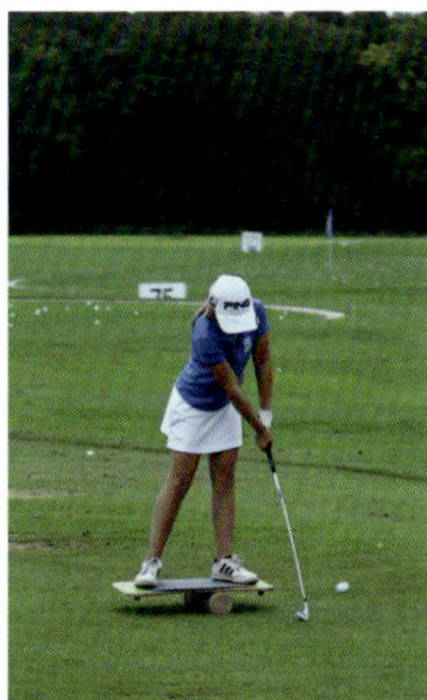
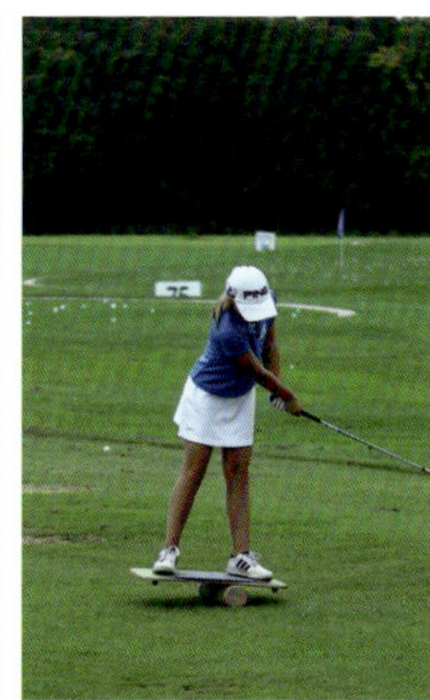
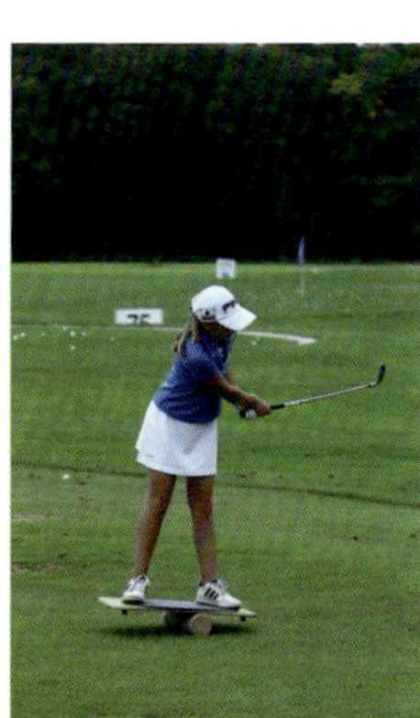

SPIELIDEE

Das Kind stellt sich auf das Rola-Bola und versucht, sein Gleichgewicht zu finden. Es nimmt seine golferische Ansprechhaltung ein und führt ohne Schläger mit den Armen Vorübungen durch. Danach reicht ihm ein Mitspieler oder der Trainer den Schläger (Putter, SW, E 9, E 7). Das Kind beginnt mit Übungsschwüngen und schlägt einen aufgeteeten Ball in Richtung Ziel (Golfgrün).

HINWEISE

- Auf die korrekte Ansprechhaltung (Brett bleibt ohne Bodenberührung auf der Rolle) achten
- Bei Gleichgewichtsproblemen unterstützt der Mitspieler/Trainer durch Hilfestellungen
- Das Kind muss die Teilaufgaben „Gleichgewicht halten" und „Gleichgewicht sichern" bewältigen, bevor er den Ball schlägt
- Mehrere Versuche (Serien) mit optimaler Pausengestaltung
- Kann auch Indoor durchgeführt werden

VARIATIONEN

- Das Kind schafft es, mit allen Schlägern den Ball in Richtung Ziel zu spielen (III)
- Das Kind spielt mit allen Schlägern ohne Tee (III)
- Das Kind führt den Schlag vom Rola-Bola mit geschlossen Augen aus (III)

Paracelsus Golf-Putt

Golfequipment	Spielmaterialien / Sportgeräte	Komplexitätsstufe I
Putter, 3x6 bunte Bälle (rot, gelb, blau), 3 lange Tee´s		Variationen II,III

SCHLAGDISTANZEN ANSTEUERN	SCHLAGWINKEL ANSTEUERN	ABSTÄNDE EINSCHÄTZEN	PRÄZISIONSDRUCK – ORGANISATION (SIMULTAN)

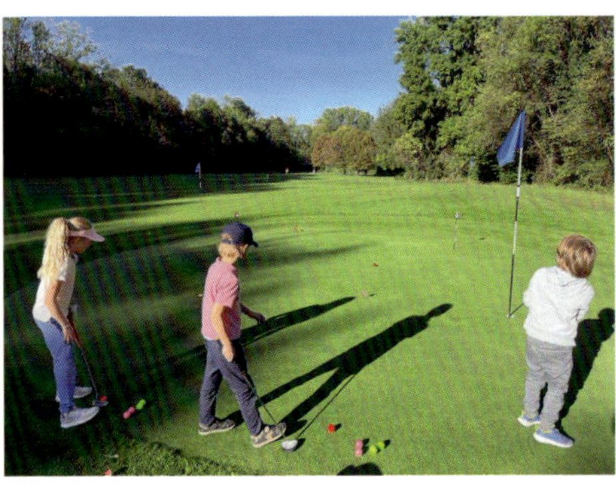

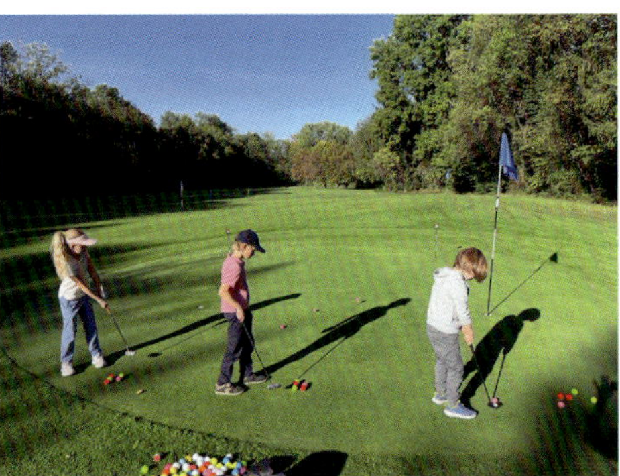

SPIELIDEE

Die Kinder versuchen aus unterschiedlicher Entfernung (4 m, 8 m und 12 m) auf drei verschiedene Ziele (jeweils ein aufgeteeter bunter Ball) zu putten. Nun werden die 15 bunten Bälle abwechselnd (kurz, mittel, lang) nacheinander auf die jeweilige Farbe gespielt. Die Bälle sollen möglichst nah an die Ziele (aufgeteete Bälle) in einem Radius von einer Putterlänge zum Liegen kommen.

HINWEISE

- Bei Längen- und Richtungsproblemen Hilfestellungen geben
- Liegengebliebende Bälle, die den Zielkorridor bzw. die Ziellinie versperren, sollen entfernt werden
- Kann auch Indoor (Sporthalle) durchgeführt werden

VARIATIONEN

- Spielen von größerer Entfernung (8 m, 12 m, 16 m / Ziele – aufgeteete Bälle) (II)
- Spielform: 2 Spieler putten gegeneinander jeweils auf die Ziele (aufgeteete Bälle) mit jeweils 5 Versuchen pro Distanz. Pro Ball im Korridor gibt es einen Punkt. Wird das Ziel (aufgeteeter Ball) direkt getroffen gibt es drei Punkte. Wer sammelt die meisten Punkte? (III)

Golf-Fourball-Starliner

Golfequipment

Putter, Golfbälle (bunt)

Spielmaterialien / Sportgeräte

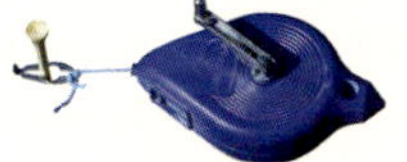

Komplexitätsstufe II

Variationen II

SCHLAGDISTANZEN ANSTEUERN	SCHLAGWINKEL ANSTEUERN	SCHLAGTECHNIK ANPASSEN	

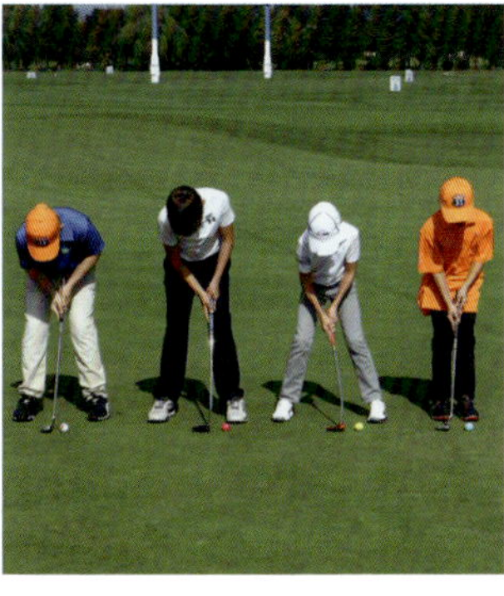

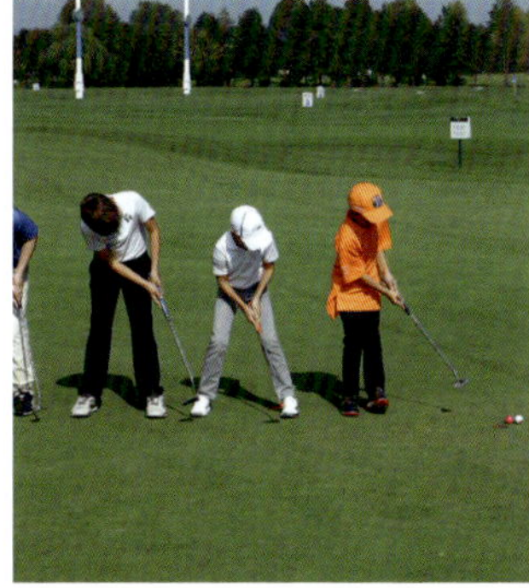

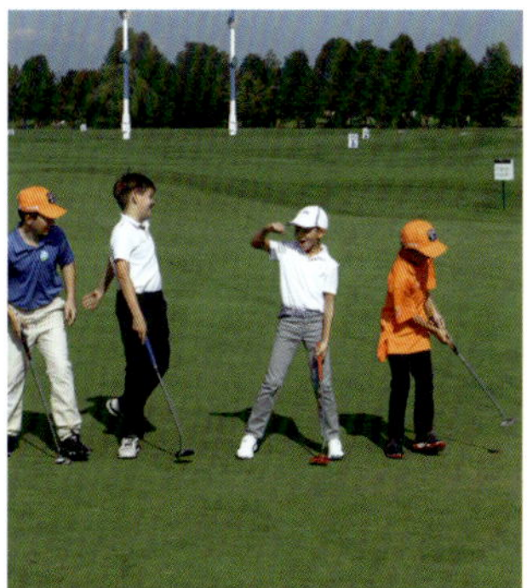

SPIELIDEE

Am Boden wird mit einer Schlagschnur – ausgehend vom Loch – eine 3 m-Linie markiert. Auf der Ziellinie liegen in 70, 140, 210 und 280 cm Entfernung vom Loch vier verschieden farbige Bälle. Vier Kinder stellen sich in einer Reihe vor den liegenden Bällen auf. Mit dem Kommando „1-2-3- und Los!" spielen sie gleichzeitig die Bälle Richtung Loch. Der Versuch ist gelungen, wenn alle Bälle getroffen werden und nacheinander ins Loch rollen.

HINWEISE

- Die Kinder müssen genügend Versuche bekommen
- Trainerhinweise zum Schwung- und Schlagrhythmus
- Putt-Technik anpassen (kurz-lang, Schlägerkopf vorne)
- Sicherheitsrahmen beachten (Abstände)

VARIATIONEN

- Die Kinder spielen von größeren Entfernungen (II)
- Die Kinder spielen mit einem leichten Break (Schräglage) (II)
- Drei bis vier Viererteams spielen gleichzeitig gegeneinander – Wer schafft zuerst die Aufgabe? (II)
- Sechs bis acht Kinder spielen den Golf-Mega-Ball-Starliner (II)

Golf-Kompass-Spiel

Golfequipment	Spielmaterialien / Sportgeräte	Komplexitätsstufe III
Putter, 20 bunte Golfbälle, 8 Tee´s	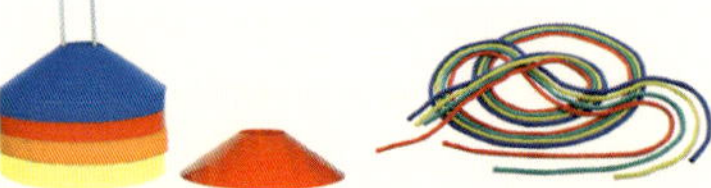	Variationen II,III

SCHLAGDISTANZEN ANSTEUERN	SCHLAGWINKEL ANSTEUERN	TREFFERQUALITÄT HERSTELLEN	Präzisionsdruck – Ergebnis

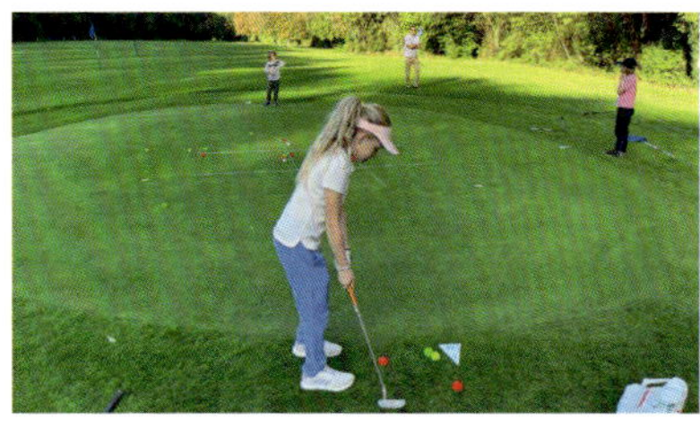

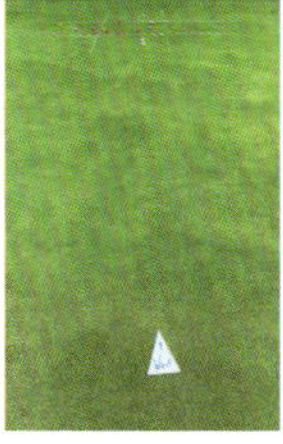

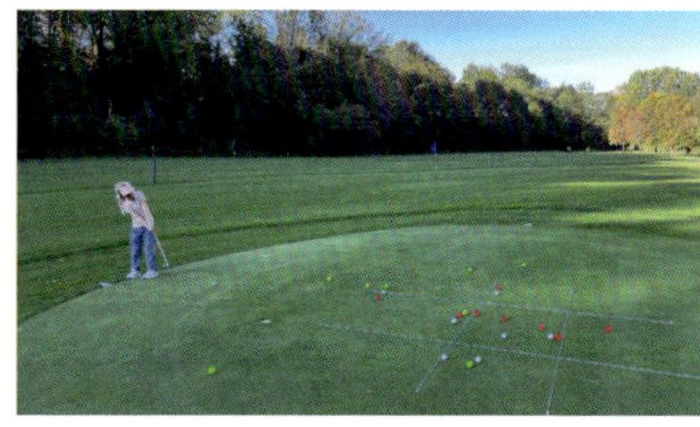

SPIELIDEE

Mit Hilfe eines Kompasses werden auf dem Grün die ersten beiden Schnüre mit Tee`s parallel in einem Abstand von 1 m von Ost nach West gespannt. Mit den nächsten beiden Schnüren wird genauso verfahren und die Richtung von Süd nach Nord bestimmt. Dabei soll ein Kompasskreuz entstehen. Nun werden in einer Entfernung von 10-15 m die Himmelmarkierungen angebracht. Von jeder Himmelsrichtung spielt das Kind einen Ball und versucht, diesen zwischen den gespannten Schnüren in der Kreuzmitte zu platzieren. Die Aufgabe ist erfüllt, wenn die gespielten Bälle zwischen den gespannten Schnüren (jeweilige Himmelsrichtung) zum Liegen kommen. Der Kompass wird 5 x wiederholt.

HINWEISE

- Die Kinder achten auf die Richtungskontrolle (Startgenauigkeit auf kurze und gerade Putts)
- Trainerhinweise zum Thema Dosierung/Längenkontrolle beim Putten
- Im Vorfeld dauerhafte Versuche zulassen
- Wahrnehmung der Himmelsrichtungen mit Hilfe des Kompasses für taktisch/strategische Überlegungen (z. B. Windrichtung usw.)

VARIATIONEN

- Spielform: Zwei bis vier Kinder spielen gegeneinander von den jeweiligen Himmelrichtungen im Uhrzeigersinn. Bleibt der Ball in der Kreuzmitte liegen, gibt es drei Punkte. Befindet sich der Ball zwischen den Schnüren im Korridor vor bzw. hinter der Kreuzmitte, gibt es einen Punkt (II). Wer sammelt bei fünf Durchgängen die meisten Punkte?
- Gesteigerte Spielform: Das Kompasskreuz wird auf einer leicht schiefen Ebene (Grün) aufgebaut und wie in der vorherigen Spielform verfahren. Hier sind verstärkte Richtungs-, Längenkontrolle und Lesefähigkeiten des Grüns erforderlich (III).

Golf-Punktlandungs-Spiel

Golfequipment

Abschlagholz,
Eisen 9, 7, 5

Spielmaterialien / Sportgeräte

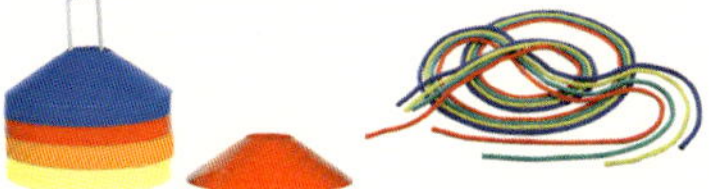

Komplexitätsstufe III

Variationen III

SCHLAGDISTANZEN ANSTEUERN	ABSTÄNDE EINSCHÄTZEN	SCHLAGTECHNIK ANPASSEN

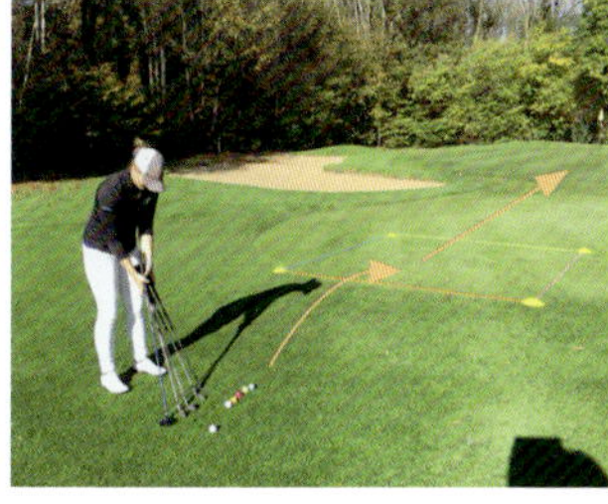

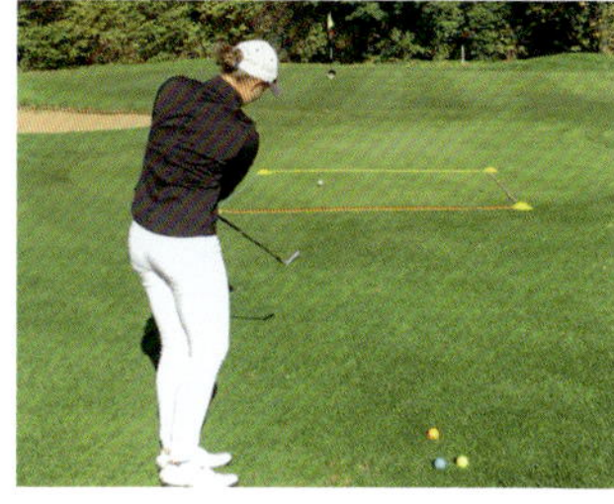

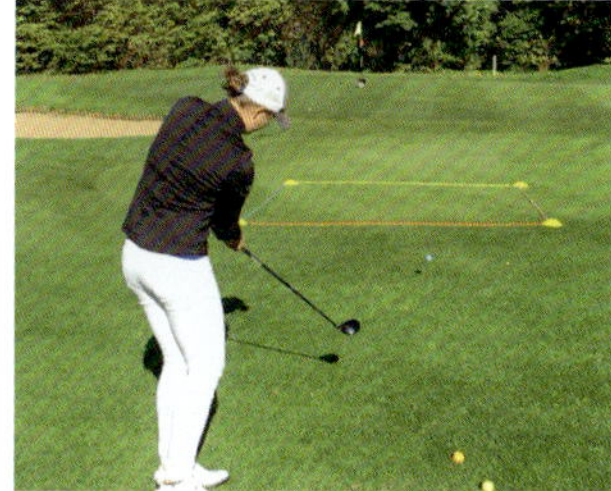

SPIELIDEE

Ein bis zwei Kinder positionieren sich in ca. 20 bis 25 m Entfernung zum Golfloch. In ca. 5 m Entfernung befindet sich eine Landezone (Quadrat ca. 2 x 2 m aus vier Sprungseilen/Markierungstellern) im Vorgrün/Grünanfang. Die Golfkinder spielen mit fünf verschiedenen Schläger (auf- bzw. absteigend) jeweils eine flache Annäherung (Chip & Run) in die Landezone und der Ball rollt Richtung Ziel (Golfloch/Ballkorb). Wenn die Landezone getroffen wird, der Ball rollt und auf dem Grün bleibt, erhält das Kind einen Punkt.

HINWEISE

- Trainerhinweise bzgl. Schlagfläche/Loft (Richtungskontrolle)
- Bewegungsumfang/Bewegungsdynamik (Längenkontrolle)
- Demonstration: Bewegungsfluss und Rhythmus
- Auf das Flug-Roll-Verhalten bei den Variationen achten

VARIATIONEN

- Fünf Bälle werden absteigend (SW, E 9, ...) gespielt und jeder Ball sollte länger ausrollen, so dass eine (Ball-)Kette entsteht (III)
- Fünf Bälle werden aufsteigend (Holz 5, Ei 5, ...) gespielt und jeder Ball sollte kürzer ausrollen, so dass eine (Ball-)Kette entsteht. (III)
- Spielform: fünf Bälle werden mit einem Eisen 5 bzw. 7 gespielt. Trifft das Kind die Landezone erhält es einen Punkt; trifft es zusätzlich den Ballkorb werden drei Punkte vergeben.
  Wer erreicht die meisten Treffer?

Sandwedge versus Putter-Spiel

Golfequipment	Spielmaterialien / Sportgeräte	Komplexitätsstufe I
SW, Putter, Golfbälle (bunt), Tees		Variationen II,III

SCHLAGWINKEL ANSTEUERN	PUTT	PRÄZISIONSDRUCK – ERGEBNIS	

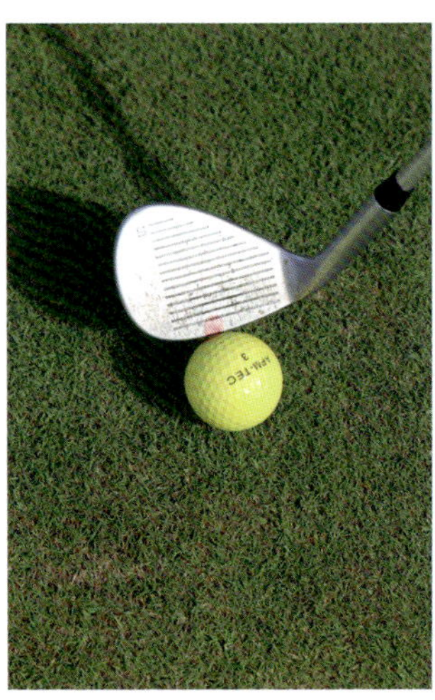
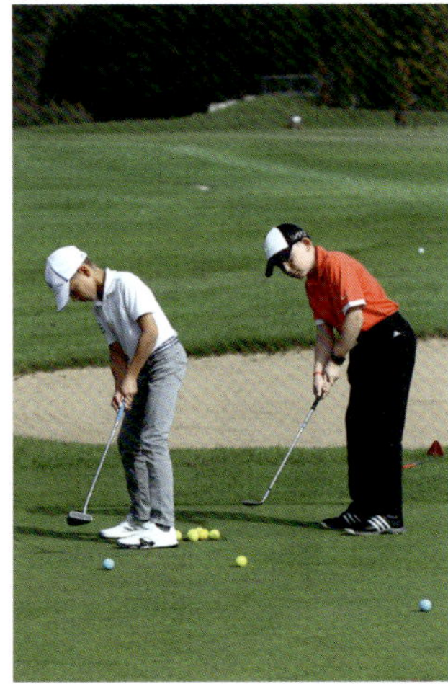
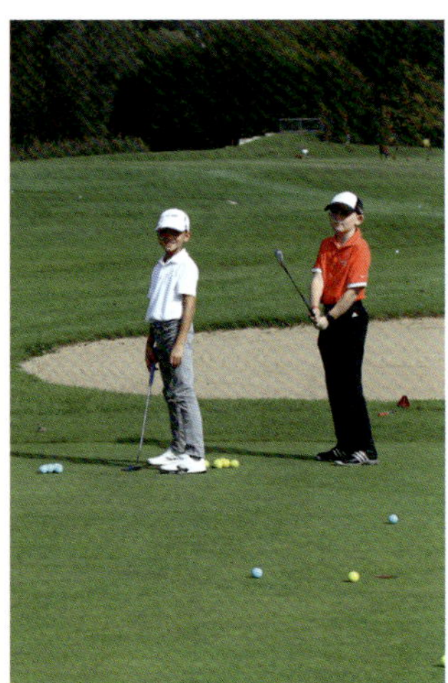

SPIELIDEE

Zwei Kinder befinden sich mit jeweils zehn Bällen in 5 m Entfernung von einem Golfloch. Sie versuchen, im Wechsel mit dem Putter und SW (5mal P, 5mal SW) die vorhandenen Bälle einzulochen. Wer die meisten Bälle gelocht hat, ist der Sieger.

HINWEISE

- Beim Putt mit dem SW muss der Ball rollen und darf nicht fliegen, sonst ist der Putt ungültig
- Demonstration der Mittigkeit des Treffes/Schwungbahn mit dem SW (SW und Ball markieren!)
- Kann auch Indoor durchgeführt werden

VARIATIONEN

- Distanzen erhöhen und Loch in Schräglage (Break/erhöhte Grün-Lesefähigkeit) anspielen (II)
- Spielen aus dem Semi-Rough in unmittelbarer Grünnähe (III)
- Spielen der Bälle von hohen Tees auf das Loch (III)

Golf-Tunnel-Spiel

Golfequipment

Eisen 5 bis 9,
Abschlagsmatte,
Kindergolfbälle

Spielmaterialien / Sportgeräte

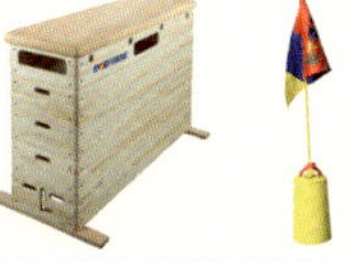

Komplexitätsstufe II

Variationen I,II

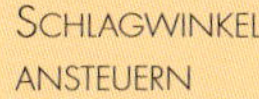

SCHLAGWINKEL ANSTEUERN

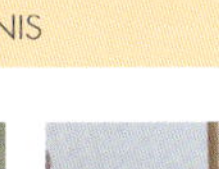

PRÄZISIONSDRUCK – ERGEBNIS

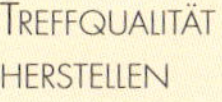

TREFFQUALITÄT HERSTELLEN

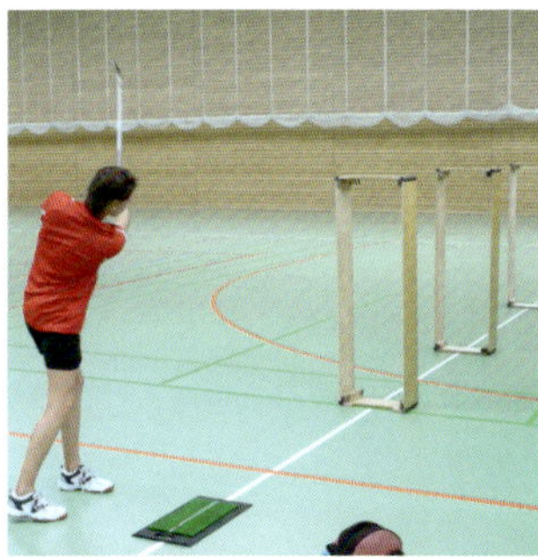

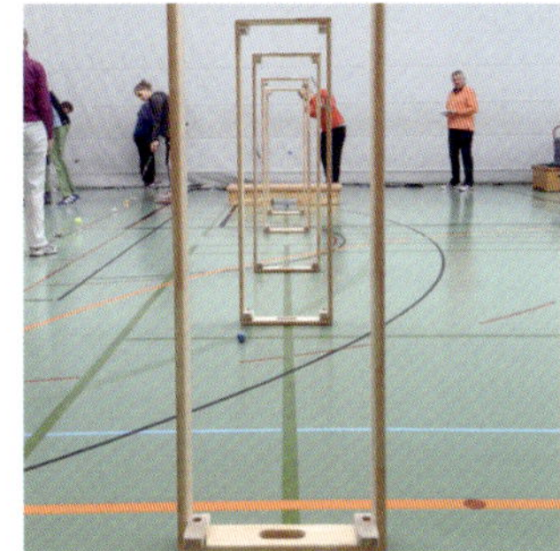

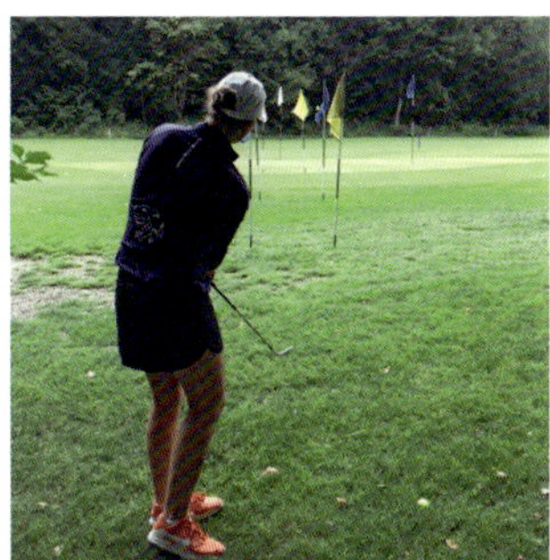

SPIELIDEE

In der Sporthalle wird auf eine der vorhandenen Spielfeldlinien eine Abschlagsmatte gelegt. In 4 m Entfernung sind fünf bis sechs Kastenteile (Rahmen vom Sprungkasten) hochkant hintereinander (Abstand 2 m) aufgestellt. Zwei bis vier Kinder schlagen abwechselnd jeweils zehn Bälle durch den Tunnel. Wenn der Golfball alle Kastenteile passiert, erhalten die Kinder einen Punkt. Sieger ist das Kind mit den meisten Punkten.

HINWEISE

- Auf die genaue Ausführung (Ball durch die Kastenteile) achten
- Trainerhinweise zur Aufgabenlösung, z. B. zum Bezug zwischen der Schlagflächenstellung (Richtung/Höhe) und der Schlägerkopfgeschwindigkeit (Umfang/Dynamik)
- Mehrere Stationen aufbauen, um Wartezeiten zu vermeiden
- Auch Outdoor möglich (z. B. mit Fahnen als Barrieren)

VARIATIONEN

- Bei Anfängern nur mit zwei bis drei Kastenteile beginnen (I)
- Mit Eisen 5 starten (Ball bleibt flach), dann mit Eisen 6 bis zum Eisen 9. Jeweils ein Versuch. Pro Treffer ein Punkt (II)
- Zwei Kinder spielen gegeneinander. Begonnen wird mit einem Kastenteil. Danach kommt das zweite Kastenteil. Wie viele Kastenteile schaffen die Kinder hintereinander? (II)

Der rollende Golfspieler

Golfequipment	Spielmaterialien / Sportgeräte		Komplexitätsstufe II
Eisen 7, Tees, Golfbälle	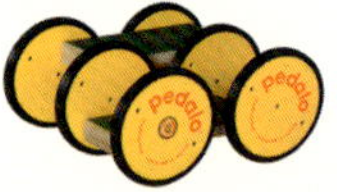	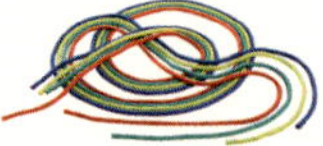	Variationen III

SCHLAGWINKEL ANSTEUERN	SCHLAGDISTANZEN ANSTEUERN	ABSTÄNDE EINSCHÄTZEN	PRÄZISIONSDRUCK – ORGANISATION

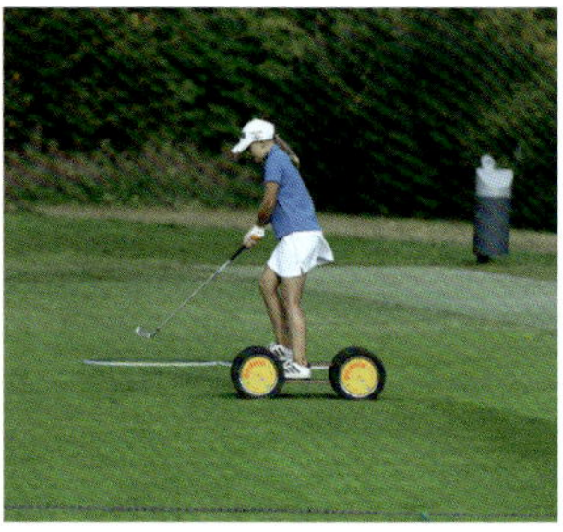

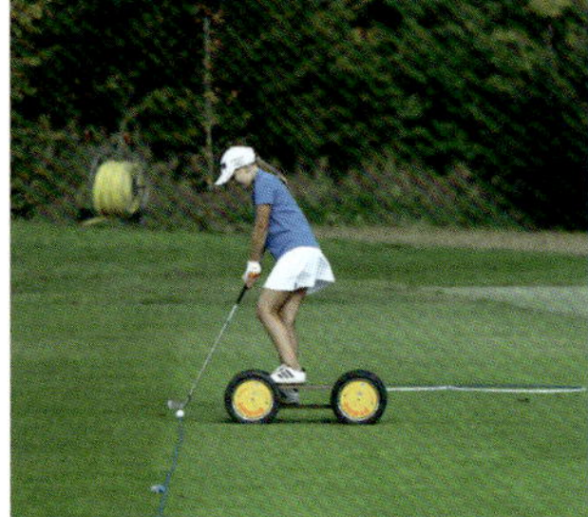

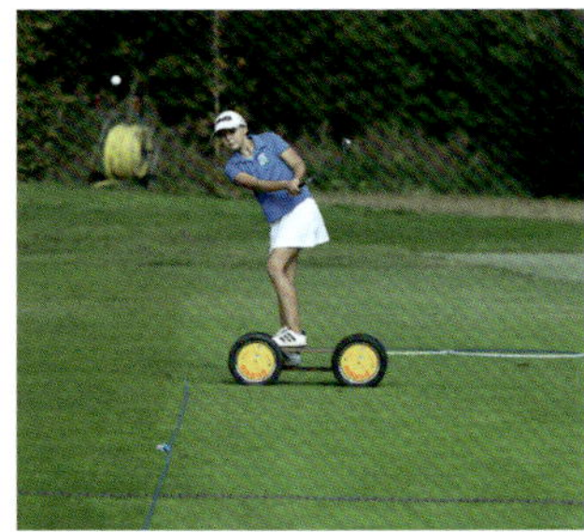

SPIELIDEE

Das Kind steht mit dem Schläger auf einem Pedalo – 3 m vor dem aufgeteeten Ball. Es fährt rechtwinklig zur Ziellinie zum Ball und versucht, mit dem Eisen 7 den 10 m entfernten Korridor (0 bis 50 m) zu treffen. Der Schlagversuch ist gültig, wenn das Kind auf dem Pedalo stehen bleibt und der Ball in einer Flugkurve (10 m) den Zielkorridor erreicht. Für den getroffenen Zielbereich „Nearest to the Line" (+ / – 2 m) gibt es zehn Punkte, im 4 m-Streifenkorridor sechs Punkte, im 8 m-SK vier Punkte und im 12 m-SK zwei Punkte. Jedes Kind hat fünf Versuche.

HINWEISE

- Auf die richtige Ausrichtung des Pedalos zur Ziellinie achten
- Bei Problemen unterstützt der Mitspieler/Trainer durch Hilfestellungen und Vorübungen
- Das Kind muss die Teilaufgaben „Gleichgewicht halten", „auf dem Pedalo fahren" und „Finden des richtigen Abstands" koordinieren, bevor es den Ball schlägt
- Kann auch Indoor durchgeführt werden

VARIATIONEN

- Das Kind spielt mit dem Pedalo Sport (Erschwernis) den Ball in Richtung Ziel (III)
- Das Kind spielt ohne Tee vom Boden (III)
- Das Kind führt den Schlag vom Pedalo mit geschlossenen Augen aus (III)
- Das Kind schlägt abwechselnd mit der rechten und linken Körperseite vom Pedalo in Richtung Ziel (III)

Gegengleich-Golf

Golfequipment	Spielmaterialien / Sportgeräte	Komplexitätsstufe III
Eisen 9, Eisen 9 LH, Golfbälle, Tees		Variationen I,III

SCHLAGWINKEL ANSTEUERN	PRÄZISIONSDRUCK – ERGEBNIS	TREFFQUALITÄT HERSTELLEN

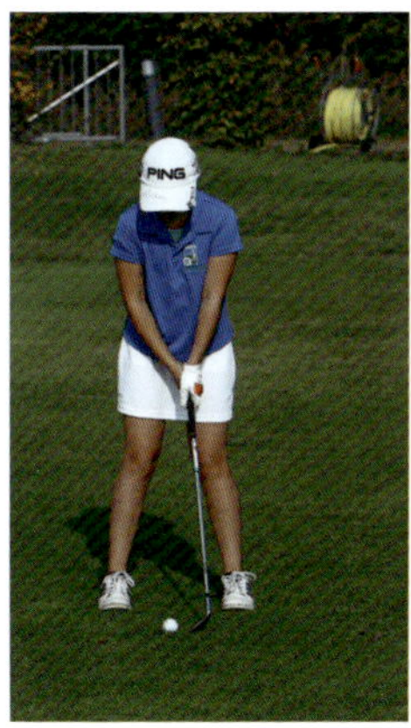
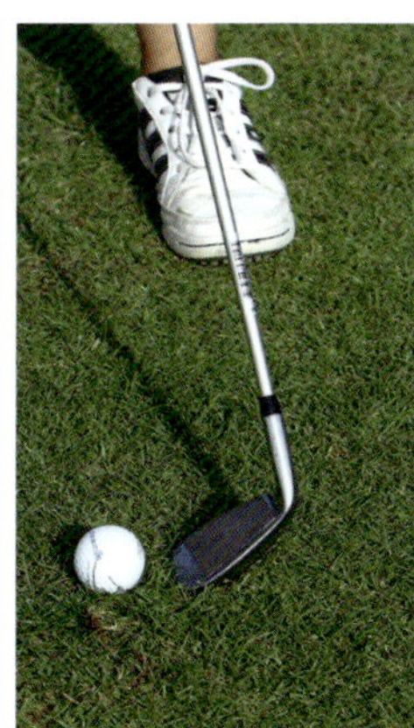
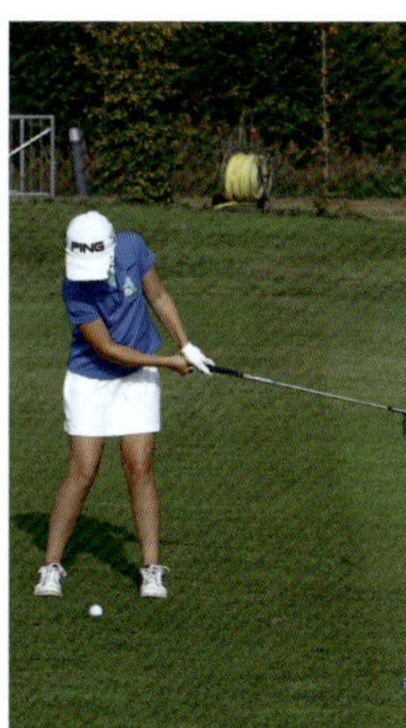
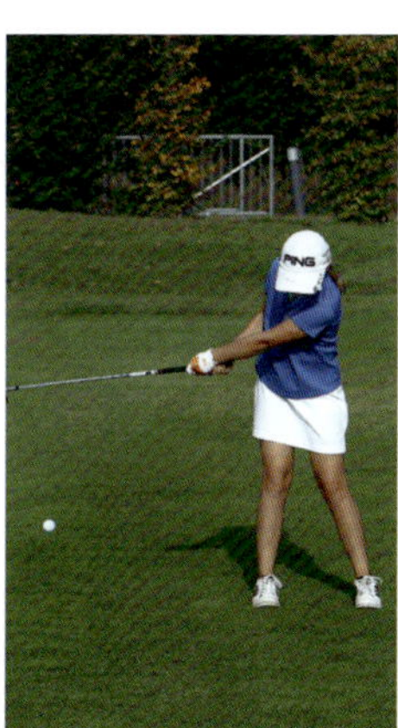

SPIELIDEE

Ein Kind (Rechtshänder) versucht, mit einem Linkshandschläger den Ball in Richtung Ziel zu schlagen. Jedes Kind hat zehn Versuche. Wer schafft die meisten Bälle zum Fliegen und in die gewünschte Richtung zu bringen?

HINWEISE

- Die Kinder müssen unbedingt mit dem Linkshandgriff spielen (rechte Hand oben, linke unten!)
- Trainerhinweise zur Aufgabenlösung, z. B. mit kleineren Schwüngen (Chip-Bewegung) anfangen
- Zur Veranschaulichung: Demonstration der beiden Schlagarten

VARIATIONEN

- Rechtshandschläger so aufstellen (Schlägerspitze), dass eine kleine Schlagfläche eines Eisen 9 entsteht und dann spielen (III)
- Mit Linkshandschläger aufgeteet die Bälle schlagen (Erleichterung) (I)
- Spielform: Zwei Kinder spielen gegeneinander. Abwechselnd wird mit dem Linkshandschläger und dem verdrehten Rechtshandschläger beidseitig geschlagen. Insgesamt gibt es zehn Versuche. Wer schafft die meisten Punkte? (III)

Lip & Looping-Putts

Golfequipment	Spielmaterialien / Sportgeräte	Komplexitätsstufe I
Putter, Golfbälle		Variationen II,III

TREFFQUALITÄT HERSTELLEN	SCHLAGTECHNIK ANPASSEN	PRÄZISIONSDRUCK – ERGEBNIS

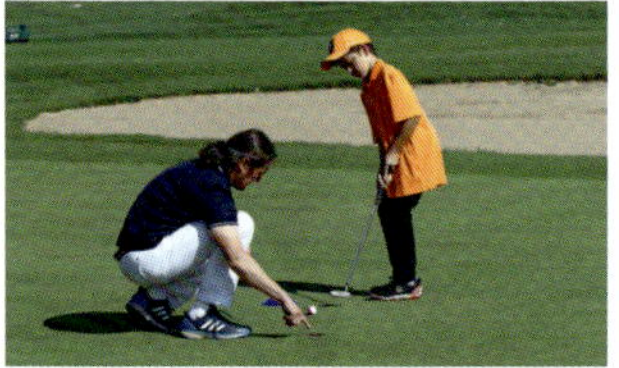

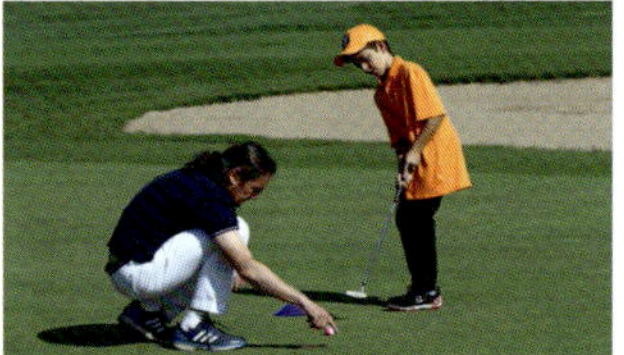

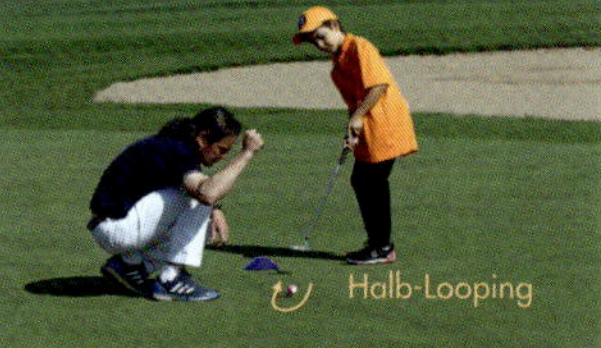

SPIELIDEE

Ein Kind steht in einer Entfernung von 1,20 m zum Loch. Der Mitspieler kniet hinter dem Loch und legt jeden gespielten Ball an die ursprüngliche Lage zurück. Das Kind soll nacheinander folgende Aufgaben erfüllen:

- Erster Ball: einlochen
- Zweiter Ball: links in der Lochkante einlippen (seitlich reinfallen)
- Dritter Ball: rechts einlippen
- Der vierte Ball soll mit hoher Geschwindigkeit die hintere Lochkante berühren und hineinfallen
- Der fünfte Ball soll mit der letzten Umdrehung ins Loch fallen
- Der sechste Ball soll beginnend an der linken oder rechten Lochkante einen Halb-Looping machen und vom Loch weg zurückrollen

HINWEISE

- Die Kinder müssen genügend Vorversuche bekommen, um die Lochkantensituation besser einschätzen zu können
- Trainerhinweise zum Zielen/zur Dosierung (Demonstration)
- Bei der Ausführung der Trainingsaufgabe motivieren und loben

VARIATIONEN

- Der Mitspieler legt den Ball sehr schnell zurück und das Kind soll die Putts rasch ausführen (Zeitdruck) (II)
- Das Golfloch befindet sich in der Schräglage (III)
- Spielform: mehrere Zweierteams spielen gleichzeitig die Aufgabe.
  Wer schafft am schnellsten die Aufgabe? (II)

Golforgel-Spiel

Golfequipment

Driver, Holz 3, Eisen 7, Rangebälle

Spielmaterialien / Sportgeräte

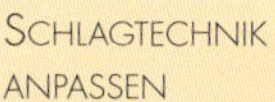

Komplexitätsstufe II

Variationen II,III

TREFFQUALITÄT HERSTELLEN | SCHLAGTECHNIK ANPASSEN | PRÄZISIONSDRUCK – ERGEBNIS

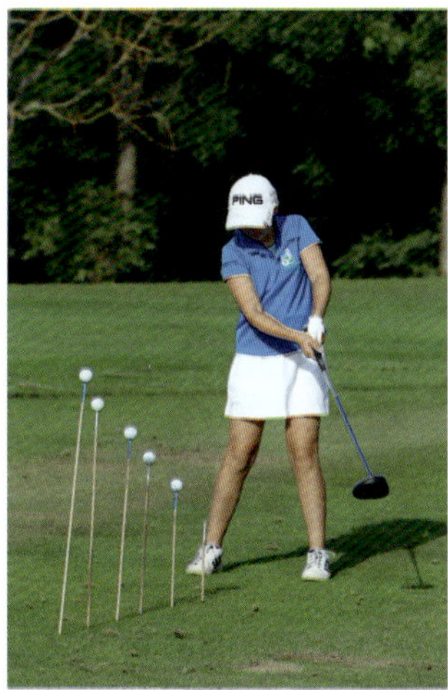

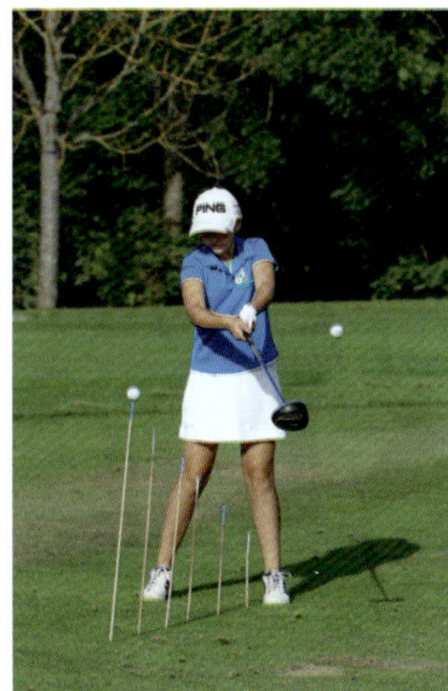

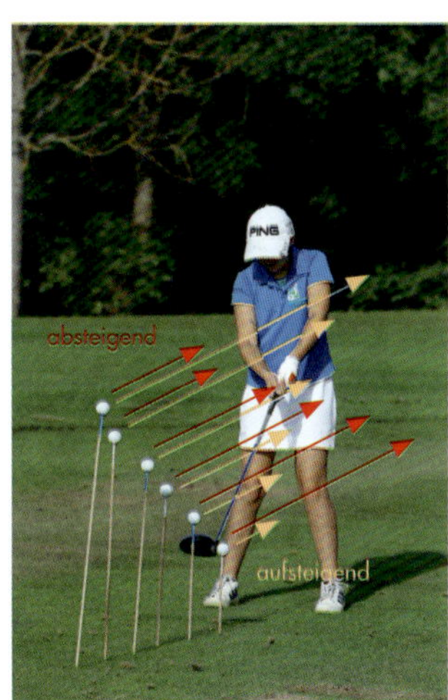

SPIELIDEE

Das Kind steht vor der aufgeteeten Golforgel-Reihe (Stäbe ca. 5 cm in den Boden gesteckt, Abstand 30 bis 40 cm/pro Ball). Mit einer „kurzen" Ausholbewegung spielt das Kind die Bälle nacheinander in die Zielrichtung (Fahne/Korridor).

HINWEISE

- Die Kinder auf die Spiegelbildlichkeit des Schwunges hinweisen (Rück- und Durchschwung; Finish)
- Trainerhinweise zur Schwungbahn/Mittigkeit des Treffens (Demonstration: erst kurz, dann länger!)
- Schlägerkopf soll ungebremst durch den Ball gehen (keine Stopp-Bewegung – fließend!)
- Bei der Ausführung der Trainingsaufgabe motivieren und loben

VARIATIONEN

- Das Kind spielt die Bälle ohne Pause (Pendelschwünge) im Rhythmus der Golforgel (II)
- Das Kind spielt die Bälle aufsteigend (kurz, mittel, lang) oder absteigend (lang, mittel, kurz) (III)
- Vom kleinen zum großen Bewegungsumfang (immer länger Ausholen) (II)

Golf-Spitzenschlag

Golfequipment	Spielmaterialien / Sportgeräte	Komplexitätsstufe II
Eisen 7, Golfbälle		Variationen III

TREFFQUALITÄT HERSTELLEN | BEWEGUNGSINFORMATIONEN AUFNEHMEN UND VERARBEITEN | PRÄZISIONSDRUCK – ERGEBNIS

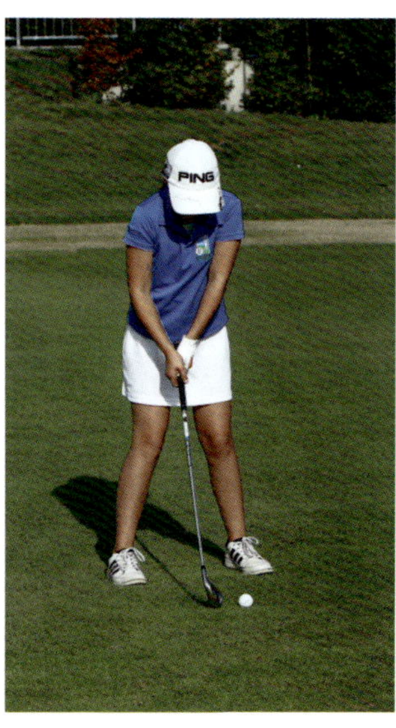

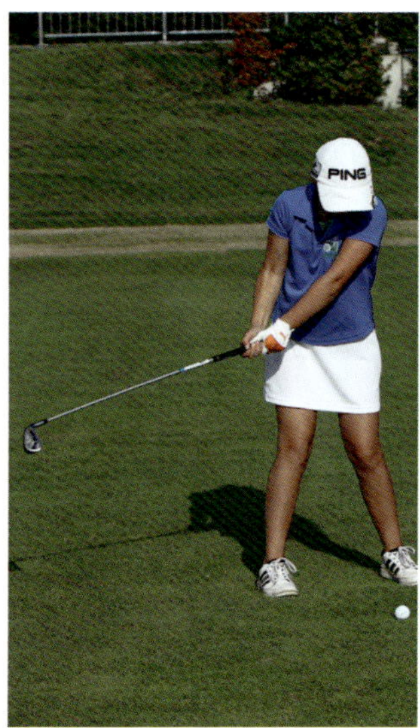

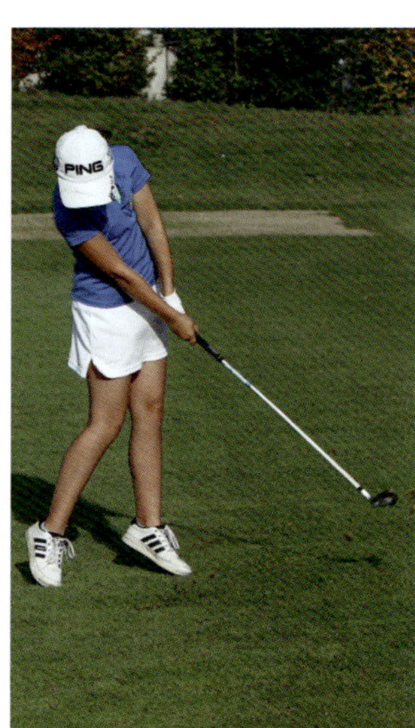

SPIELIDEE

Ein Kind stellt seinen Schläger in der Ansprechposition auf die Spitze (Toe). Im Rückschwung verdreht es den Schläger so, dass er sich im Umkehrpunkt (Beginn Abschwung) wieder in der richtigen Position (Square) befindet. Ein „Spitzenschlag" ist dann erfolgreich, wenn der Ball in Richtung Ziel fliegt.

HINWEISE

- Vorübungen ohne Ball (dauerhafte Versuche)
- Auf hinreichenden Abstand achten
- Trainerhinweise zur Schlagflächenverkantung (Ursache-Wirkung)

VARIATIONEN

- Das Kind löst die Aufgabe blind ohne Ball/mit Ball (Augenklappe) (III)
- Das Kind löst die Aufgabe mit einem Linkshandschläger (beidseitig) (III)

Golf-Maulwurf-Spiel

Golfequipment

SW, Golfbälle (bunt)

Spielmaterialien / Sportgeräte

Komplexitätsstufe III

Variationen II,III

TREFFQUALITÄT HERSTELLEN | SCHLAGWINKEL ANSTEUERN | SCHLAGDISTANZEN ANSTEUERN

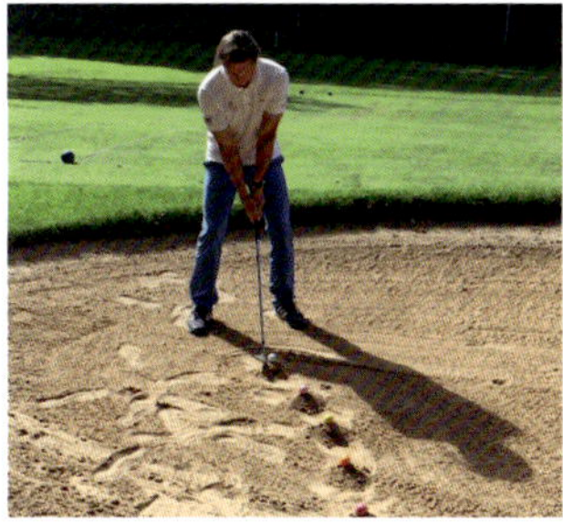

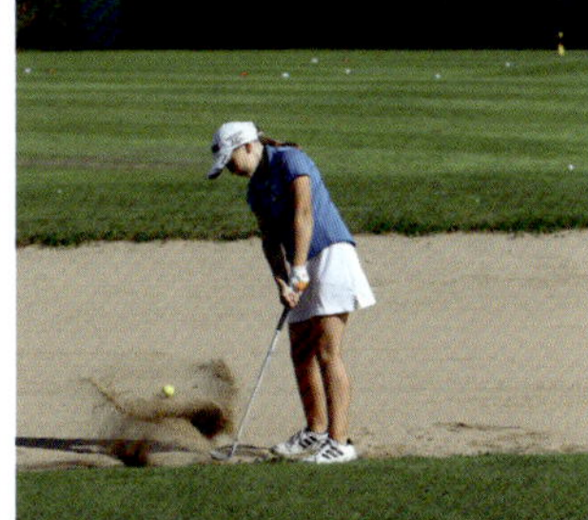

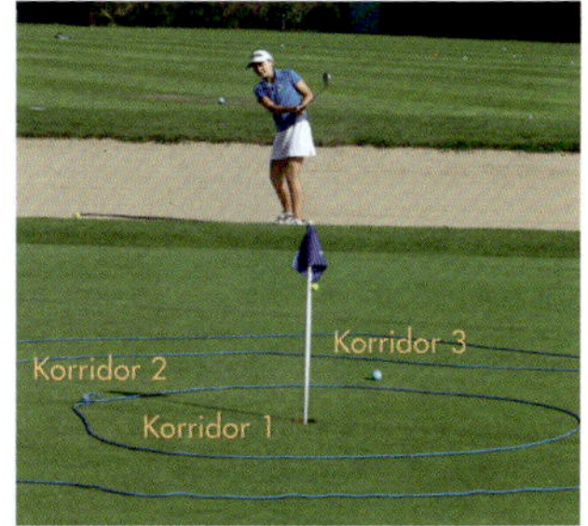

SPIELIDEE

In einem Sandbunker (Hindernis) werden sechs „Maulwurfshäufchen" (Abstand 30 cm) mit jeweils einem Ball darauf aufgebaut. Die Kinder sollen die „aufgeteeten Bälle" nacheinander ohne Sandberührung soweit wie möglich aus dem Bunker schlagen. Danach werden die sechs „Maulwurfshäufchen" mit Bällen wiederhergestellt. Jetzt soll zuerst das Sandhäufchen ungebremst ohne direkte Ballberührung getroffen werden (Sandbunkerschlag-Technik) und der Ball auf der Grünfläche (Korridor 1) landen. Jeder geschlagene Ball aus dem Bunker mit Grünberührung ergibt einen Punkt.

HINWEISE

- Das SW soll im Bunker ungebremst durch den Sand gleiten (Bounce).
- Schlagtechnik: hinten kurz, vorne lang
- Demonstration und dauerhafte Versuche
- Trainerhinweise zum Loft und Bounce (Surfeffekt des Schlägers/Splash)
- Optimierung der Distanzkontrolle (Zielkorridore)

VARIATIONEN

- Es gibt nur Punkte, wenn der Ball auf dem Grün (Korridor 1) zum Liegen kommt (II)
- Es gibt nur Punkte, wenn der Ball im Korridor 2 zum Liegen kommt (III)
- Spielform: in einem großen Bunker spielen drei Kinder gegeneinander jeweils mit sechs Bällen folgende Variationen: Grüntreffer, Liegen im Korridor 1, Liegen im Korridor 2. Pro Treffer wird ein Punkt vergeben (III)

Golf-Bowling-Spiel

Golfequipment	Spielmaterialien / Sportgeräte	Komplexitätsstufe I
Eisen 7, PW, SW, Golfbälle	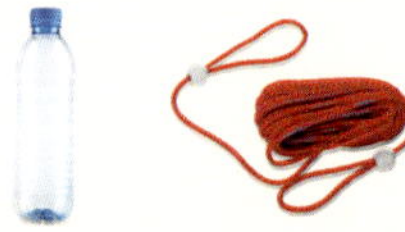	Variationen II,III

SCHLAGTECHNIK ANPASSEN	TREFFQUALITÄT HERSTELLEN	PRÄZISIONSDRUCK – ERGEBNIS

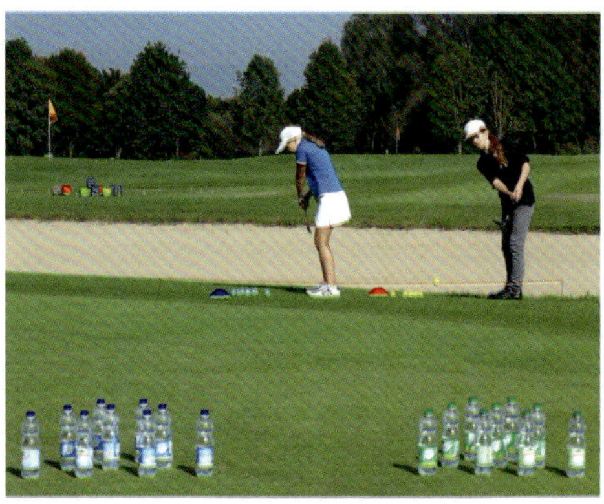

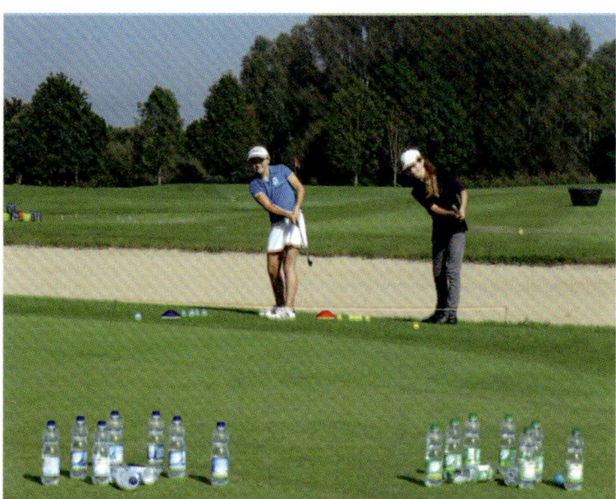

SPIELIDEE

Zwei Kinder chippen aus 10 bis 12 m Entfernung vom Vorgrün auf die aufgestellten Golfkegel (Plastikflaschen: Zweierreihe, Dreierreihe, Viererreihe im Abstand von 30 cm vorne, seitlich, hinten). Mit den gespielten Bällen sollen so viele Golfkegel wie möglich getroffen werden. Wer schafft es, die meisten Golfkegel zum Fallen zu bringen?

HINWEISE

- Die Kinder trotz Spaßkomponente auf die entsprechende technische Ausführung hinweisen (Chip-Bewegung: Rück- und Durchschwung/Finish)
- Trainerhinweise zur Schwungrichtung und Dosierung
- Schlägerkopf soll ungebremst durch den Ball gehen (keine Stopp-Bewegung/fließend!)
- Strategie entwickeln (lernen aus jedem Schlagversuch!)

VARIATIONEN

- Die Kinder spielen aus dem Semi-Rough auf die Golfkegel (II)
- Die Kinder chippen über eine Zauberschnur (Höhe 50 cm) mit PW, SW (III)
- Die Kinder chippen zuerst die vordere Reihe um (Zweierreihe), danach die Dreierreihe und zuletzt die Viererreihe (III)

Golf-Chip-Spiegelbild-Spiel

Golfequipment

Eisen 7, Eisen 7 LH,
Scorekarte,
Golfbälle (bunt)

Spielmaterialien / Sportgeräte

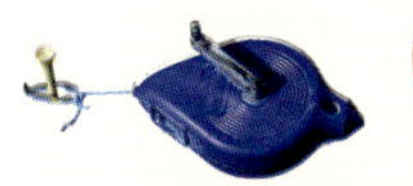

Komplexitätsstufe II

Variationen I,II

SCHLAGTECHNIK ANPASSEN	SCHLAGWINKEL ANSTEUERN	SCHLAGDISTANZEN ANSTEUERN	PRÄZISIONSDRUCK – ERGEBNIS

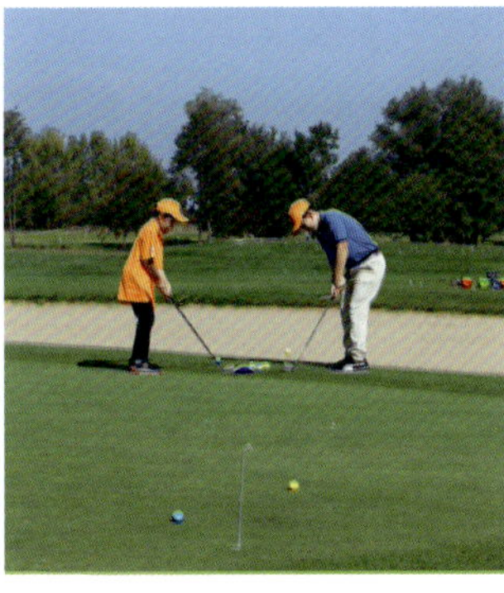

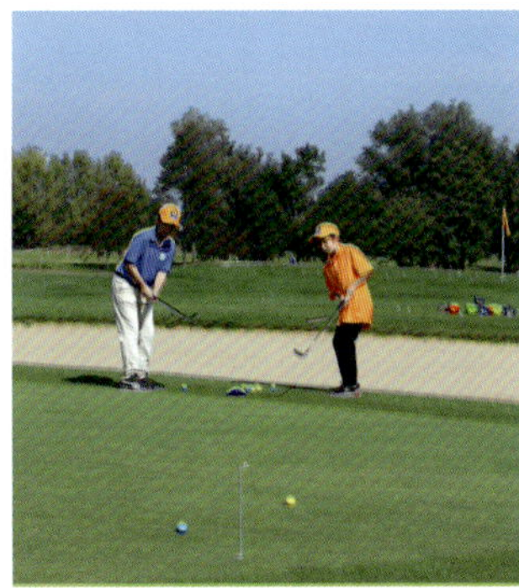

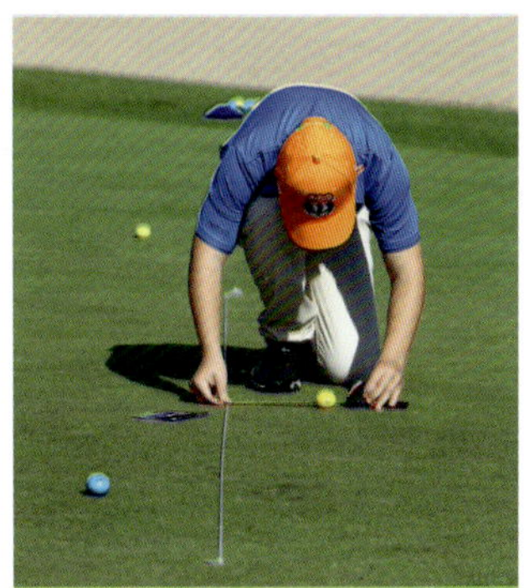

SPIELIDEE

In einer Entfernung von 10 m sollen zwei Kinder, die sich gegenüberstehen, die Bälle so nahe wie möglich an eine 4 m Ziellinie (Schnur) spielen. Jedes Kind hat zehn Bälle. Die Kinder chippen abwechselnd mit einem Eisen 7 (Rechts- und Linkshandschläger; bilateral) und wechseln nach jedem gespielten Ball ihre Positionen. Die Abweichung der Bälle (in cm) wird sofort nach jedem Schlag auf einer Scorekarte notiert. Sieger ist das Kind, das nach zehn Bällen die geringste Gesamtabweichung von der Ziellinie vorweisen kann.

HINWEISE

- Die Kinder müssen genügend Vorversuche zum Bilateral-Chippen bekommen (LH Schläger)
- Trainerhinweise zum Flug-Roll-Verhalten, zur Schlagflächenstellung im Treffmoment und zur Mittigkeit des Treffens
- Hinweise auf die richtige Lernstrategie (Lernen von jedem gespielten Ball)

VARIATIONEN

- Alle zehn gespielten Bälle müssen liegenbleiben (Strategie, Taktik, Spielzufall, Frustrationstoleranz), am Ende die Abweichung aller Bälle messen (I)
- Die Ziellinie in einer Schräglage (großer Break) auf dem Grün anbringen (II)
- Die Ziellinie in größerer Entfernung anbringen (ca. nach 15 bis 20 m) (II)

Der Golfwürfel ist gefallen

Golfequipment

Eisen 9, PW, SW, Golfbälle

Spielmaterialien / Sportgeräte

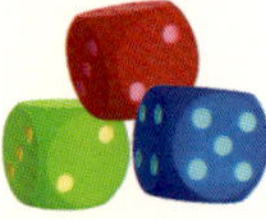

Komplexitätsstufe II

Variationen I,II,III

SCHLAGTECHNIK ANPASSEN | SITUATIONSINFORMATIONEN AUFNEHMEN UND VERARBEITEN | TREFFQUALITÄT HERSTELLEN

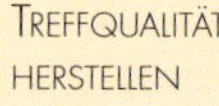

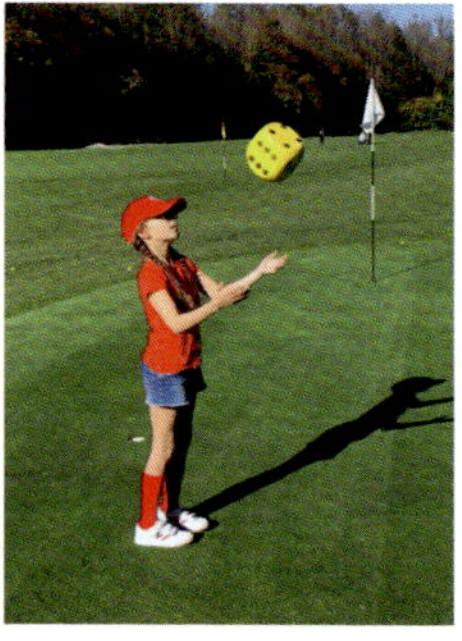

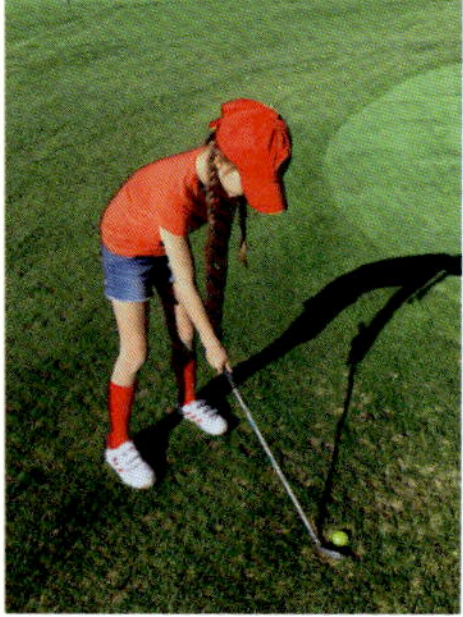

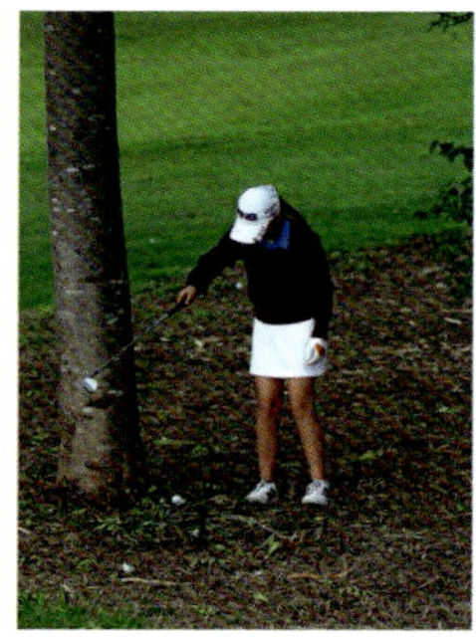

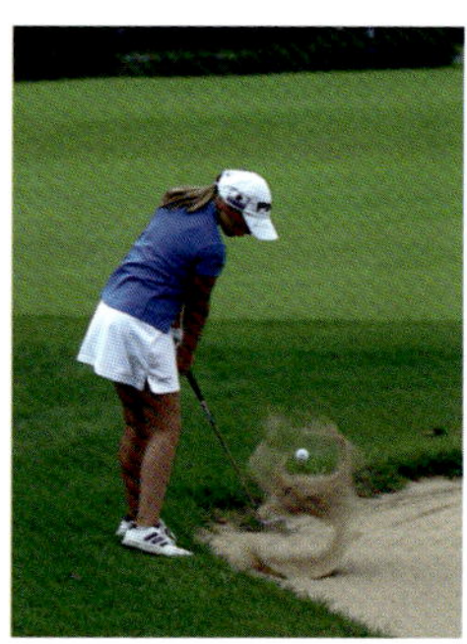

SPIELIDEE

Rund um ein kleines Übungsgrün sind in einer Entfernung < 20 m sechs Stationen (schwierige Lagen) aufgebaut: 1 = Ball liegt im Divot, 2 = Ball liegt im dichten Rough, 3 = Ball liegt direkt an einem Baumstamm, 4 = Ball liegt im Bunker, Standposition außerhalb, 5 = Pitch übers Wasser, 6 = starke Hanglage bergab. An den Stationen befindet sich eine Gruppe von vier Kindern. Sie sollen insgesamt viermal würfeln und die zugehörigen Aufgaben lösen (den Ball aus der jeweiligen Lage zur Fahne schlagen). Der Ball bleibt auf dem Grün liegen. Wenn eine Spielsituation schon einmal gewürfelt worden ist, wird erneut gewürfelt.

HINWEISE

- Spielsituationen können künstlich hergestellt werden (z. B. Stange als Baumersatz)
- Trainerhinweise zur Aufgabenlösung (z. B. Standposition, Balllage, Schwungbahn, Eintreffwinkel, Flug-Roll-Verhalten)
- Beim Stationsaufbau auf Sicherheitsaspekte achten

VARIATIONEN

- Bei Anfängern die Stationen vereinfachen (I)
- Spielsituationen nur mit dem Eisen 9 spielen lassen (III)
- Zwei Kinder spielen gegeneinander (Match-Play). Insgesamt wird 10mal gewürfelt? Das Kind, dessen Ball näher an der Fahne liegt, gewinnt das Loch (II)

Golf-Grünlese-Spiel

Golfequipment	Spielmaterialien / Sportgeräte	Komplexitätsstufe III
Putter, Golfbälle, ca. 20-30 x Ballmarker, Tee´s		Variationen II,III

Treffqualität herstellen	Schlagdistanz ansteuern	Schlagwinkel ansteuern	

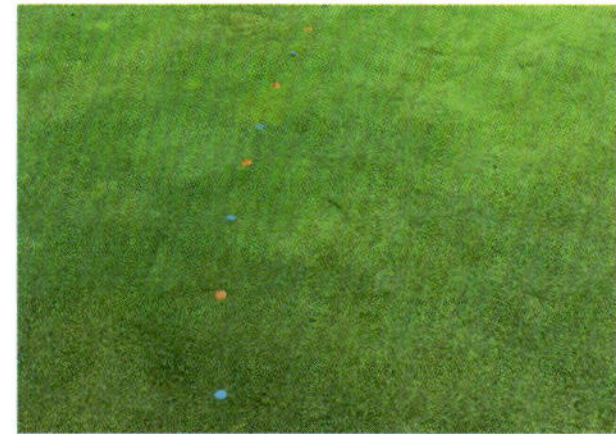
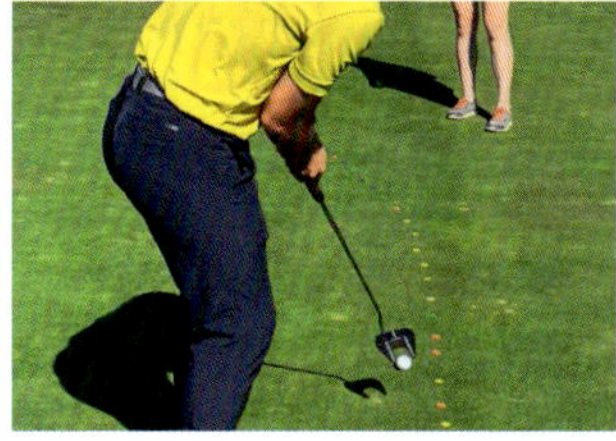
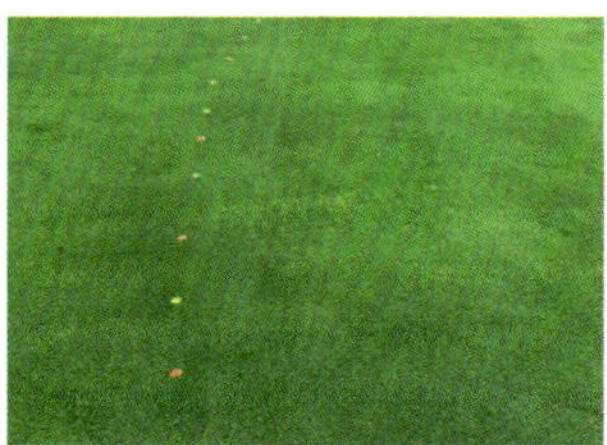

SPIELIDEE

Eine Trainingsgruppe (6-10 Kinder) bekommt die Aufgabe, jeweils im Zweierteam einen Putt ca. 5 m auf einer schiefen Ebene (ondulierte Grüns) zu spielen (Break-Putts links/rechts oder rechts/links). Jedem Tandem wird ein Break-Putt zugeteilt. Das Ziel der Aufgabe sollte sein, dass die Kinder den Putt aus der jeweiligen Situation Richtung Loch spielen können. Dabei sollen die Kinder mit dem Prinzip „Versuch und Irrtum" die optimale Puttlinie herausfinden und den Roll des Balles mit den Ballmarkern ausmarkieren. Nun können alle Kinder der Trainingsgruppe die „gelesenen", ausmarkierten Rollrichtungen nutzen und den Ball Richtung Loch spielen.

HINWEISE

- Die Kinder arbeiten in Zweierteams. Beide machen „dauerhafte" Versuche, um den optimalen Ballverlauf zu bestimmen und diesen mit Ballmarkern auszustecken.
- Die Kinder achten auf die Richtungskontrolle (Startgenauigkeit auf kurze und gerade Putts)
- Trainerhinweise über die Grün-Lesefähigkeit (u.a. Einschätzung der schiefen Ebene, Rollverhalten nach unten bzw. nach oben geputtet usw.)

VARIATIONEN

- Die Tandems teilen sich und spielen gegeneinander, jeder hat 10 Versuche. Wer schafft es, die meisten Bälle innerhalb einer Putter-Länge zu platzieren? (II)
- Die Kinder spielen alle vorhandenen aufgebauten Break-Putts der Trainingsgruppe. Welches Tandem bzw. Kind erreicht die meisten Punkte (Zielzone eine Putter-Länge) (II)
- Die Kinder spielen 5 Bälle mit geschlossenen Augen auf die Zielzone (eine Putter-Länge) (III). Wer macht die meisten Punkte?

Dominik Müller-Lingelbach

Kapitel 7
Säule C: Golfspezifische technische Basiskompetenzen

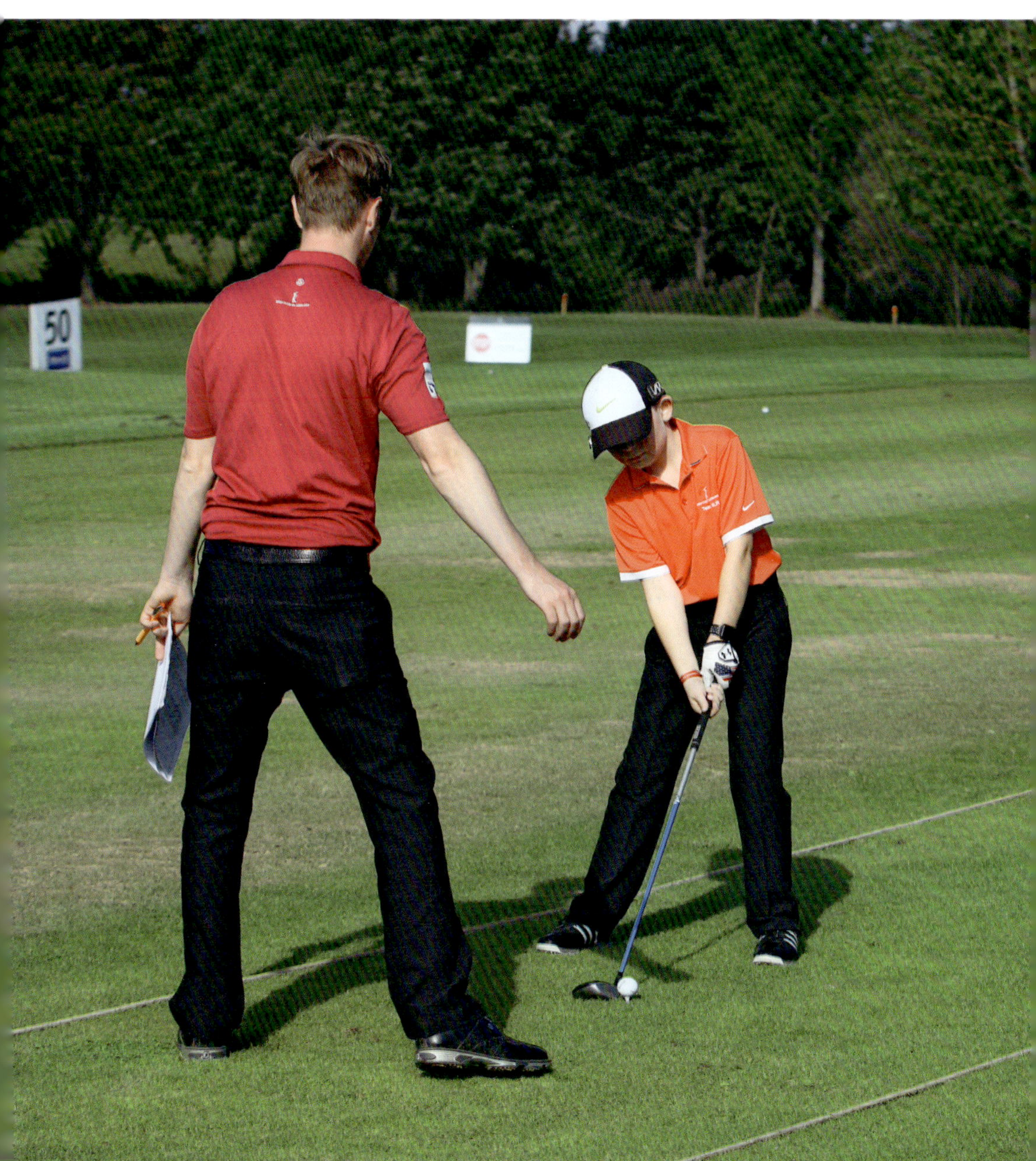

Säule C: Golfspezifische technische Basiskompetenzen

Logik der Schulung von golfspezifischen Leistungsvoraussetzungen

Die methodische Grundformel für die golfspezifischen technischen Basiskompetenzen folgt der Logik für die Spiele/Übungen im Kapitel 6. Auch bei der Säule C sind die *allgemeinen motorischen Kompetenzanforderungen zu minimieren.* Lediglich der obere Summand auf der rechten Seite der Gleichung verändert sich. Im Mittelpunkt stehen nun erstens komplette Techniken (nicht mehr Technikbestandteile) und zweitens ausschließlich Schlagbewegungen aus der Sportart Golf.

Methodische Grundformel

Schulung der golfspezifischen technischen Basiskompetenzen	=	schwierige Golftechniken + einfache (allgemeine) koordinative Anforderungen

Die Tabelle 15 verdeutlicht, dass die Buchstaben B und C der Ballschule Golf in enger Verwandtschaft zueinanderstehen. In diesem Kapitel finden sich zahlreiche Spiele und Übungen, bei denen die acht Schlagtechniken (vgl. Tabelle 9; Kapitel 3) mit den sportspielgerichteten Aufgabenstellungen der Säule B (vgl. Tabelle 8; Kapitel 3) verknüpft werden.

Bildlich gesprochen lassen sich Stundeneinheiten im Bereich C der Ballschule Golf horizontal und/oder vertikal gestalten. *Horizontal* bedeutet, dass in einer Übungseinheit an einer einzelnen Schlagtechnik „gefeilt" wird. Bei einem *vertikalen* Vorgehen könnte das (schlagtechnikübergreifende) Stundenmotto z. B. SCHLAGDISTANZEN ANSTEUERN oder TREFFQUALITÄT HERSTELLEN lauten. Die zugehörigen Trainingsinhalte weisen dann eine hohe Ähnlichkeit zu den Aufgabenstellungen im Kapitel 6 auf.

Die Systematik der Reihung der nachfolgenden Spiele und Übungen ist im Kapitel 4 erläutert worden.

Tab. 15: Golfspezifische technische Basiskompetenzen (Zeilen) und sportspielgerichtete technische Basiskompetenzen (Spalten)

Golfspezifisch	**Sportspielgerichtet**							
	Situationsinformationen aufnehmen und verarbeiten	Abstände einschätzen	Bewegungsinformationen aufnehmen und verarbeiten	Körperwinkel einschätzen und ansteuern	Schlagdistanzen ansteuern	Schlagwinkel ansteuern	Treffqualität herstellen	Schlagtechnik anpassen
Putt								
Chip								
Pitch/Wedge								
Bunker								
Lob								
Eisen/Hybrid								
Fairwayholz								
Drive								

3 Gewinnt

Golfequipment

Putter, Golfbälle, Ballmarker, Tees

Spielmaterialien / Sportgeräte

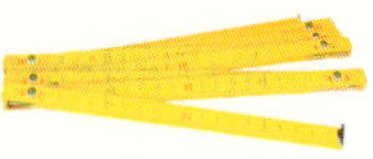

Komplexitätsstufe I

Variationen II

PUTT	SCHLAGDISTANZEN/ -WINKEL ANSTEUERN	PRÄZISIONSDRUCK – ERGEBNIS	

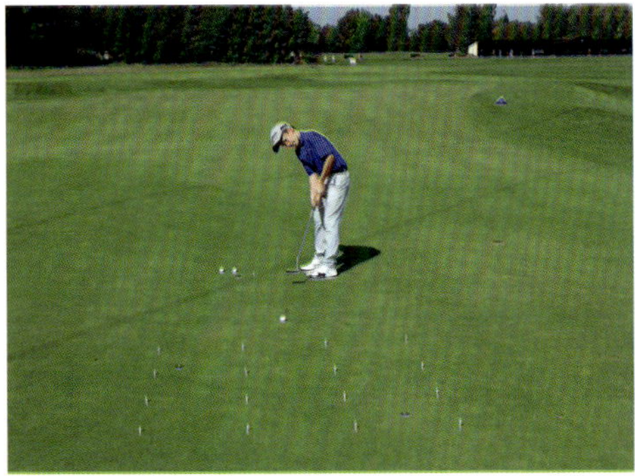

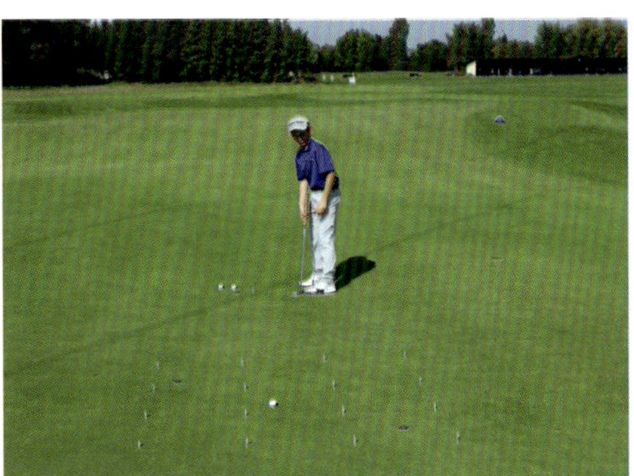

SPIELIDEE

Das Kind baut sich aus 16 Tees ein Spielfeld. Die einzelnen (Teil-)Felder haben eine Größe von 0,5 x 0,5 m. Der Startpunkt liegt 2 m vom Spielfeld entfernt. Das Kind startet das Spiel, indem es vorab ankündigt, in welchem der 16 Felder der Ball liegen bleiben wird, z. B. Reihe 2 Feld 3. Wenn es das Feld getroffen hat, legt es seinen Ballmarker in das Feld. Wenn es das Feld nicht trifft, darf es in dieser Runde keinen Marker platzieren. Wie viele Putts benötigt das Kind, bis es drei Ballmarker in einer Reihe oder diagonal ausgelegt hat?

HINWEISE

- Bei der Auswahl der Spielfläche auf dem Grün darauf achten, dass die Fläche wenig Break aufweist
- Auf eine vollständige Puttroutine achten

VARIATIONEN

- Das Spielfeld verkleinern (II)
- Den Startpunkt weiter vom Spielfeld entfernen, z. B. in einem Abstand von 4 m (II)
- Zwei Kinder spielen gegeneinander. Wer zuerst drei Putts in einer Reihe oder Diagonale platzieren kann, hat das Spiel gewonnen (II)
- Das Spiel mit Chippen durchführen. Hier zu Beginn Zielfelder von 1 x 1 m verwenden (II)

Einmal um die Welt

Golfequipment	Spielmaterialien / Sportgeräte	Komplexitätsstufe II
Putter, Golfbälle, Tees		Variationen II,II-III

PUTT	PRÄZISIONSDRUCK – ERGEBNIS	BELASTUNGSDRUCK – PSYCHISCH	

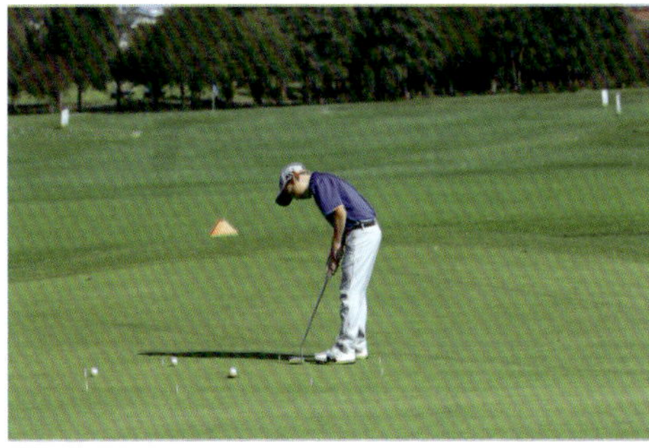

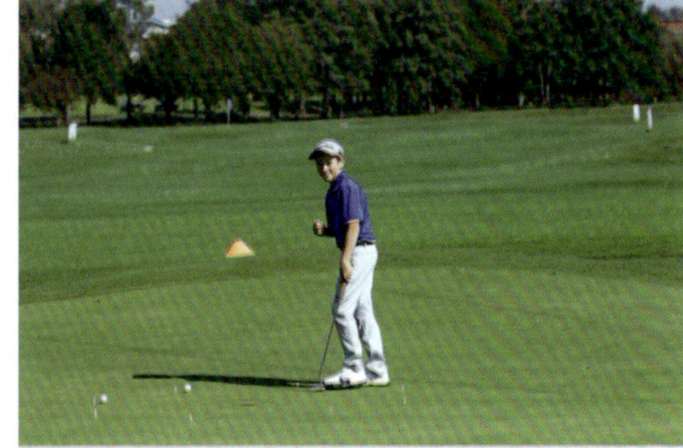

SPIELIDEE

Acht Tees werden kreisförmig um ein Loch auf dem Übungsgrün gesteckt. Für die Festlegung der gleichmäßigen Abstände zwischen den Tees und dem Loch wird der Putter verwendet. Der Golfball wird zu Beginn des Spiels neben ein beliebiges Tee gelegt. Nach einem erfolgreichen Lochen darf das Kind ein Tee weitergehen. Wird der Ball nicht gelocht, beginnt das Spiel am nächsten Tee wieder von vorne. Ziel ist es, am Ende alle acht Putts von den Tees in Folge gelocht zu haben.

HINWEISE

- Bei der Lochauswahl darauf achten, dass das Übungsgrün wenig Break aufweist
- Auf eine vollständige Puttroutine achten
- Bei nachlassender Konzentration eine Pause einlegen

VARIATIONEN

- Den Radius vergrößern (II)
- Ein weiteres Kind kommt hinzu. Beide Kinder stehen sich gegenüber. Wird der Putt gelocht, darf das Kind ein Tee weitergehen. Wird der Putt nicht gelocht, muss das Kind am Tee stehen bleiben. Werden zwei Putts am gleichen Tee nicht gelocht, muss das Kind ein Tee zurückgehen. Ziel ist es, das gegnerische Kind einzuholen (II)
- Bei der Lochauswahl unterschiedliche Breaksituationen wählen (mehr Break = schwerer) (II-III)
- Den Ball mit unterschiedlichen Geschwindigkeiten in das Loch fallen lassen (II-III)

Putt-Kompass

Golfequipment	Spielmaterialien / Sportgeräte	Komplexitätsstufe II
Putter, Golfbälle, Tees		Variationen II,III

PUTT	SCHLAGDISTANZEN/ -WINKEL ANSTEUERN	PRÄZISIONSDRUCK – ERGEBNIS	

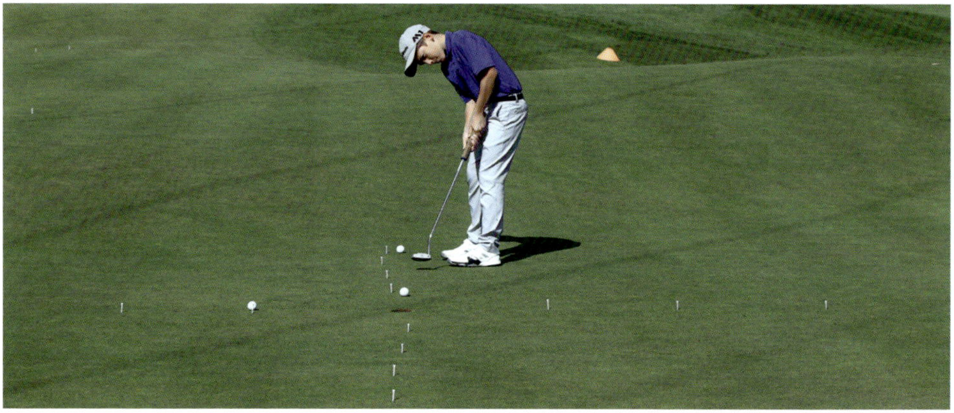

SPIELIDEE

Ein Kind agiert mit seinem Putter und einem Golfball auf dem Übungsgrün. Mit Tees markiert es im Abstand von 0,5 m, 1,0 m, 1,5 m, 2 m vom Loch die Abspielpunkte in alle vier Himmelsrichtungen. Von jedem Tee wird nun ein Putt gespielt. Das Ziel ist es, so viele Putts wie möglich zu lochen.

HINWEISE

- Bei Spielanfängern drauf achten, dass keine zu starken Breakputts ausgewählt werden
- Bei Breakputts darauf achten, dass die Tees nicht in der Spiellinie stecken
- Darauf achten, dass der Ball nicht zu nah am Tee liegt

VARIATIONEN

- Die unterschiedlichen Entfernungen an unterschiedlichen Löchern markieren (II)
- Jeweils nur eine Himmelsrichtung an einem Loch stecken (II)
- Variation der Entfernungen dem Spielniveau anpassen (II)
- Zwei Kinder spielen gegeneinander: Wem gelingt es, die meisten Putts zu lochen (II)?
- Erfolgsserie: alle vier Putts einer Distanz müssen hintereinander gelocht werden. Erst dann darf die nächste Distanz geputtet werden (III)

Perlenputten

Golfequipment	Spielmaterialien / Sportgeräte	Komplexitätsstufe III
Putter, Golfbälle, Tees		Variationen III

PUTT	SCHLAGDISTANZEN ANSTEUERN	ABSTÄNDE EINSCHÄTZEN	PRÄZISIONSDRUCK – ERGEBNIS

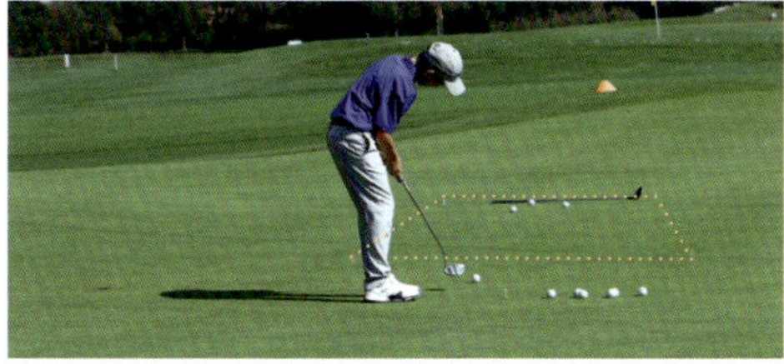

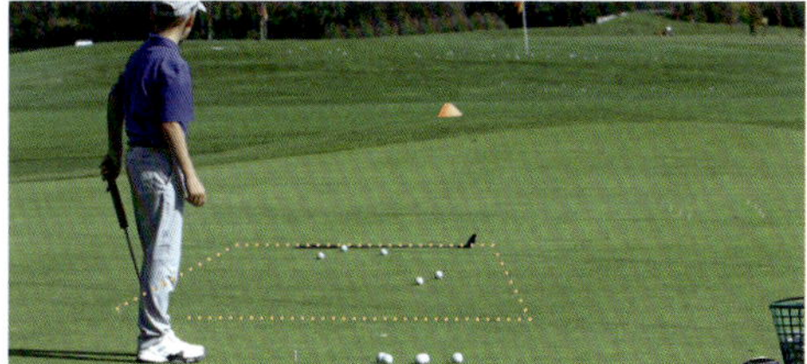

SPIELIDEE

Ein Kind sucht sich auf dem Übungsgrün eine gerade Fläche ohne Loch. Dort steckt es mit vier Tees ein Rechteck von 2 m Breite und 5 m Länge ab. Das fünfte Tee wird 2 m entfernt vom Zielkorridor in das Übungsgrün platziert. Das Kind legt zehn Bälle an das Start-Tee. Ziel ist es, den ersten Putt möglichst nahe an das Rechteck zu schlagen. Der Ball ist dann mit weiteren Putts innerhalb des Rechtecks zu platzieren. Die weiteren Putts müssen immer kürzer werden. Sollte ein Ball länger sein, als der zuvor gespielte Putt, beginnt das Spiel von vorne. Ziel ist es, nacheinander möglichst viele Bälle in den Korridor zu putten.

HINWEISE

- Bevor das Kind mit dem Spiel beginnt, soll es eine Prognose abgeben, wie viele Bälle es erfolgreich nacheinander im Korridor platzieren kann
- Das Spiel kann auch Indoor gespielt werden (z. B. Langer Flur)

VARIATIONEN

- Die Übung umdrehen: Start mit kurzen Putts, danach Steigerung der Entfernung bis zum Ende des Feldes. Bleibt ein Ball zu kurz, muss wieder von vorne begonnen werden (III)
- Zwei Kinder spielen gegeneinander: Wer schafft es, mehr Bälle nacheinander in den Korridor zu treffen? (III)
- Spiele im Team 2 gegen 2. Die Teams putten abwechselnd. Welches Team bekommt die meisten Bälle in den Korridor? (III)
- Veränderung der Größe des Rechtecks, z. B. 1 m Breite und 3 m Länge (III)
- Das Spiel ist auch als Perlenchippen möglich

9 Loch Chip & Putt

Golfequipment	Spielmaterialien / Sportgeräte	Komplexitätsstufe I-II
Golftasche mit allen Schlägern, Golfbälle		Variationen II,III

Chip	Präzisionsdruck – Ergebnis	Präzisionsdruck – Situation (Variabilität)	Präzisionsdruck – Ausführung

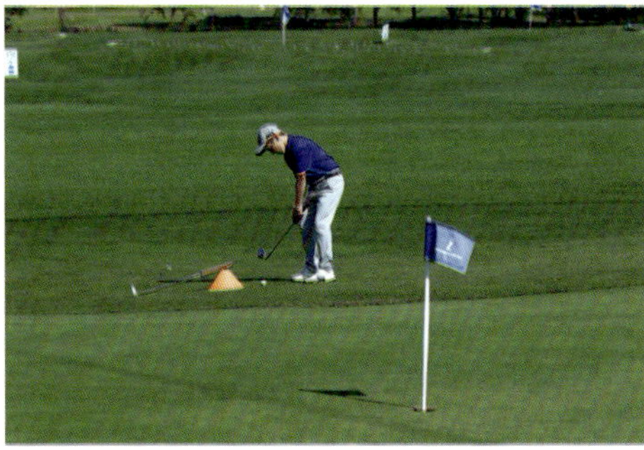

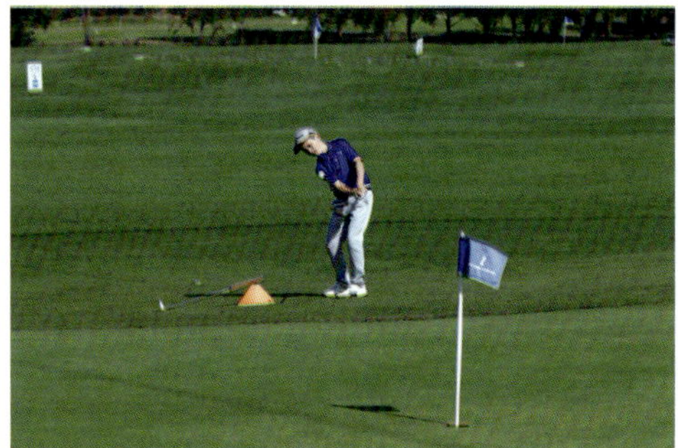

SPIELIDEE

Das Kind spielt insgesamt neun Loch im Kurzspiel. Es wählt seine Entfernungen und Schläger selbstständig aus. Die Chips – auf unterschiedliche Fahnen – sollten eine Längenvariation von 5 bis 25 Meter aufweisen. Ziel ist es, möglichst viele Up & Downs zu schaffen.

HINWEISE

- Jeden Ball droppen
- Auf eine vollständige Routine achten
- Das Kind gibt eine Prognose ab, wie viele Up & Downs es auf neun Loch erreichen wird

VARIATIONEN

- Schwere Lagen auswählen, z. B. Kahlstellen oder Hanglagen (III)
- Bei den neun Loch darf jeder Schläger nur einmal verwendet werden (außer dem Putter) (III)
- Die Situationen sollen mit nur einem Schläger gespielt werden, z. B. Eisen 5 (III)
- Zwei Kinder spielen gegeneinander ein Lochwettspiel. Wer das Loch gewinnt, geht 1 up. Wenn beide das Loch teilen, bleibt der Stand bei all square. Der Spieler, der das Loch verloren hat, geht 1 down (III)
- Schlechts-Ball: Das Kind spielt zwei Bälle auf eine Fahne und puttet den schlechteren Ball zu Ende (II)
- Das Kind setzt sich eine gewisse Anzahl an Up & Downs, die es schaffen will (III)

Alle Schläger in der Tasche!

Golfequipment	Spielmaterialien / Sportgeräte	Komplexitätsstufe II
Golftasche mit allen Schlägern, Golfbälle		Variationen II,III

CHIP	PRÄZISIONSDRUCK – ERGEBNIS	SCHLAGDISTANZEN/ -WINKEL ANSTEUERN	ABSTÄNDE EINSCHÄTZEN

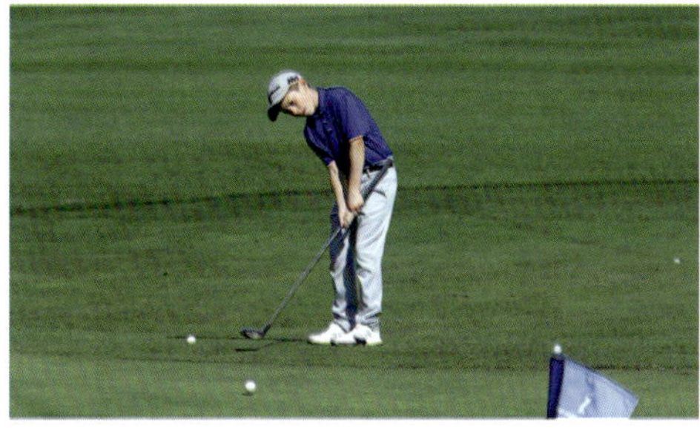

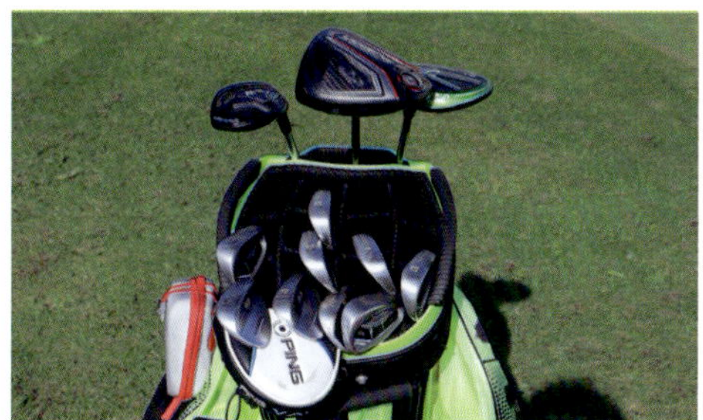

SPIELIDEE

Das Kind steht mit fünf Golfbällen in ca. 2 m Entfernung vom Rand eines Grüns, auf das es Chippen soll. Es spielt mit allen Schlägern aus seiner Tasche (Lobwedge – Driver). Für den jeweiligen Schläger sucht es sich eine Fahne in der passenden Entfernung aus und spielt fünf Bälle an diese Fahne. Für jeden Ball, der innerhalb eines 2 m-Kreises um die Fahne liegt, erhält das Kind einen Punkt. Wie viele Punkte erreicht das Kind?

HINWEISE

- Jeden Ball droppen
- Auf eine vollständige Routine achten
- Das Kind wechselt die Position mit den Übungsbällen, wenn es keine passende Fahne für den jeweiligen Schläger findet
- Das Kind wählt die Entfernungen zur Fahne so, dass der Ball mit wenig Flug auf dem Grün landet und dann die Strecke zur Fahne rollt

VARIATIONEN

- Schwere Lagen auswählen, z. B. Kahlstellen oder Hanglagen (III)
- Zwei Kinder spielen gegeneinander. Wer schafft es, die Bälle näher an die Fahnen zu platzieren? (II)
- Erfolgsserie: Das Kind wechselt erst dann zum nächsten Schläger, wenn es drei von fünf Bällen in den 2 m Kreis getroffen hat (III)

Werfen vs. Chippen

Golfequipment	Spielmaterialien / Sportgeräte	Komplexitätsstufe II
Golftasche mit allen Schlägern, Golfbälle		Variationen II,III

CHIP	PRÄZISIONSDRUCK – KOMPLEXITÄT	PRÄZISIONSDRUCK – ERGEBNIS

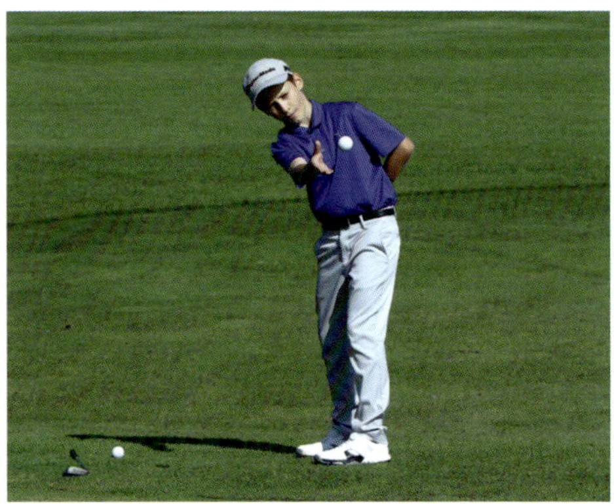

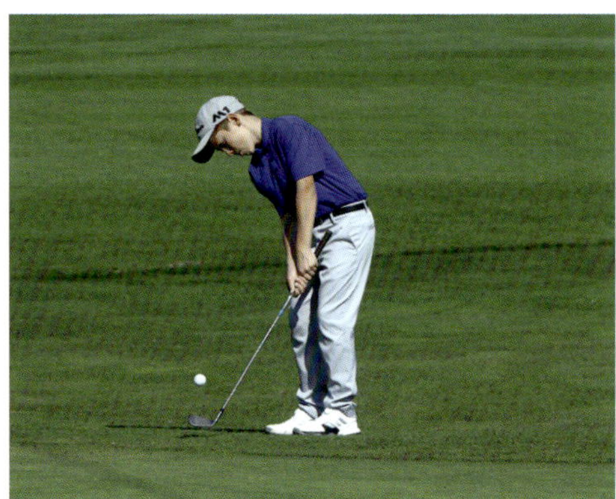

SPIELIDEE

Das Kind spielt neun unterschiedliche Situationen am Übungsgrün mit jeweils zwei Bällen. Der Abstand zum Loch variiert zwischen 5 und 25 m. Das Kind stellt sich ohne Schläger in seine Chip Ansprechposition. Aus dieser Position wirft es den ersten Ball an die Fahne. Danach chippt es den zweiten Ball an die Fahne und versucht, diesen näher an das Loch zu platzieren als den geworfenen Ball. Für jeden näher gechippten Ball erhält das Kind einen Punkt.

HINWEISE

- Das Kind wählt selbstständig den Schläger passend zur Situation
- Auf eine vollständige Routine achten
- Der gechippte Ball soll möglichst wenig fliegen und viel rollen

VARIATIONEN

- Für die variierenden Entfernungen immer den gleichen Schläger verwenden (III)
- Bei jedem Chip die Flughöhe variieren (III)
- Zwei Kinder spielen gegeneinander. Wer holt mehr Punkte? (II)
- Den Ball droppen (III)
- Schwere Spielsituationen auswählen (Rough, Hanglagen, Kahlstellen usw.) (III)

Felderjagd

Golfequipment

Schlägerhaube,
Golfbälle, Tees

Spielmaterialien / Sportgeräte

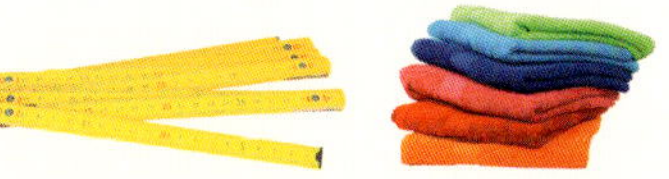

Komplexitätsstufe III

Variationen III

CHIP	SITUATIONSINFORMATIONEN AUFNEHMEN UND VERARBEITEN	GESCHWINDIGKEITS-/ ZEITDRUCK – ABLAUF

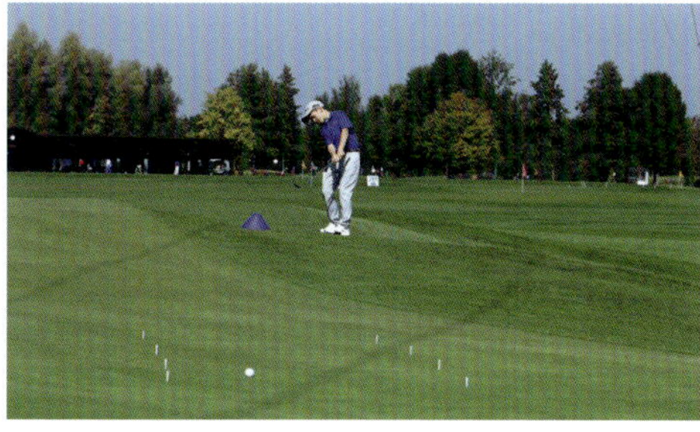

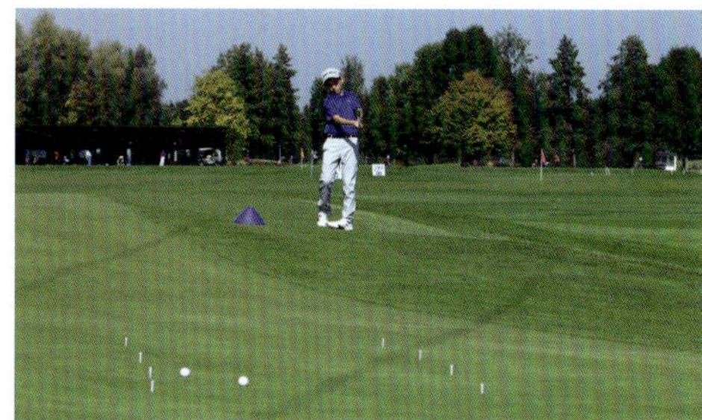

SPIELIDEE

Das Kind sucht sich auf seinem Übungsgrün eine Fläche mit wenig Gefälle. Es baut sich – 6 m entfernt vom Grünrand – seine Korridore auf. Jeder Korridor hat eine Größe von 1 m Breite und 1 m Länge. Das Kind geht vom Grün herunter und legt seine Bälle 6 m vom Grünrand entfernt auf den Boden. Es markiert seinen Startpunkt mit einem Handtuch oder einer Schlägerhaube. Ziel ist es, dass der Ball im Korridor liegen bleibt. Das Kind startet die Übung mit dem hinteren Korridor und arbeitet sich bis zum erste Korridor vor. Für jedes getroffene Feld erhält es einen Punkt. Das Kind spielt insgesamt drei Runden – Wie viele Punkte erreicht es?

HINWEISE

- Das Kind wählt den Schläger passend zur Situation
- Den Ball droppen
- Auf eine vollständige Routine achten

VARIATIONEN

- Nach jedem Schlag einen anderen Golfschläger wählen (III)
- Zwei Kinder spielen gegeneinander. Wer erreicht mehr Punkte? (III)
- Die Entfernung des Startpunktes verändern (III)
- Die Felder aus schweren Balllagen treffen (III)
- Die erste Runde mit geschlossenen Augen spielen, die zweite mit einer Hand und die dritte auf einem Bein (III)

Ins Ziel treffen!

Golfequipment	Spielmaterialien / Sportgeräte	Komplexitätsstufe I
SW, Schlägerhauben, Golfbälle		Variationen II,III

Pitch	Schlagdistanzen/ -Winkel ansteuern	Situationsinformationen aufnehmen und verarbeiten

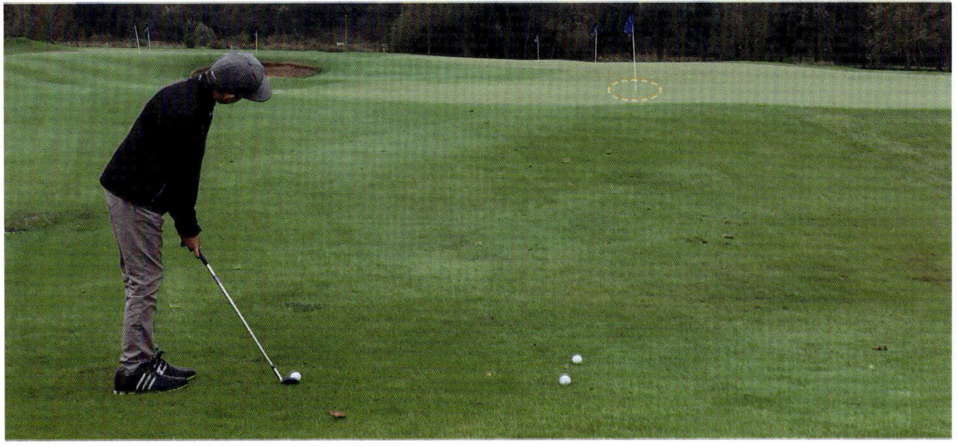

SPIELIDEE

Das Kind wählt drei Entfernungen – 20 m, 25 m und 30 m – am Pitchinggrün. Aus jeder Distanz werden fünf Bälle gespielt. Das Ziel ist es, dass alle Bälle auf dem Grün liegen bleiben. Für jeden Ball auf dem Grün erhält das Kind einen Punkt.

HINWEISE

- Der Ball wird immer gedroppt
- Auf eine vollständige Routine achten

VARIATIONEN

- Ziel auf einen Durchmesser von 4 m verkleinern (II)
- Nach jedem Schlag wechselt das Kind die Entfernung (II)
- Mit einem anderen Schläger spielen (Lobwedge, Sandwedge, Gapwedge, Pitchingwedge) (II)
- Wettkampf mit einem Gegner. Welches Kind schafft mehr Grüntreffer in Folge (III)?
- Lage des Balles wird erschweren (Rough, Kahlstelle usw.) (III)

Bestball-Pitch

Golfequipment

SW, PW, Putter,
Golfbälle, Tees

Spielmaterialien / Sportgeräte

Komplexitätsstufe II

Variationen II,III

PITCH	SCHLAGDISTANZEN ANSTEUERN	PRÄZISIONSDRUCK – ERGEBNIS	

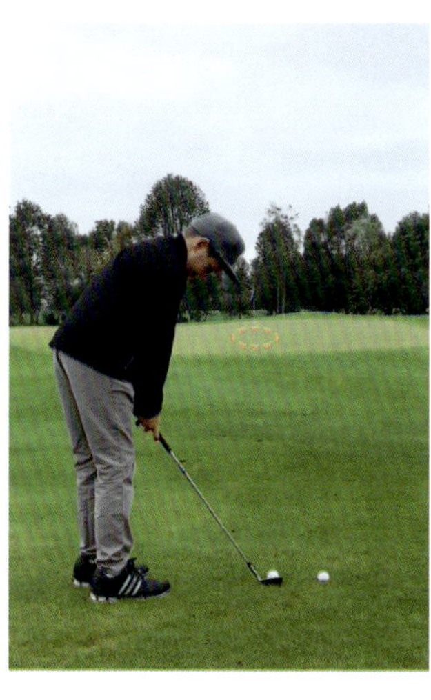

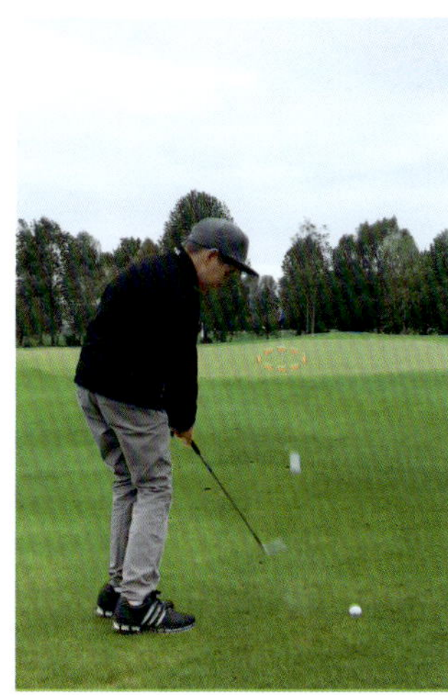

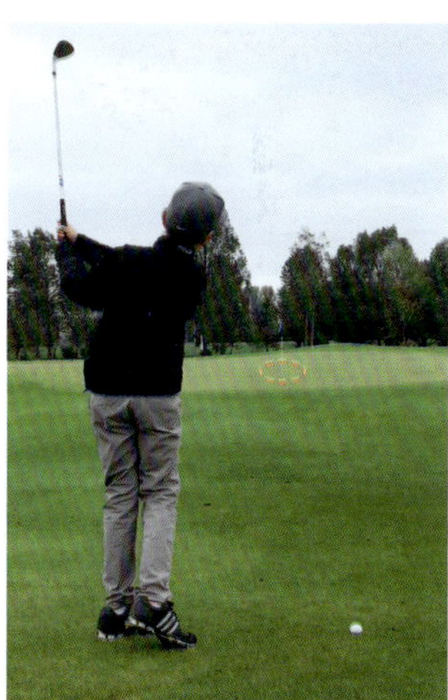

SPIELIDEE

Das Kind wählt selbstständig Entfernungen zwischen 20 m und 60 m. Aus der gewählten Distanz, werden zwei Bälle an die gleiche Fahne gespielt und der „bessere" Ball wird zu Ende geputtet. Insgesamt werden neun unterschiedliche Entfernungen gespielt. Welche Schlagzahl konnte das Kind erreichen?

HINWEISE

- Der Ball wird immer gedroppt
- Auf eine vollständige Routine achten
- Das Kind versucht, die niedrigste Schlagzahl so oft wie möglich zu unterbieten

VARIATIONEN

- Den zweiten Ball mit einer Variation spielen (Flughöhe, Schläger, Spin) (III)
- Den „schlechteren" Ball (Schlechtsball-Pitch) zu Ende spielen (II)
- Wettkampf gegen einen Gegner (II)

Eimerjagd

Golfequipment	Spielmaterialien / Sportgeräte	Komplexitätsstufe II
Wedges, Golfbälle		Variationen II,III

Pitch	Schlagdistanzen/ -Winkel ansteuern	Präzisionsdruck – Ergebnis

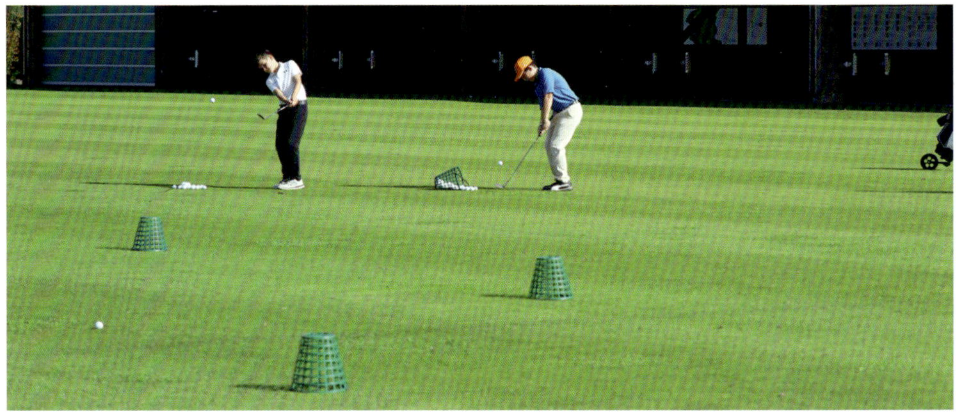

SPIELIDEE

In den Entfernungen 10 m, 15 m, 20 m, 25 m, 30 m werden Balleimer auf die Drivingrange gestellt. Das Kind beginnt vorne mit dem ersten Eimer. Ist dieser getroffen, wechselt es zur nächsten Entfernung. Ziel ist es, jeden Eimer zu treffen. Punkteverteilung: Rollt der Ball an den Korb = ein Punkt, Springt der Ball einmal auf und trifft dann den Korb = zwei Punkte, Trifft der Ball den Korb direkt im Flug = fünf Punkte Welche Punktzahl erreicht das Kind?

HINWEISE

- Statt Balleimer können auch etwas größere Tonnen verwendet werden
- Sind keine Tonnen vorhanden, können mehrere Eimer verwendet werden um das Ziel zu vergrößern
- Entfernungen und Größen der Ziele dem Spielniveau anpassen

VARIATIONEN

- Spielen gegen einen Gegner oder im Team (II)
- Die Körbe abwechselnd anspielen (III)
- Anzahl der Körbe verändern (II)

Par Saver

Golfequipment	Spielmaterialien / Sportgeräte	Komplexitätsstufe III
Wedges, Putter, Golfbälle		Variationen III

Pitch	Präzisionsdruck – Ergebnis	Schlagdistanzen/ -Winkel ansteuern

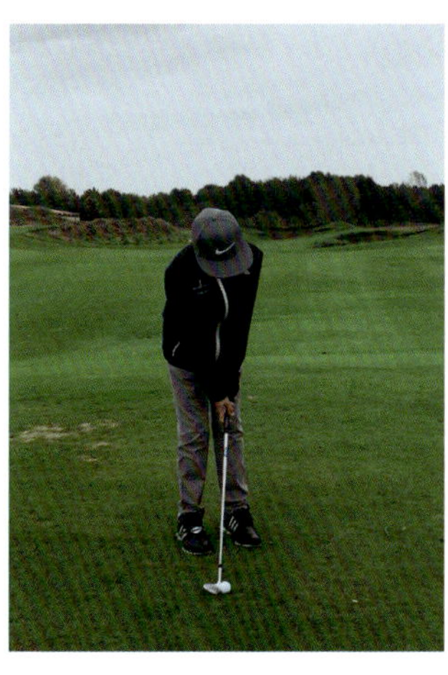
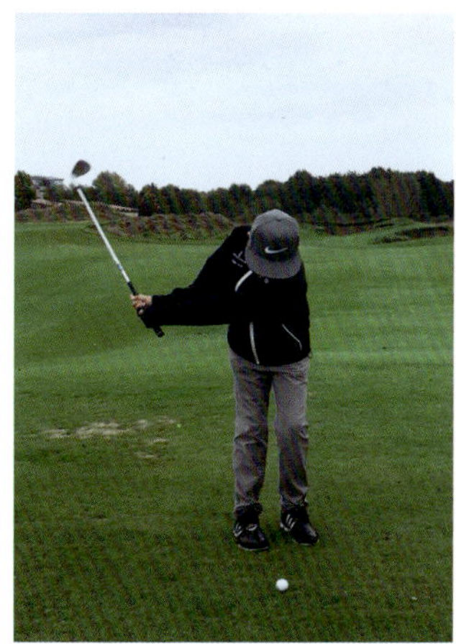
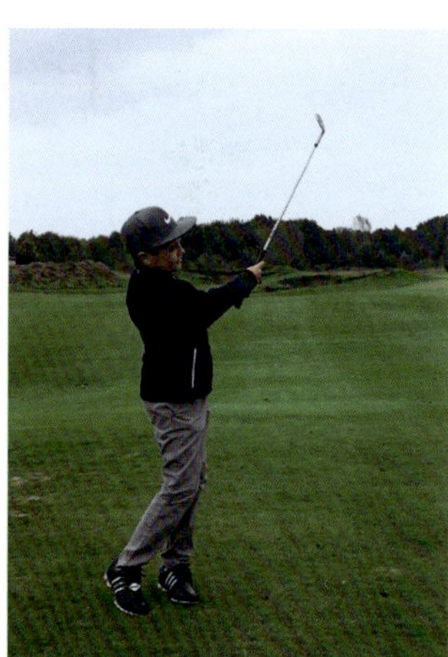

SPIELIDEE

Das Kind entwirft seinen eigenen 9 Loch Par 2 Course, indem es Entfernungen zwischen 20 und 60 Metern auf dem Pitching-Übungsbereich wählt. Das Kind versucht, den 9 Loch Course mit so wenig Schlägen wie möglich zu durchlaufen. Vor dem Start gibt das Kind eine Prognose ab, welches Ergebnis es erreichen kann.

HINWEISE

- Der Ball wird immer gedroppt.
- Auf eine vollständige Routine achten
- Bei mehreren Spielern den Sicherheitsaspekt bei dem Parcoursaufbau beachten (gegenüberliegende Stationen vermeiden)

VARIATIONEN

- Das Kind legt vor Beginn einen Zielscore fest, den es schaffen möchte. Wird der Score nicht erreicht, beginnt es von vorne (III)
- Wettkampf gegen ein anderes Kind: Wer erzielt auf 9 Loch das niedrigere Ergebnis? (III)

Hochsprung

Golfequipment	Spielmaterialien / Sportgeräte	Komplexitätsstufe I
SW, Golfbälle		Variationen I,II

Bunker	Schlagtechnik anpassen		

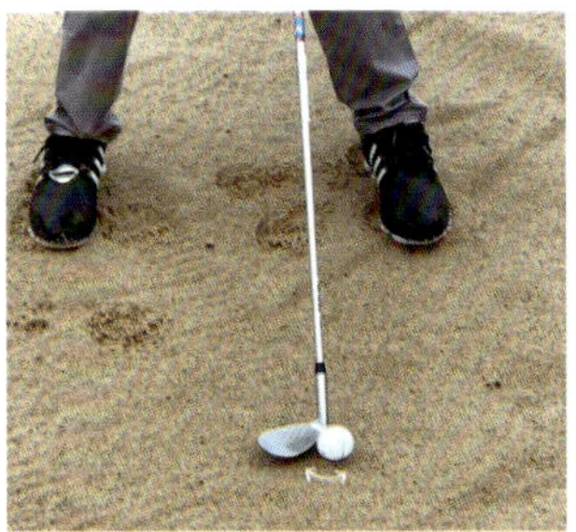

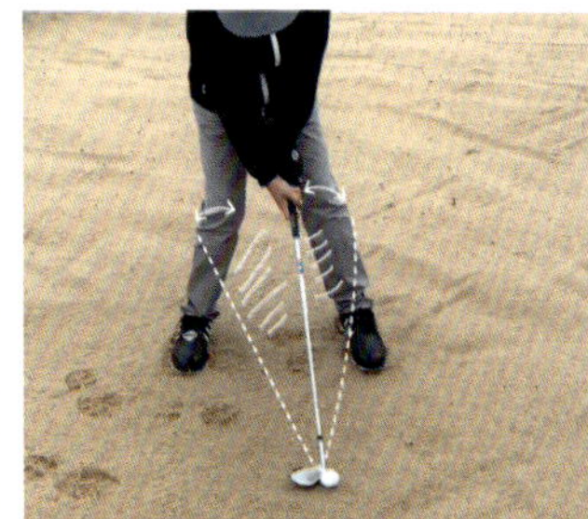

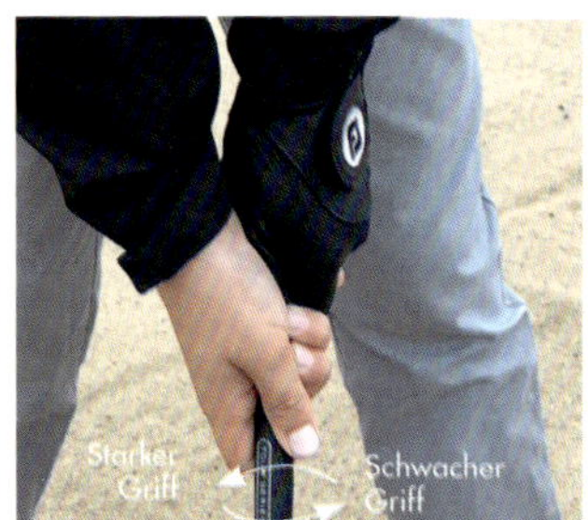

SPIELIDEE

Das Kind befindet sich in einem Übungsbunker. Ziel ist es, den Ball mit einem Sandwedge so hoch wie möglich aus dem Bunker zu schlagen. Hierzu darf das Kind bewusst Veränderungen im Schwung vornehmen:

- Schlagflächenstellung im Setup von sehr offen bis sehr geschlossen verändern
- Schaftneigung im Setup von weit vor dem Ball bis weit hinter dem Ball verändern
- Griff von sehr stark bis sehr schwach (Kombinationen auch möglich) verändern
- Mit welchen Anpassungen gelingt es dem Kind, den Ball maximal hoch aus dem Bunker zu spielen.

HINWEISE

- Das Kind soll seinen eigenen Weg finden, den Ball in der Flughöhe zu beeinflussen
- Die drei Veränderungsmöglichkeiten können nacheinander abgearbeitet oder auch in Kombinationen ausprobiert werden

VARIATIONEN

- Ballposition variieren (I)
- Sandmenge variieren (I)
- Frühes bis spätes Schlagen in die Aufgabe integrieren (II)
- Mit anderen Schlägern (PW – Eisen 8) aus dem Grünbunker spielen (II)
- Kinder stellen sich in bestimmten Bereichen gegenseitig Aufgaben (II)

Schlage das Tee

Golfequipment	Spielmaterialien / Sportgeräte	Komplexitätsstufe II
SW, Golfbälle, Tees		Variationen II

Bunker	Situationsinformationen aufnehmen und verarbeiten	Präzisionsdruck – Ausführung

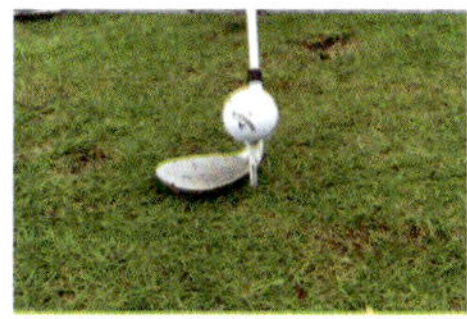
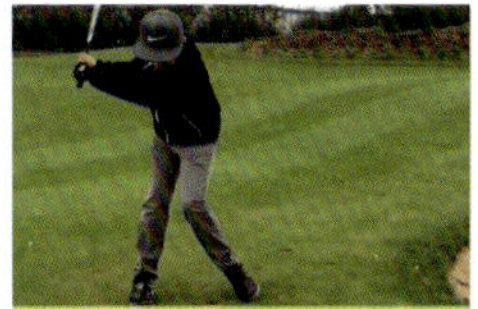
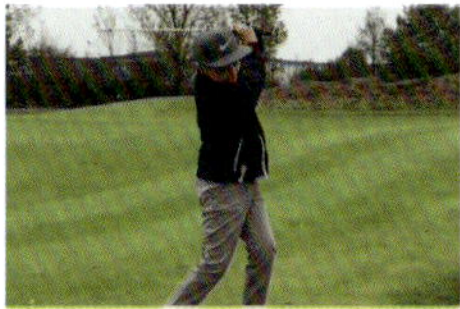
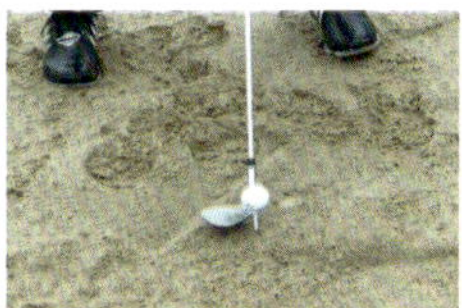

SPIELIDEE

Das Kind ist so positioniert, dass ein Bunker direkt in der Spiellinie zwischen dem Kind und dem Übungsgrün platziert ist. Nun werden die Golfbälle ca. 1 bis 2 m hinter dem Bunker hoch aufgeteet.

- Ziel 1: Das Tee mit vollem Schwung unter dem Ball so weggeschlagen, dass der Ball gerade nach unten auf den Boden fällt. Wenn das Kind dies durchführen kann, folgt Ziel 2.
- Ziel 2: Das Kind teet die Bälle im Bunker auf, sodass noch 3 cm Abstand zwischen dem Ball und der Sandoberfläche sind. Das Ziel bleibt nun gleich. Das Tee muss mit vollem Schwung unter dem Ball weggeschlagen werden.
- Ziel 3: Das Kind teet den Ball so auf, dass das gesamte Tee im Sandbunker verschwindet und der Ball die Sandoberfläche leicht berührt. Mit vollem Schwung wird wiederum versucht, das Tee wegzuschlagen. Der Schläger muss durch den Sand geschlagen werden.
- Ziel 4: Das Kind schlägt den Ball ohne Tee aus dem Bunker.

HINWEISE

- Beim Einsammeln der weggeschlagenen Tees wird kein Schlag nach dem Ball durchgeführt
- Im und außerhalb des Bunkers auf ebene Stellen achten
- Bei den Schlägen im Bunker darf zwischen den Schlägen der Sand geharkt werden
- Auf einen vollen Schwung achten
- Auf Sicherheit achten

VARIATIONEN

- Schläger mit weniger Loft verwenden (II)
- Wettkampf gegen einen Gegner (II)
- Schwungumfang variieren (II)
- Schwunggeschwindigkeit variieren (II)

Mach den Seve!

Golfequipment	Spielmaterialien / Sportgeräte	Komplexitätsstufe II
Eisen 6, Golfbälle		Variationen II,III

BUNKER	SCHLAGDISTANZEN/ -WINKEL ANSTEUERN	PRÄZISIONSDRUCK – ERGEBNIS

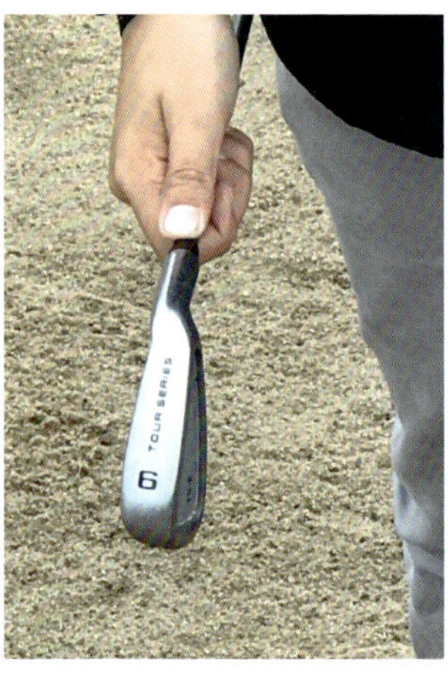

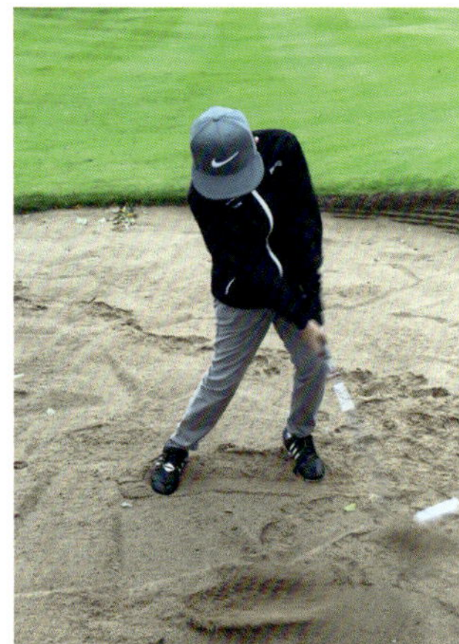

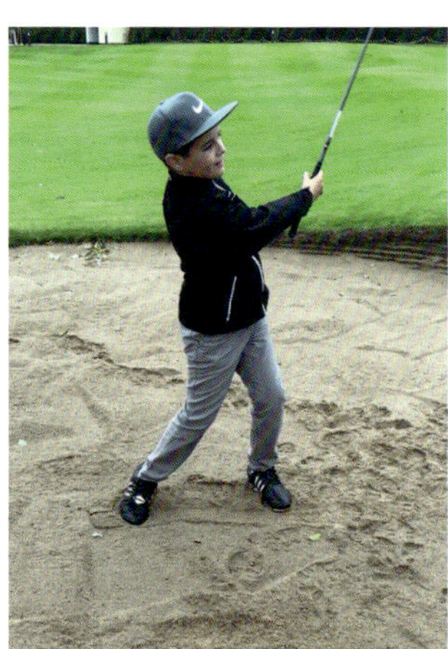

SPIELIDEE

Das Kind spielt 30 Bälle mit einem Eisen 6 aus dem Grünbunker. Folgende Punkte werden vergeben:
Erfolgreich aus dem Bunker = ein Punkt
Grüntreffer = zwei Punkte
Innerhalb von 4 m an der Fahne = fünf Punkte
Eingelocht = zehn Punkte
Wie viele Punkte erzielt das Kind?

HINWEISE

- Beim Zählen der Punkte schlägt kein Kind einen Ball
- Auf Sicherheitsabstand achten

VARIATIONEN

- Verwendung weiterer Eisen mit weniger Loft (z. B. Eisen 5 – Eisen 3) (III)
- Auf dem Platz in einen Grünbunker schlagen und dann mit dem Eisen 6 an die Fahne (III)
- Wettkampf gegen einen Gegner (II)

Sandrakete

Golfequipment	Spielmaterialien / Sportgeräte	Komplexitätsstufe III
Golfschläger, Golfbälle		Variationen III

Bunker	Schlagdistanzen/ -Winkel ansteuern	Präzisionsdruck – Ergebnis	

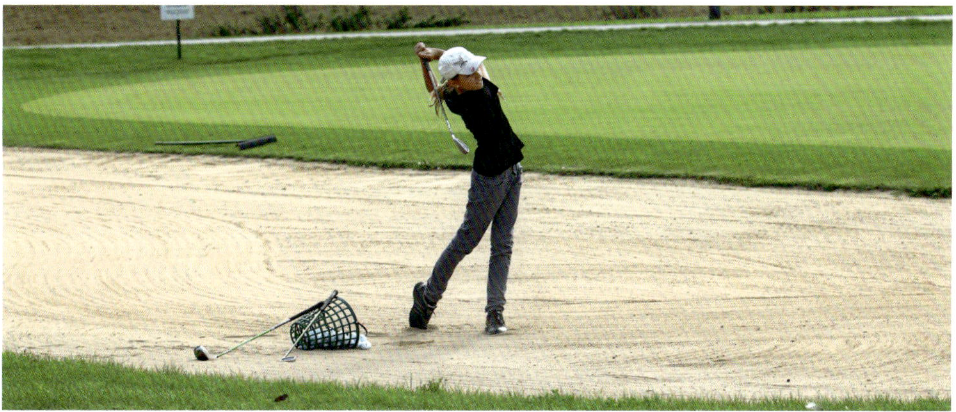

SPIELIDEE

Das Kind positioniert sich mit 20 bis 50 Bällen in einem Fairwaybunker und sucht sich ein passendes Ziel für den jeweiligen Schläger (z. B. Eisen 7). Wie viele Grüntreffer erreicht es mit der gewählten Anzahl an Bällen?

HINWEISE

- Das Zielgrün oder die Zielfahne dem Spielniveau anpassen
- Das Kind muss die Schläger entsprechend der Bunkerkantenhöhe wählen

VARIATIONEN

- Anzahl an Grüntreffern vorgeben (III)
- Bei Hölzern aus dem Bunker einen Korridor als Fairway vorgeben (III)
- Wettkampf gegen einen Gegner (III)
- Variation der Flugkurven (III)
- Auf dem Platz absichtlich in den Fairwaybunker schlagen und dann zu Ende spielen (III)
- Auf dem Platz in den Fairwaybunker schlagen und von dort versuchen, den Grünbunker zu treffen (III)

Selber fangen!

Golfequipment	Spielmaterialien / Sportgeräte	Komplexitätsstufe I
LW, Golfbälle		Variationen II

Lob	Präzisionsdruck – Komplexität		

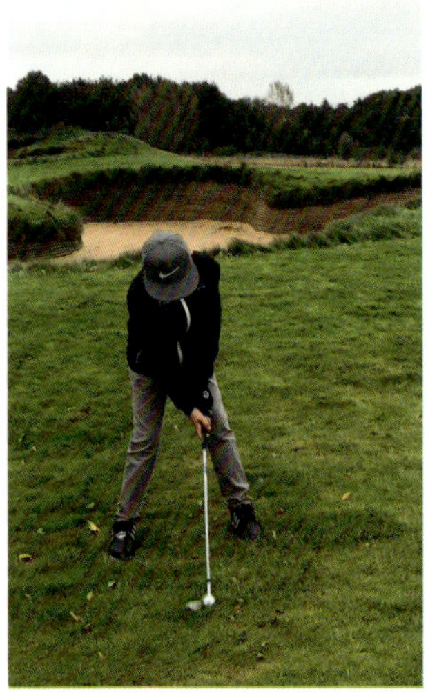

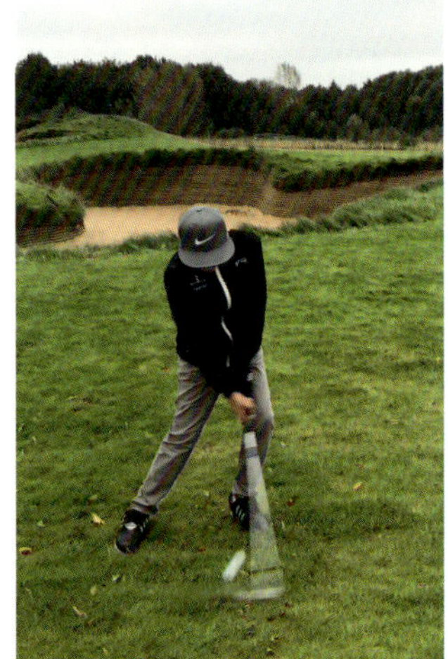

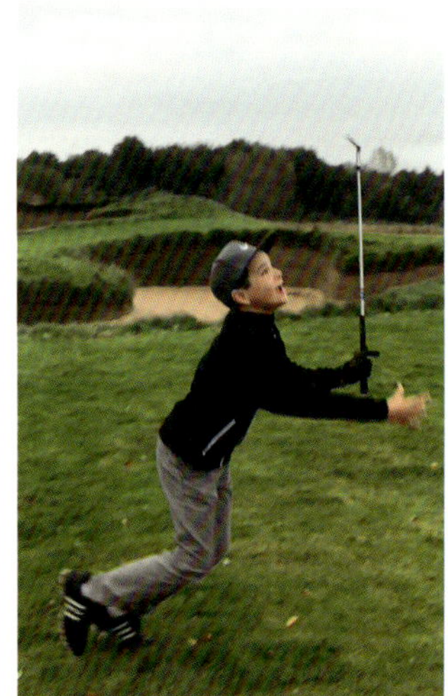

SPIELIDEE

Das Kind versucht, den Ball so zu schlagen, dass es den Ball selbst fangen kann.

HINWEISE

- Vor jedem Schlag eine gute Balllage herstellen
- Auf genügend Sicherheitsabstand achten
- Je nach Spielniveau kann der Ball auch aufgeteet werden

VARIATIONEN

- Wettkampf gegen einen Gegner (II)
- Wer fängt am meisten Bälle? (II)
- Wer fängt die meisten Bälle in Folge (II)?
- Wer benötigt am wenigsten Schläge, um den ersten Ball zu fangen (II)?
- Mit SW spielen (II)

Break 18 Lob

Golfequipment	Spielmaterialien / Sportgeräte	Komplexitätsstufe II
LW/SW, Golfbälle		Variationen II,III

LOB	PRÄZISIONSDRUCK – ERGEBNIS	SITUATIONSINFORMATIONEN AUFNEHMEN UND VERARBEITEN	

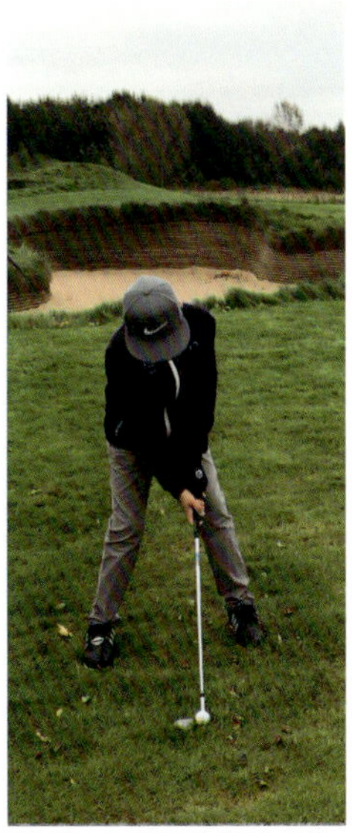
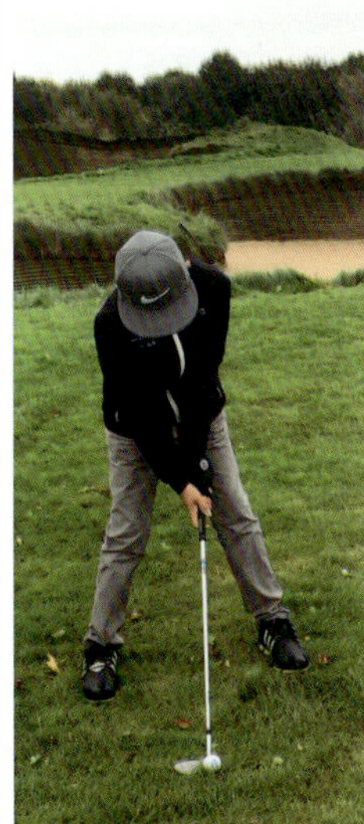
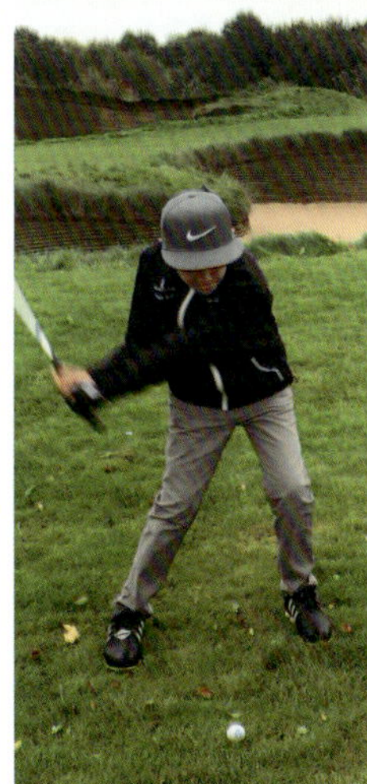
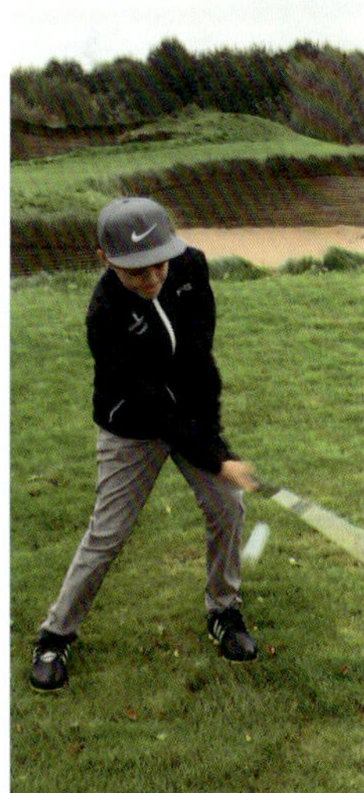

SPIELIDEE

Gespielt werden neun unterschiedliche Stationen, die das Kind mit einem Lobschlag lösen und den Ball zu Ende putten muss. Wie viele Schläge benötigt das Kind?

HINWEISE

- Den Schwierigkeitsgrad der Stationen dem Spielniveau anpassen
- Auf Sicherheit beim Stationsaufbau achten

VARIATIONEN

- Break 18 Lob Bestball (II)
- Break 18 Lob Worstball (III)
- Eine gewisse Schlagzahl erreichen oder unterbieten (z. B. 24 Schläge oder 21 Schläge) (III)

Eisen 6 Lob

Golfequipment	Spielmaterialien / Sportgeräte	Komplexitätsstufe II
Eisen 6/7, Golfbälle		Variationen II,III

Lob	Situationsinformationen aufnehmen und verarbeiten	Schlagdistanzen/ -Winkel Ansteuern

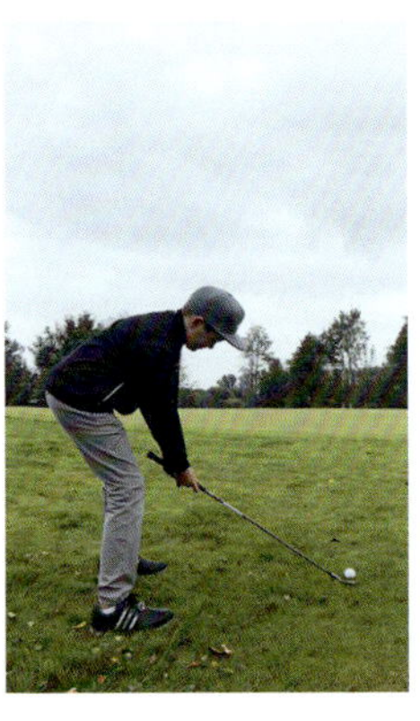
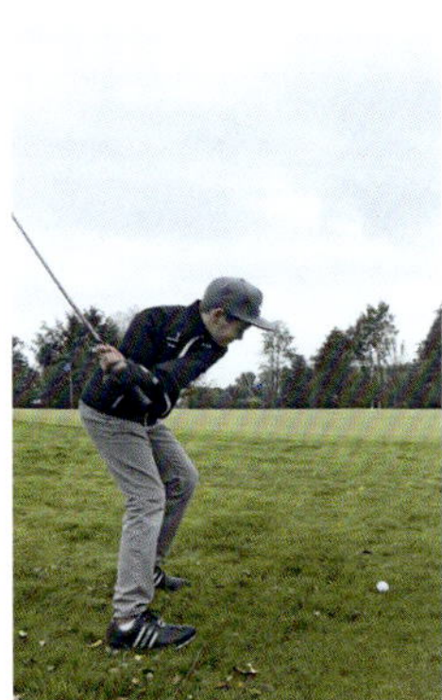
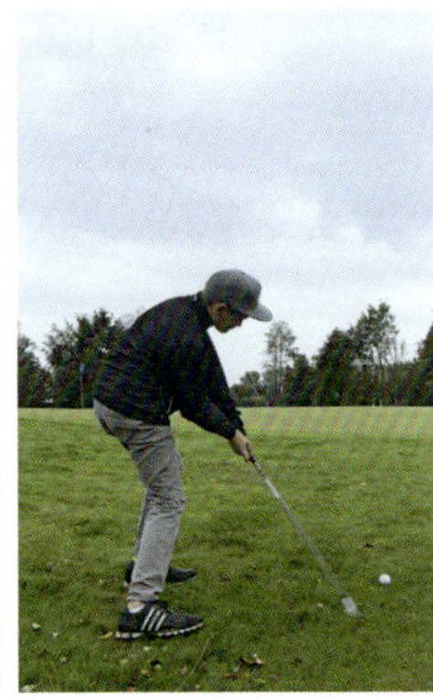
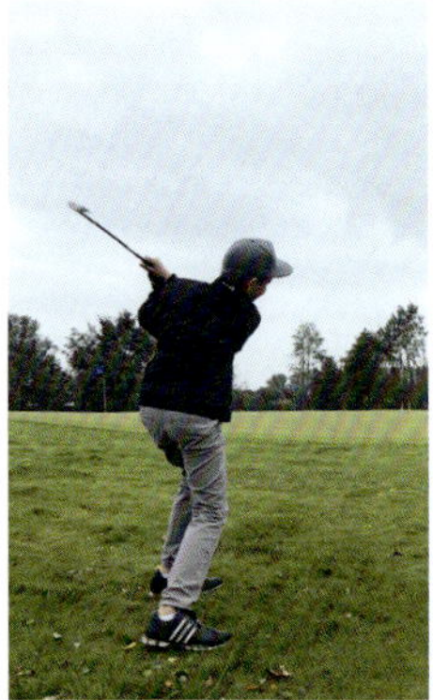

SPIELIDEE

Das Kind spielt Lobshots mit dem Eisen 6 oder 7. Ziel ist es, aus verschiedenen Situationen den Ball auf das Grün zu schlagen. Mögliche Punkteverteilung: Grüntreffer = ein Punkt; im 4 m-Kreis um das Loch = drei Punkte; weniger als Schlägerlänge vom Loch = fünf Punkte; Ball eingelocht = zehn Punkte.

HINWEISE

- Den Schlag demonstrieren
- Auf genügend Sicherheitsabstand achten, Gegenüberliegende Stationsaufbauten dringend vermeiden
- Punkteverteilung dem Spielniveau anpassen

VARIATIONEN

- Wettkampf gegen einen Gegner (Loch-oder Zählspiel) (II)
- Auf einem 9 Loch-Parcours die Lobaufgaben mit einem Eisen 6 oder 7 lösen (III)
- Auf dem Platz an jedem Loch einen zusätzlichen Lob spielen (II)
- Ab einer dem Spielniveau angepassten Distanz nur noch mit dem Eisen 6 spielen (III)
- Anzahl der Bälle und die zu erreichende Punktzahl vorgeben (III)

Da kommst du nie drüber!

Golfequipment	Spielmaterialien / Sportgeräte	Komplexitätsstufe III
LW, Golfbälle		Variationen III

LOB	SITUATIONSINFORMATIONEN AUFNEHMEN UND VERARBEITEN	ABSTÄNDE EINSCHÄTZEN	PRÄZISIONSDRUCK – ERGEBNIS

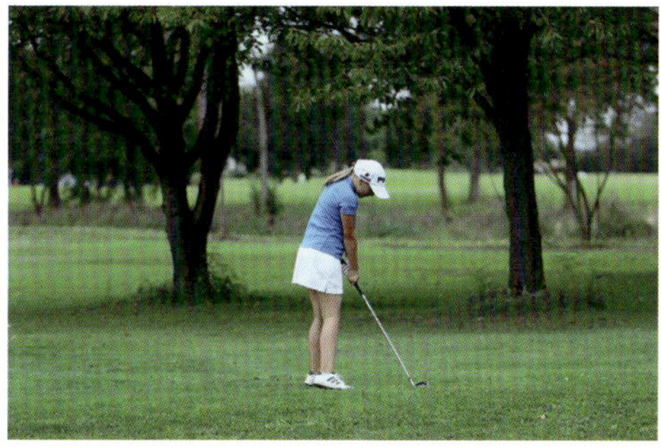

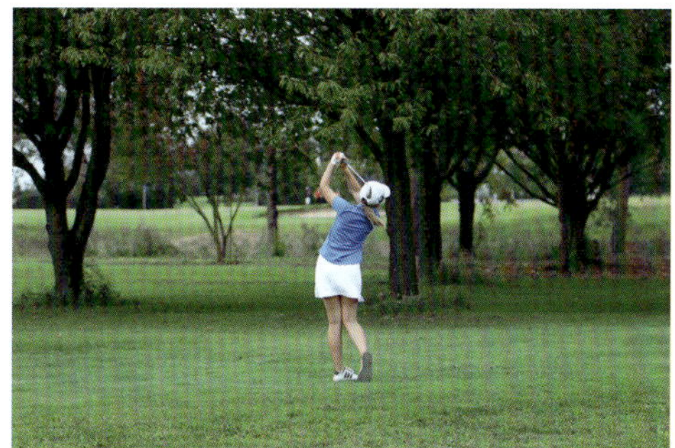

SPIELIDEE

Zwei Kinder spielen neun unterschiedliche Spielsituationen gegeneinander. Die Kinder dürfen diese selbst wählen. Es muss jedoch immer eine Situation gesucht werden, bei der der Ball über ein Hindernis zu schlagen ist (Baum, Strauch, Hecke, Wasser, Bunker, Wand, Seil usw.). Wer näher an das Loch spielt, gewinnt die Station (Lochspiel).

HINWEISE

- Auf Sicherheit bei der Stationsauswahl achten
- Auf volle Schlagroutine achten
- Der Ball darf hingelegt werden

VARIATIONEN

- Als Zählspiel spielen (III)
- Verwendung von Schlägern mit weniger Loft (PW, Eisen 9 usw.) (III)
- An jeder Bahn auf dem Platz einen zusätzlichen Schlag über ein Hindernis an die Fahne spielen (III)
- Erhöhung oder Verminderung der Anzahl der Situationen (III)
- Mit Punkteverteilung (z. B. über das Hindernis = ein Punkt; Grüntreffer = ein Zusatzpunkt; nächster Ball am Loch = ein Zusatzpunkt; innerhalb 2 m um das Loch = ein Zusatzpunkt) (III)
- Mit dem SW spielen (III)

Wackelpudding

Golfequipment	Spielmaterialien / Sportgeräte	Komplexitätsstufe I
Eisen 8, Rangebälle, Tees		Variationen II

Eisen/Hybrid	Präzisionsdruck – Ausführung		

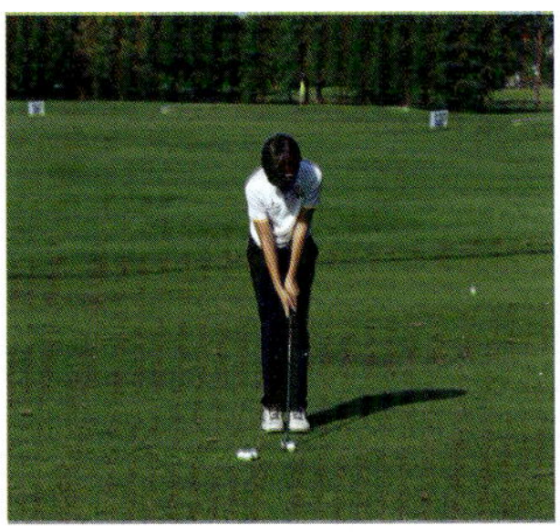
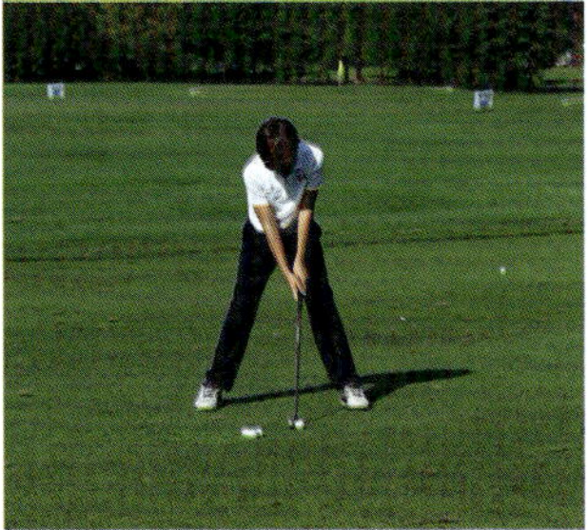
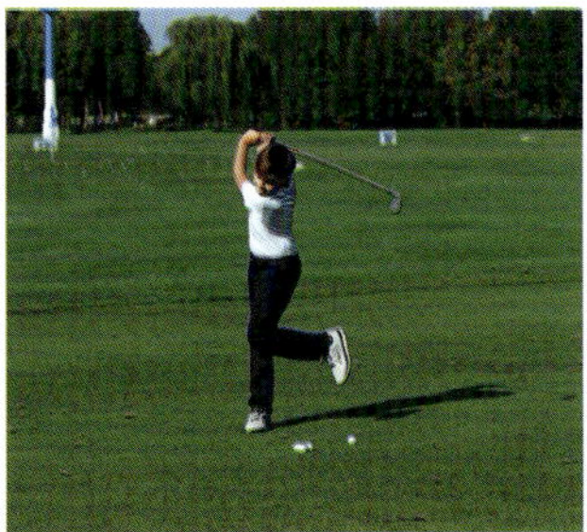

SPIELIDEE

Bei diesem Spiel wird der Stand variiert:

- schmaler Stand
- breiter Stand
- mittlerer Stand
- nur auf dem rechten Bein stehen
- nur auf dem linken Bein stehen
- schmaler Stand Augen geschlossen
- Baseballschritt: eng stehen, beim Ausholen das vordere Bein nach oben, einen Schritt und Feuer
- Beim Ausholen einen Schritt nach rechts und im Durschwung einen Schritt nach links gehen
- Pro Aufgabe werden drei Bälle gespielt.

HINWEISE

- Auf ausreichend Sicherheitsabstand achten
- Je nach Spielniveau den Ball aufteen

VARIATIONEN

- Schläger variieren (II)
- Wettkampf gegen einen Gegner. Wer den Ball näher an der Fahne spielt, erhält jeweils einen Punkt (II)

Maschinengewehr

Golfequipment	Spielmaterialien / Sportgeräte	Komplexitätsstufe II
Eisen 7, Rangebälle		Variationen II,III

Eisen/Hybrid	Treffqualität herstellen	Geschwindigkeits-/ Zeitdruck – Ablauf	

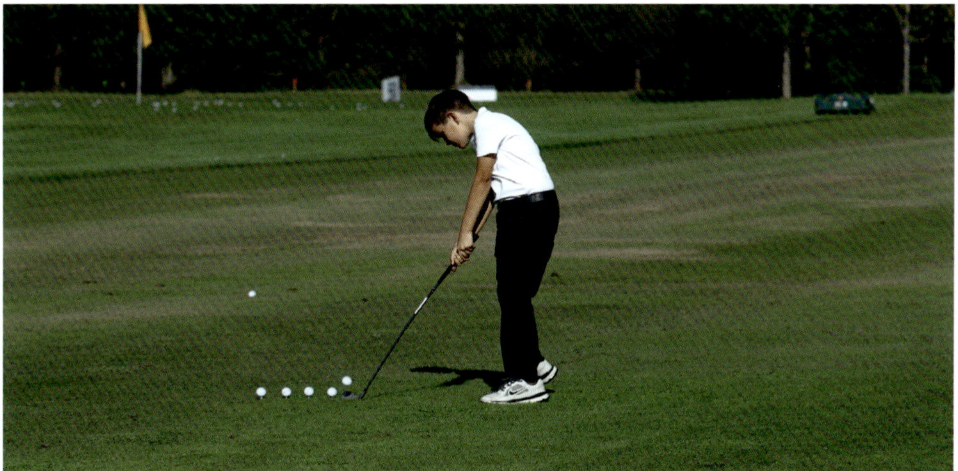

SPIELIDEE

Fünf Bälle werden in eine Reihe gelegt. Das Kind schlägt die Bälle direkt hintereinander weg, ohne den Schläger zwischen den Bällen anzuhalten. Dieses Spiel wird fünfmal wiederholt. Ziel ist es, jeweils alle Bälle einer Schlagserie gut zu treffen.

HINWEISE

- Auf einen rhythmischen und vollen Schwungumfang achten
- Je nach Spielniveau die Bälle aufteen
- Sicherheitsabstand zu den Nebenspielern beachten

VARIATIONEN

- Mit anderen Schlägern schlagen (II)
- Rhythmus während der Schläge verändern (II)
- Mit jedem Ball die Flugkurve verändern (III)
- Wettkampf gegen einen Gegner (II)

Rhythmus King/Queen

Golfequipment

Eisen 8 bis Driver,
Golfbälle

Spielmaterialien / Sportgeräte

Komplexitätsstufe II

Variationen II,III

EISEN/HYBRID	SCHLAGTECHNIK ANPASSEN	SCHLAGDISTANZEN ANSTEUERN

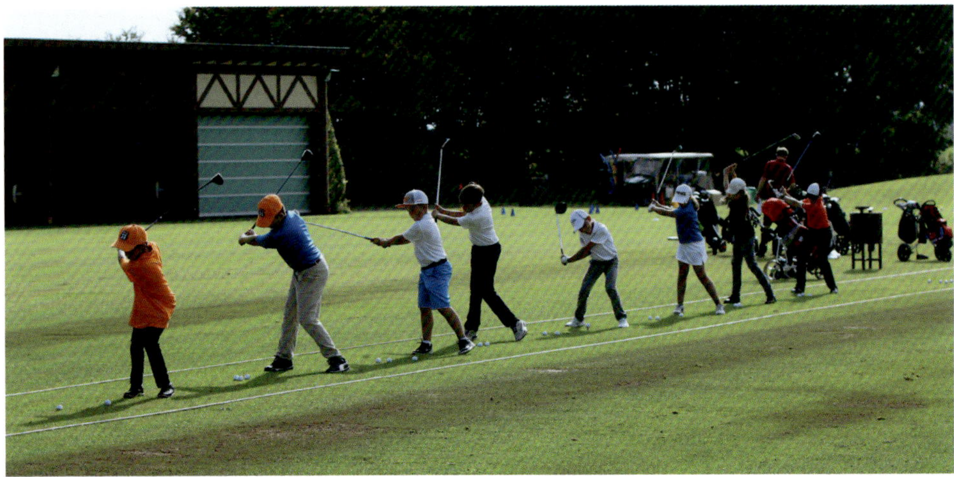

SPIELIDEE

Auf der Drivingrange schlägt das Kind den Ball mit dem Eisen 8 an eine Zielfahne (in Eisen 8 Schlagdistanz des Kindes). Anschließend werden alle längeren Schläger bis zum Driver mit vollem Schwungumfang an den gleichen Landepunkt gespielt. Nach jedem Schlag wird – in insgesamt drei Durchgängen – der Schläger gewechselt.

HINWEISE

- Immer einen vollen Schwungumfang ausführen
- Distanzänderung findet durch Geschwindigkeitsänderung statt

VARIATIONEN

- Schwunggröße verändern, um die Schlagdistanz herzustellen (II)
- Schläger in der Grifflänge variieren, um die Schlagdistanz herzustellen (II)
- Variationen der Ballflugkurven integrieren (III)
- Wettkampf gegen einen Gegner (II)

4-Shot-Drill

Golfequipment

Golfschläger, Rangebälle

Spielmaterialien / Sportgeräte

Komplexitätsstufe III

Variationen III

EISEN/HYBRID | SCHLAGTECHNIK ANPASSEN | PRÄZISIONSDRUCK – ERGEBNIS

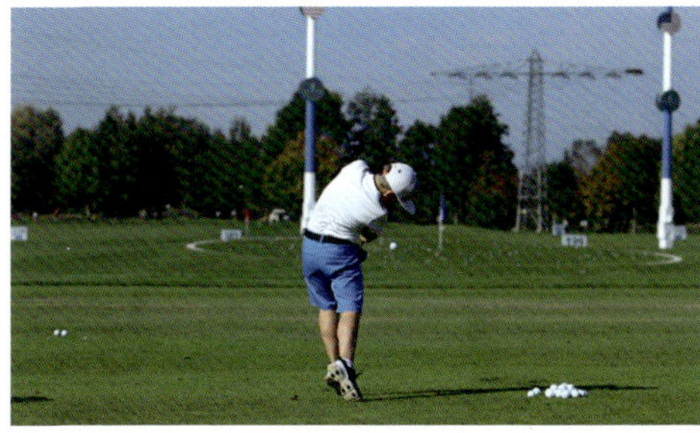

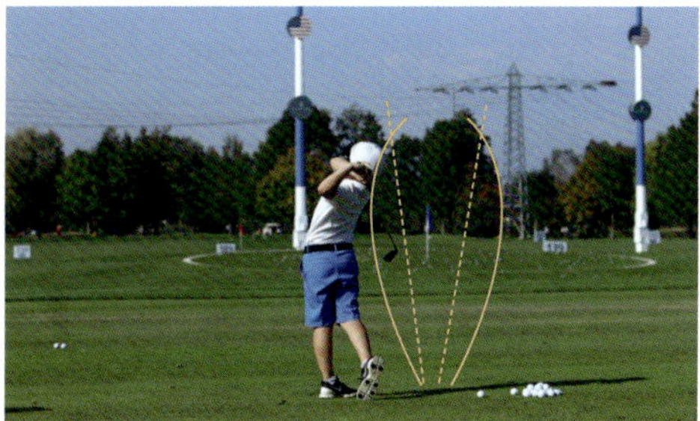

SPIELIDEE

Das Kind steht auf der Drivingrange und sucht sich – passend zu dem jeweiligen Schläger – eine Zielfahne. Mit fünf unterschiedlichen Eisen werden jeweils vier Flugkurven geschlagen (Fade, Draw, Push, Pull). Das Kind kündigt den jeweiligen Schlag vorher an. Alle Schläge müssen aus einer neutralen Standposition parallel zur Ziellinie gespielt werden. Pro erfolgreichem Schlag sind maximal zwei Punkte möglich: ein Punkt für die Startrichtung und ein Punkt für die passende Kurve.

HINWEISE

- Draw (Rechtshänder) = der Ball startet rechts vom Ziel kurvt nach links und landet im Ziel
- Fade = der Ball startet links vom Ziel kurvt nach rechts und landet im Ziel
- Pull = der Ball startet links vom Ziel, fliegt gerade und landet links vom Ziel
- Push = der Ball startet rechts vom Ziel, fliegt gerade und landet rechts vom Ziel
- Auf eine vollständige Routine achten

VARIATIONEN

- Schläger wechselt nach jedem Schlag (III)
- Gegen einen Gegner wird um Punkte gespielt (III)
- Ein anderes Kind bewertet den Ballflug (III)
- Schläge zusätzlich in der Höhe variieren (III)
- Schläge absichtlich in der Länge variieren (III)
- Steigerung auf den 9-Schot Drill (III)

Schnecke bis Rennauto

Golfequipment	Spielmaterialien / Sportgeräte	Komplexitätsstufe I
Fairwayhölzer, Rangebälle		Variationen I,II

Fairwayholz	Präzisionsdruck – Ausführung	Bewegungsinformationen aufnehmen und verarbeiten

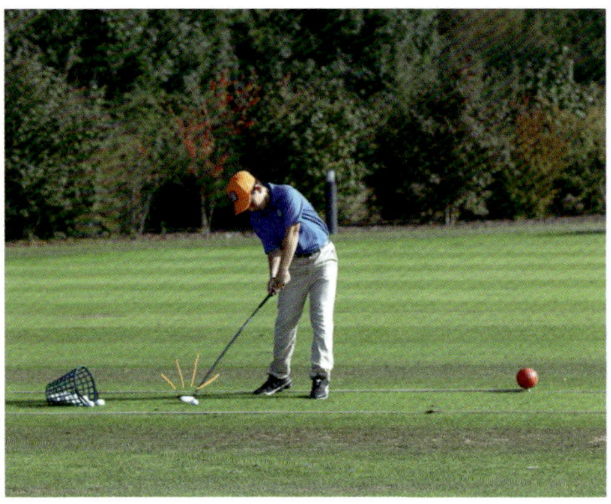

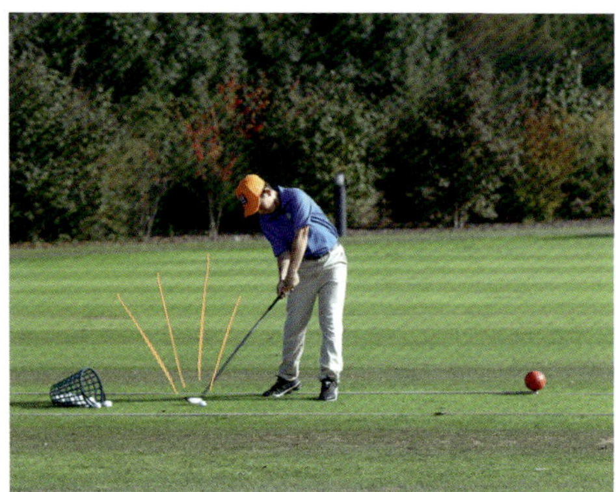

SPIELIDEE

Die Bälle werden mit unterschiedlicher Schwunggeschwindigkeit gespielt. Das Kind startet mit einem Zeitlupenschwung. Es steigert von Schlag zu Schlag die Geschwindigkeit bis beim letzten Ball die maximale Schlägerkopfgeschwindigkeit erreicht ist. Ziel ist es, den Rhythmus zu verbessern, herauszufinden bei welchem Tempo die Bälle am besten fliegen und die Schlägerkopfgeschwindigkeit bei den maximalen Schlägen zu steigern.

HINWEISE

- Je nach Spielniveau die Bälle aufteen oder vom Boden spielen lassen
- Bei maximaler Geschwindigkeit ist die Richtung des Ballfluges ohne Bedeutung
- Auf ausreichendes Warmup achten

VARIATIONEN

- Hölzer (Schläger) variieren (II)
- Mit dem schnellsten Golfschwung beginnen und von Schwung zu Schwung das Tempo herausnehmen (gutes Warmup vorausgesetzt) (I)
- Wettkampf gegen einen Gegner (II)
- Tempovariationen von außen nach innen oder von innen nach außen ansteuern (II)

Driver vom Boden

Golfequipment	Spielmaterialien / Sportgeräte	Komplexitätsstufe II
Driver, Golfbälle		Variationen II,III

FAIRWAYHOLZ	TREFFQUALITÄT HERSTELLEN		

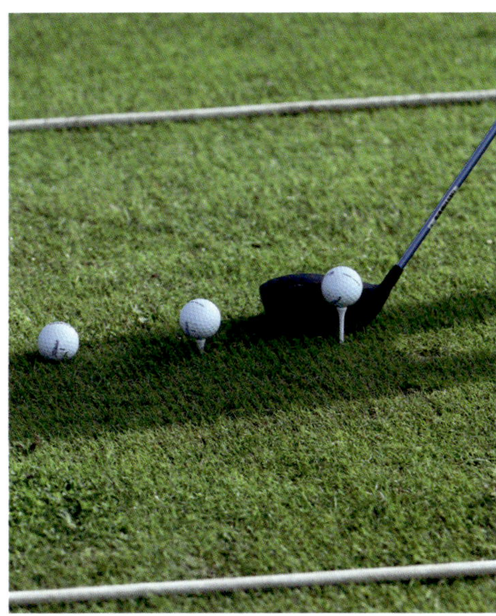

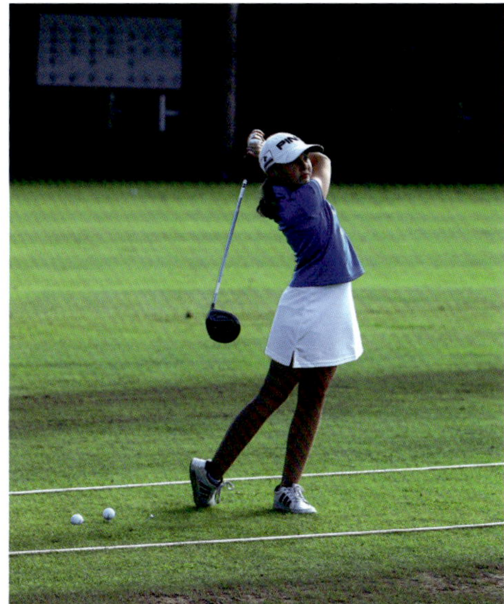

SPIELIDEE

Der Driver wird direkt vom Boden (Rasen oder Abschlagmatte) geschlagen. Ziel ist es, den Ball gut zu treffen und einen langen Schlag zu erzeugen.

HINWEISE

- Auf Sicherheitsabstand zum Spielnachbarn achten
- Je nach Spielniveau immer flacher aufteen bis der Ball ohne Tee auf dem Boden liegt

VARIATIONEN

- Zielgenau in einen Korridor spielen (II)
- Gegen ein anderes Kind um Punkte spielen (II)
- Schläge vom Fairway mit dem Driver spielen (III)

Blumenstrauß

Golfequipment	Spielmaterialien / Sportgeräte	Komplexitätsstufe II
Holz 5, Rangebälle		Variationen II,III

FAIRWAYHOLZ	SCHLAGTECHNIK ANPASSEN		

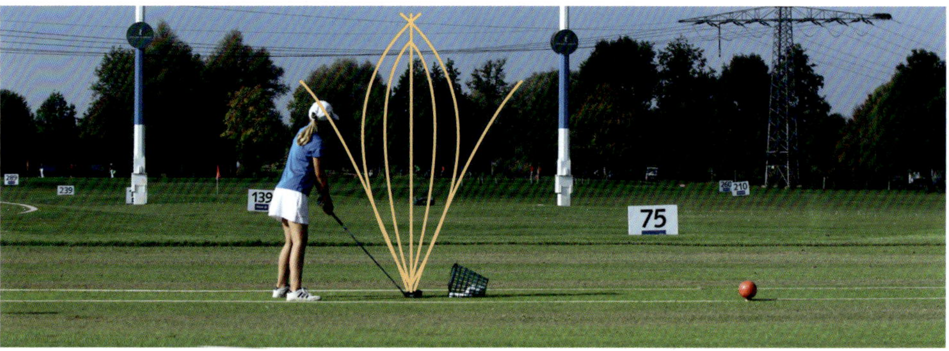

SPIELIDEE

Bei diesem Spiel wird mit Ballflügen eine Blume in die Luft gemalt. Das Kind sucht sich ein festes Ziel, an dem sich alle Ballflüge orientieren. Es werden Bälle gespielt, die im Ziel landen (Fade, Draw und gerade), aber auch Bälle, die vom Ziel weggeschlagen werden (Pull-Hook, Pull-Slice, Push-Hook, Push-Slice). Kein Schlag darf doppelt hintereinander gespielt werden. Nach jedem Schlag verändert sich die Flugbahn. Das Spiel ist beendet, wenn zwei Durchgänge absolviert wurden. Bei einem erfolgreichen Schlag zeichnet das Kind den Ballflug auf ein Stück Papier. Misslingt der Schlag, wird der Ballflug mit einer gestrichelten Linie aufgezeichnet. Ziel ist es, eine schöne Blume auf das Blatt malen zu können. Für jeden erfolgreichen Schlag erhält das Kind einen Punkt.

HINWEISE

- Je nach Spielniveau die Bälle aufteen
- Auf eine vollständige Routine achten
- Sicherheitsaspekte beachten

VARIATIONEN

- Mit anderen Schlägern spielen (Eisen oder Driver) (II)
- Wettkampf gegen einen Gegner (II)
- Schläger und Ziel nach jedem Schlag wechseln (III)

Hoch und runter

Golfequipment	Spielmaterialien / Sportgeräte	Komplexitätsstufe III
Holz 3/5, Golfbälle, Tees		Variationen III

FAIRWAYHOLZ | SCHLAGWINKEL ANSTEUERN | BEWEGUNGSINFORMATIONEN AUFNEHMEN UND VERARBEITEN

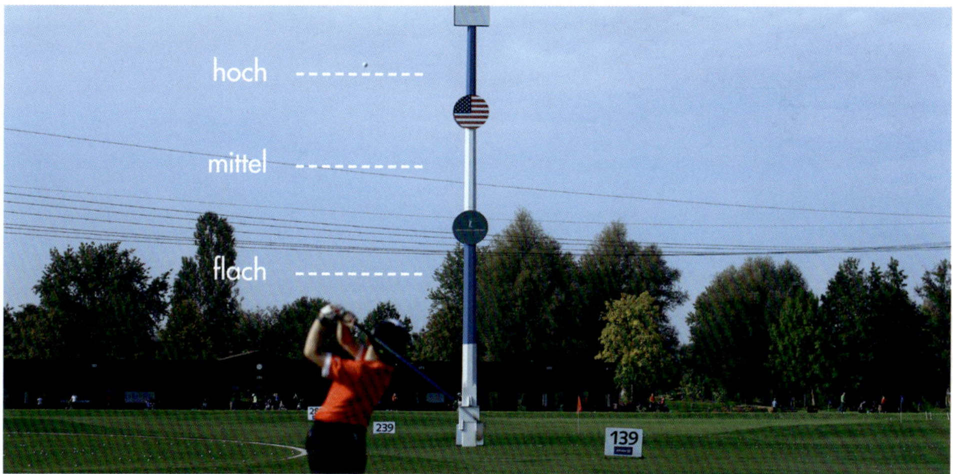

SPIELIDEE

Mit dem Holz werden mindestens drei unterschiedliche Flughöhen (flach, mittel, hoch) gespielt. Nach jedem Schlag wird die Flughöhe verändert. Das Kind soll sich Möglichkeiten erarbeiten, den Ball in unterschiedlichen Höhen spielen zu können.

HINWEISE

- Die Ballposition, die Schläger- und Körperposition oder auch die Art des Schlagens dürfen verändert werden, um die Flughöhe zu beeinflussen
- Auf eine vollständige Schlagvorbereitung achten

VARIATIONEN

- Schläger variieren (auch mit Eisen und Driver möglich) (III)
- Anzahl an Flughöhen (z. B. sechs verschiedene Flughöhen) je nach Spielniveau steigern (III)
- Flughöhen bei gleicher Stand- und Ballposition variieren (III)
- Wettkampf gegen einen Gegner (III)

Formel 1

Golfequipment	Spielmaterialien / Sportgeräte	Komplexitätsstufe I
Driver, Golfbälle, Tees		Variationen I,II

Drive	Geschwindigkeits-/ Zeitdruck – Ablauf	Bewegungsinformationen aufnehmen und verarbeiten	

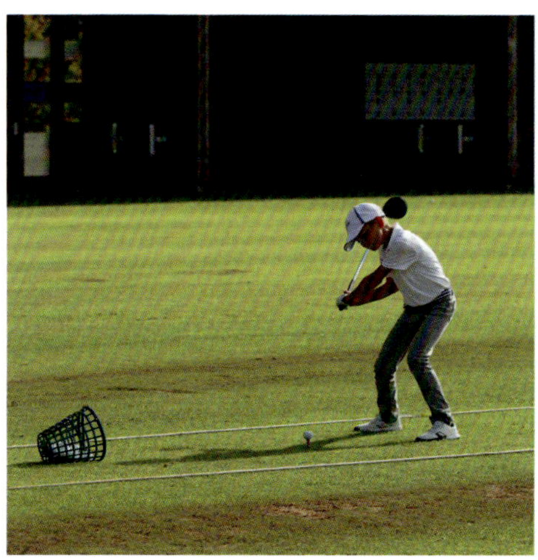

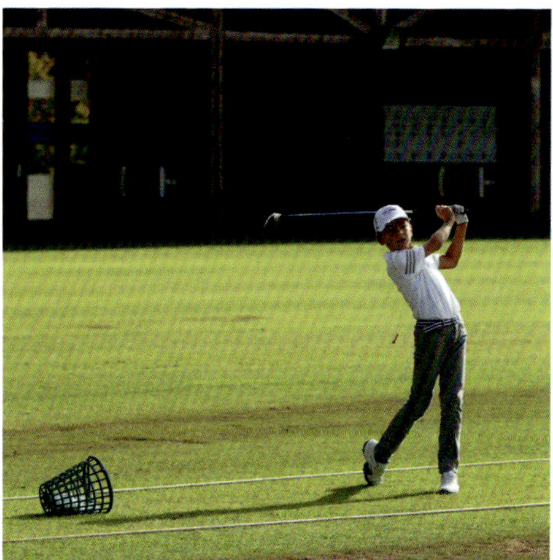

SPIELIDEE

Das Kind schlägt Bälle und schwingt dabei den Driver so schnell es geht. Ziel ist es, herauszufinden, wie eine maximale Schlägerkopfgeschwindigkeit erzeugt werden kann.

HINWEISE

- Auf ausreichendes Warmup achten
- Richtung des Ballfluges spielt keine Rolle
- Auf genügend Sicherheitsabstand achten
- Nach zehn Bällen kurze Pause einlegen

VARIATIONEN

- Maximale Schlägerkopfgeschwindigkeit mit ausbalanciertem und stabilem Finish (II)
- Wettkampf gegen einen Gegner (I)
- Mit gesteigerten leistungsniveau Richtungsfaktor einbauen (II)
- Auf dem Platz jeden Drive maximal schnell schlagen (II)

Baseballdrive

Golfequipment	Spielmaterialien / Sportgeräte	Komplexitätsstufe II
Driver, Golfbälle, Tees, extrem Lange Tees		Variationen II,III

Drive	Treffqualität herstellen		

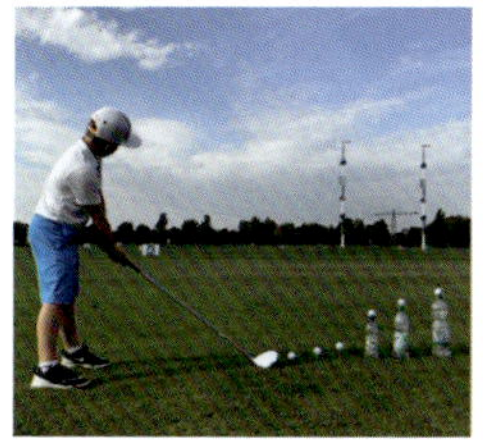
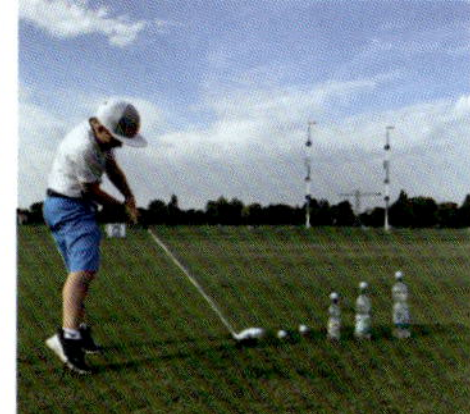
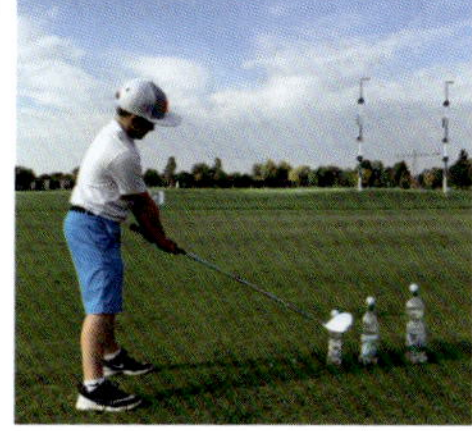
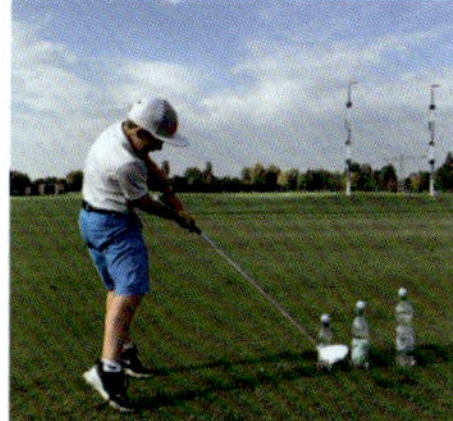

SPIELIDEE

Das Kind spielt den Driver von unterschiedlichen Teehöhen:

- flaches Tee
- mittleres Tee
- hohes Tee
- maximal langes Tee
- von einer Getränkedose
- von einer 0,33l PET-Flasche
- von einer 1,0l PET-Flasche
- von einer 1,5l PET-Flasche usw.
- Ziel ist es, den jeweiligen Attack-Angle ansteuern zu können, damit der Ball bestmöglich getroffen wird.

HINWEISE

- Auf ausreichendes Warmup achten
- Auf Sicherheit achten, wenn die Flaschen nach vorne auf die Range fliegen
- Kinder müssen aufmerksam bei der Sache sein
- Auf konzentrierte Vorbereitung achten

VARIATIONEN

- Wettkampf gegen einen Gegner (II)
- Auf dem Platz mit ganz langen Tees spielen (III)
- Jeden Schlag mit einem anderen Schläger spielen (III)

Kreuz und Quer

Golfequipment	Spielmaterialien / Sportgeräte	Komplexitätsstufe II
Driver, Golfbälle, Tees		Variationen II,III

DRIVE	SCHLAGWINKEL ANSTEUERN	BEWEGUNGSINFORMATIONEN AUFNEHMEN UND VERARBEITEN

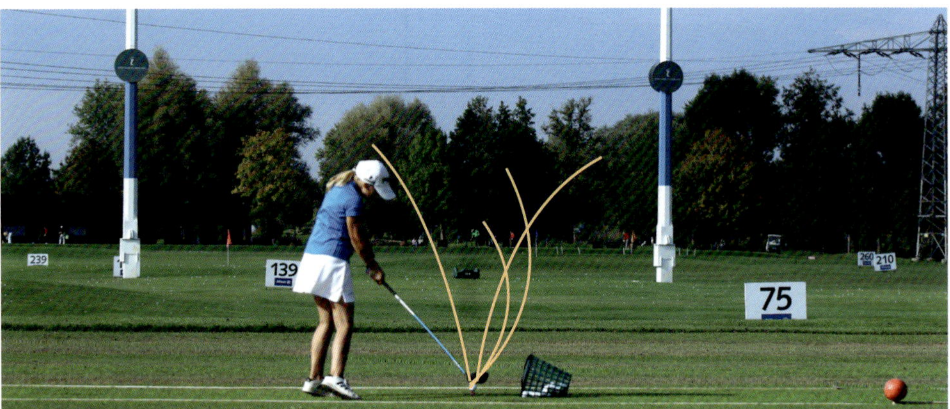

SPIELIDEE

Das Kind versucht, extreme Ballflugkurven zu produzieren, die nicht unbedingt im Ziel landen müssen. Vor jedem Schlag soll das Kind ankündigen, welche Flugbahn von ihm gespielt wird.

HINWEISE

- Auf eine volle Routine achten
- Auf Sicherheitsabstand achten
- Kurven, Start- und Drehrichtungen so wählen, dass die Bälle noch auf der Range liegen bleiben
- Auf ein gutes Warmup achten

VARIATIONEN

- Gleiche Ballflüge schlagen, aber die Kurven werden immer stärker (II)
- Bälle mit starken Kurven im Ziel platzieren (III)
- Wettkampf gegen einen Gegner (II)
- Auf dem Platz mit starken Kurven spielen (III)
- Auf dem Platz die starken Kurven ständig variieren (Fade und Draw im Wechsel) (III)

Mitte Bahn

Golfequipment	Spielmaterialien / Sportgeräte	Komplexitätsstufe III
Driver, Golfbälle, Tees		Variationen III

DRIVE	PRÄZISIONSDRUCK – ERGEBNIS	SCHLAGDISTANZEN/ -WINKEL ANSTEUERN

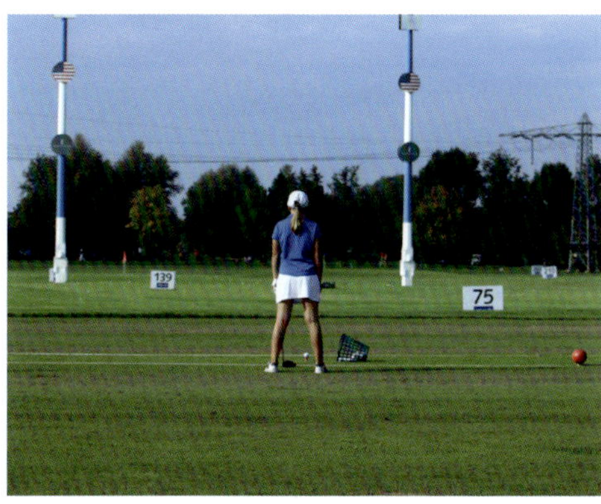

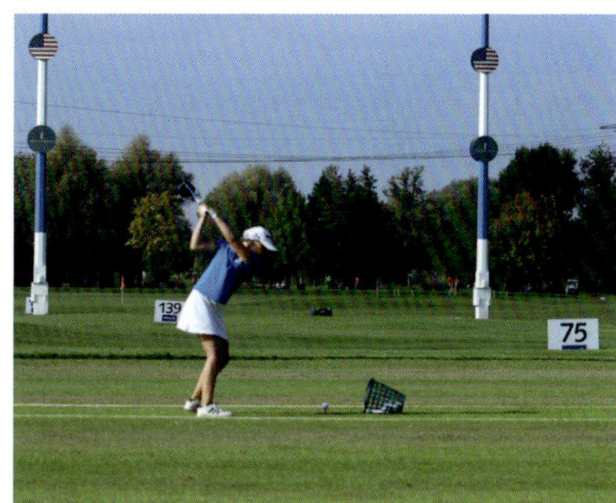

SPIELIDEE

Das Kind versucht, zehn Drives in Folge durch einen Korridor auf ein Loch zu spielen. Es wird eine Mindest-Ballfluglänge festgelegt und individuell auf die Leistungsfähigkeit der Kinder abgestimmt. Ziel ist es, die Treffsicherheit mit dem Driver zu überprüfen.

HINWEISE

- Bei Schlägen, mit denen der Korridor getroffen wurde, die aber die MIndest-Ballfluglänge nicht erreicht haben, beginnt das Spiel von vorne
- Sichtbaren Korridor wählen
- Korridorbreite dem Leistungsniveau der Kinder anpassen

VARIATIONEN

- Den Korridor verkleinern (III)
- Den Korridor mit unterschiedlichen Ballflügen (Fade – Draw) treffen (III)
- Wettkampf gegen einen Gegner (III)
- Die Drive-Erfolgsserie mit einer Erfolgsserie beim Putten koppeln (z. B. drei Drives durch den Korridor und dreimal 1 m-Putts hintereinander lochen) (III)
- Auf dem Platz bei einer Runde die Fairwaytreffer zählen (III)

Literatur

Beck, F. (2013). *Dopaminsport – Hirnforschung zur Optimierung des sportlichen Trainings und Förderung kognitiver Leistung für Schule und Verein.* Unveröffentlichtes Manuskript.

Bunker, D. & Thorpe, R. (1982). A model for the teaching of games in secondary schools. *Bulletin of Physical Education,* 18 (1), 5 – 8.

Club of Cologne (2003). Consensus-Erklärung der 3. Konferenz des Club of Cologne. In Club of Cologne (Hrsg.), *Bewegungsmangel bei Kindern: Fakt oder Fiktion?* (S. 6 – 9). Hamm: Achenbach.

Deutscher Golfverband (2014). *Vision Gold.* Zugriff am 11. März 2015 unter http://www.golf.de/publish/dgv-services/dgv/vision-gold/60101749/wettkampf.

Digel, H. (1993). Handball im Wandel – Perspektiven zukünftiger Entwicklung. In H. Digel (Hrsg.), *Talente im Handball* (S. 7 – 33). Aachen: Meyer & Meyer.

Fodor, J. A. (1983). *The Modularity of Mind.* Cambridge: MIT.

Griffin, L. A., Mitchell, S. A. & Oslin, J. L. (1997). *Teaching Sport Concepts and Skills: A Tactical Games Approach.* Champaign: Human Kinetics.

Haverkamp, N. (2005). *Typisch Sport? – Der Begriff Sport im Lichte des Prototypenmodells.* Köln: Strauß.

Haverkamp, N. & Roth, K. (2006). *Untersuchungen zur Familienähnlichkeit der Sportspiele.* Bielefeld/Heidelberg: Universität.

Hoffmann, J. (1993). *Vorhersage und Erkenntnis. Göttingen:* Hogrefe.

Hossner, E. J. (1995). *Module der Motorik.* Schorndorf: Hofmann.

Kortmann, O. & Hossner, E. J. (1995). Ein Baukasten mit Volleyball-Steinen – Belastung im Volleyball und ein modulares Konzept des Techniktrainings. In F. Dannenmann (Red.), *Belastung im Volleyball* (S. 53 – 72). Bremen: DVV.

Kröger, C. & Roth, K. (2014). *Koordinationsschulung im Kindes- und Jugendalter.* Schorndorf: Hofmann.

Kuhlmann, D. (1998). Wie führt man Spiele ein? In Bielefelder Sportpädagogen (Hrsg.), *Methoden im Sportunterricht* (3. Aufl., S. 135 – 147). Schorndorf: Hofmann.

Mack, A. & Rock, I. (1998). *Inattentional Blindness.* Cambridge: MIT.

Memmert, D. & Roth, K. (2001). *Befragungsstudie zu den Torschusssspielen.* Unveröffentlichte Daten. Heidelberg: ISSW.

Ministerium für Jugend, Kultur und Sport Baden-Württemberg (2006). *Orientierungsplan für Bildung und Erziehung für die baden-württembergischen Kindergärten.* Berlin: Cornelsen.

Ministerium für Schule, Jugend und Kinder Nordrhein-Westfalen (2003). *Bildungsvereinbarung NRW: Fundament stärken und erfolgreich starten.* Frechen: Ritterbach.

Müller, D. (2015). *Ballschule Golf: Das ABC für Golfanfänger.* Köln: Trainerakademie.

Roth, K. (2002). „Vom ABC für Spielanfänger … Zum gekonnten Agieren mit der Hand mit Schlägern". In K. Roth, C. Kröger & D. Memmert (Hrsg.), *Ballschule Rückschlagspiele* (S. 7 – 56). Schorndorf: Hofmann.

Roth, K. & Kröger, C. (2011). *Ballschule – ein ABC für Spielanfänger* (4. überarb. Aufl.). Schorndorf: Hofmann.

Roth, K., Roth, C. & Hegar, U. (2014). *Das ABC des Spielens für Klein- und Vorschulkinder.* Schorndorf: Hofmann.

Roth, K. (2015). *Das ABC für Golfanfänger.* Heidelberg. Unveröffentlichtes Manuskript. Heidelberg: ISSW.

Schmidt, W. (1994). Kinder werden trainiert, bevor sie selbst spielen können. *Fußballtraining, 13,* 13 – 14.

Schmidt, W. (Hrsg.). (2008). *Zweiter Deutscher Kinder- und Jugendsportbericht. Schwerpunkt: Kindheit.* Schorndorf: Hofmann.

Schmidt, W., Hartmann-Tews. I. & Brettschneider, W. D. (2003). *Erster Deutscher Kinder- und Jugendsportbericht.* Schorndorf: Hofmann.

Simons, D. J. & Chabris, C. F. (1999). Gorillas in our midst: sustained inattentional blindness for dynamic events. *Perception,* 28, 1059 – 1974.

Trackman News (2009). *Das Geheimnis eines geraden Ballflugs II.* Zugriff am 11. März 2015 unter http://mytrackman.com/ library/hidden/news1. Ausgabe 5.

Uhlig, J. (2007). *Klassifikation der Sportspiele.* Berlin: dissertation.de.

Völker, K. (2008). Wie Bewegung und Sport zur Gesundheit beitragen – Tracking-Pfade von Bewegung und Sport zur Gesundheit. In W. Schmidt (Hrsg.), *Zweiter Deutscher Jugendsportbericht* (S. 89 – 106). Schorndorf: Hofmann.

Zimmer, R. (2004). *Handbuch der Bewegungserziehung* (20. Aufl.). Freiburg: Herder.

Bildnachweise

Titelbild und Situations-Fotografien: ©StefanBluemer/presseatelier.de

S. 12 ©Oksana Kuzmina@123rf.com

S. 13 ©Nataliia Prokofyeva@123rf.com

S. 21 ©Cseh Ioan@123rf.com

S. 25 Collage: ©belchonock@123rf.com, Dmytro Titov@123rf.com, Martin Damen@123rf.com, megastocker@123rf.com, Sergiy Kuzmin@123rf.com, wiml@123rf.com

S. 27 Collage: ©Arina Zaiachin@123rf.com, Steve Collender@123rf.com, Wilawan Khasawong@123rf.com

S. 59, ff. verschiedene Bälle: ©belchonock@123rf.com,

Gymnastikbälle: ©Ball3dfoto@123rf.com,

Softbälle: ©tobi@123rf.com,

Wasserbälle: ©StepanBormotov@123rf.com,

Medizinbälle: ©terwort@123rf.com,

Hockeybälle: ©ronstik@123rf.com,

Tennisbälle: ©wiml@123rf.com,

Fußbälle: ©StefanBluemer/presseatelier.de,

Soft-Footbälle: ©StefanBluemer/presseatelier.de,

Gummi-Frisbee: ©StefanBluemer/presseatelier.de,

(Plastik) Hockey-Set ©www.sport-thieme.de,

(Schaumstoff-) Baseball-Set: ©StefanBluemer/presseatelier.de,

Plastik-Tennisschläger: ©Tatiana Popova@123rf.com,

Aquasticks (kurz): ©OleksandrProkopenko@123rf.com,

Gymnastikstäbe: ©StefanBluemer/presseatelier.de,

Tore: ©Mark Vorobev@123rf.com,

Zielscheiben: ©StefanBluemer/presseatelier.de,

kleine Fahnen: ©StefanBluemer/presseatelier.de,

Pylonen: ©balein@123rf.com,

Ziel-/Stations-/Spielfeldumrandungen + Markierungsteller: ©www.sport-thieme.de

S. 60, ff. Flag-Football-Klettbänder: ©www.sport-thieme.de,

(Sprung-)Seile: ©www.sport-thieme.de,

Gymnastikreifen, Zielkreise: ©design56@123rf.com,

Zauberschnur: ©www.sport-thieme.de,

Holzruten/-stäbe: ©AndrzejTokaski@123rf.com, KonstantinLabunskiy@123rf.com,

(Plastik-)Hürdenstangen: ©StefanBluemer/presseatelier.de,

Schaumstoff-Würfel: ©MichaKlootwijk@123rf.com,

Maßband: ©ranck Boston@123rf.com,

Handtücher: ©Peter Zijlstra@123rf.com,

Plastikflaschen: ©belchonock@123rf.com,

Pedalo® by Holz-Hoerz GmbH und pedalo.de,

Rola-Bola: ©StefanBluemer/presseatelier.de,

Zollstock: ©Hellen Sergeyeva@123rf.com,

Schlagschnur: ©StefanBluemer/presseatelier.de,

Sprungkasten: ©www.sport-thieme.de,

Getränkedose: ©Theeravat Boonnuang@123rf.com,

SNAG-Rollerama: ©www.snag.golf,

Karton: ©David Franklin@123rf.com,

Toursticks: ©www.all4golf.de,

Ballkörbe: ©Konstantin Labunskiy@123rf.com

S. 61, ff. Schirm: ©Praethip Docekalova@123rf.com